期货市场研究成果汇编

（2017—2018）

北京大商所期货与期权研究中心有限公司　编著

中国金融出版社

责任编辑：陈　翎
责任校对：刘　明
责任印制：裴　刚

图书在版编目(CIP)数据

期货市场研究成果汇编. 2017–2018 / 北京大商所期货与期权研究中心有限公司著. —北京：中国金融出版社，2019.10

ISBN 978-7-5220-0250-7

Ⅰ.①期… Ⅱ.①北… Ⅲ.①期货市场—研究成果—汇编—中国—2017-2018 Ⅳ.① F832.5

中国版本图书馆CIP数据核字 (2019) 第193134号

期货市场研究成果汇编（2017—2018）

Qihuo Shichang Yanjiu Chengguo Huibian (2017—2018)

出版　中国金融出版社
发行

社址　北京市丰台区益泽路2号
市场开发部　(010) 63266347，63805472，63439533 (传真)
网上书店　http://www.chinafph.com
　　　　　(010) 63286832，63365686 (传真)
读者服务部　(010) 66070833，62568380
邮编　100071
经销　新华书店
印刷　北京松源印刷有限公司
尺寸　169毫米×239毫米
印张　20
字数　313千
版次　2019年9月第1版
印次　2019年9月第1次印刷
定价　58.00元
ISBN 978-7-5220-0250-7
如出现印装错误本社负责调换　联系电话 (010) 63263947

大连商品交易所丛书
编委会

主　　任：李正强
副 主 任：王凤海　赵胜德
编　　委：朱丽红　许　强　王伟军　王玉飞　刘志强

前 言

2017年和2018年是对我国期货市场具有重要历史意义的年份。2017年，大连商品交易所（以下简称"大商所"）推出国内第一个商品期权——豆粕期权，填补了我国场内商品期权的空白。2018年，大商所推出商品互换，这是国内交易所首次正式上线互换业务。同年，原油、铁矿石和精对苯二甲酸（PTA）先后作为特定品种引入境外交易者，打通了境内衍生品市场与境外市场的业务通道，迈出国际化发展的实质性步伐。我国期货市场开始从过去只有标准化的期货产品、仅限境内客户参与的单一封闭状态向多元开放发展格局转型，进入了既有期货又有期权和互换、既有境内客户又有境外客户、既有场内业务又有场外服务的多元开放发展新阶段。

两年中，大商所在新品种研发上市、合约修改完善、调整增设交割库、稳步扩大"保险+期货"试点规模、大力开展投资者教育培训等方面，取得积极成效，获得市场一致认可。在大胆探索的同时，大商所积极开展理论与实践研究，较好的实现了产学研一体化发展。

北京大商所期货与期权研究中心有限公司（以下简称"研究中心"）作为大连商品交易所的全资子公司，是期货交易所中成立的第一家研究机构。研究中心自成立以来便以服务实体经济、服务期货市场为使命，聚焦行业发展重大问题，积极开展理论研究和政策研究，取得了一系列研究成果，产生了良好社会效益。为增进交流、加强分享，研究中心选取2017-2018年间有代表性的研究成果汇编成集，形成本书公开出版。

本书包括宏观篇、产业篇和金融篇三部分，共计收录研究文稿16篇。在宏观篇中，紧紧围绕我国期货市场功能发挥，服务实体经济和服务国家战略，以及与发达国家成熟期货市场发展的比较。《期货市场与宏观经济实证研究》和《市场价格机制运行与政府监管探析》两篇监管类文章，论述了期货市场与宏观经济及行业政策调控的关系。《我国大宗商品场外衍生品市场发展与作用》和《我国期货交易所场外市场发展路径探析》两篇场外市场方面的研究，总结了我国场外衍生品市场发展的基本情况及未来展望。在产业篇中，紧紧围绕产业发展现实问题，以及期货市场在服务产业中的模式创新。《玉米开展基差贸易的制约因素及政策》研究了玉米市场推广基差贸易，取得的效果、面临的问题以及未来的工作方向等。《我国上市公司利用衍生品的效果研究》梳理了我国上市公司利用衍生工具的整体情况和取得的实际效果，对我国上市公司乃至各个行业企业都有较好的借鉴与示范作用，探索了优秀企业利用衍生工具的思路、方法和模式。《2006-2008年CBOT农产品基差不收敛问题的研究及启示》分析了境外主要交易所农产品期货运行情况和阶段性特征，为我国相关农产品期货运行提供了良好参考和借鉴。在金融篇中，紧紧围绕境内外衍生品市场规则制度，比如交易、交割和结算制度等，开展比较研究，吸收借鉴境外交易所制度规则经验，为我所用。研究包括《基于流动性视角的期权结算方式比较研究》《美国期货市场限仓制度的发展》和《完善我国商品期货市场境外投资者适当性制度》等。

受时间、精力及能力所限，我们的研究难免存在瑕疵，若有不当之处，敬请批评指正。我们真诚地希望本书的出版能够对广大期货业同仁有所助益，并为中国期货市场的未来发展贡献绵薄之力。

大连商品交易所副总经理、研究中心董事长

许玲

2019年7月

目 录

宏观篇

期货市场与宏观经济实证研究 2

市场价格机制运行与政府监管探析——以美国商品市场为例 39

我国场内衍生品市场发展现状的国际比较 65

我国大宗商品场外衍生品市场发展与作用 75

我国期货交易所场外市场发展路径探析 89

上海清算所场外商品衍生品业务分析 108

美国丙烷现货价格剧烈波动时期的政府监管与期货市场作用 130

产业篇

上市公司利用衍生品工具情况研究 158

我国上市公司使用衍生品的效果研究 193

期货市场服务供给侧结构性改革的路径和效果分析——以 PVC 期货市场为例 ... 230

2006—2008 年 CBOT 农产品基差不收敛问题的研究及启示 246

玉米开展基差贸易的制约因素及对策 256

关于大宗商品定价模式演变驱动的研究——以油脂油料行业为例 265

金融篇

基于流动性视角的期权结算方式比较研究 274

美国期货市场限仓制度的发展 291

完善我国商品期货市场境外投资者适当性制度 303

宏观篇

期货市场与宏观经济实证研究

宋欣然　谢亚

摘　要：期货市场交易情况反映了微观经济主体对商品未来供需的预期，充分挖掘期货市场中的价格、成交、持仓等数据中的有效信息，可以研判其对宏观经济的先行性作用。本文以期货市场对宏观经济的先行性为研究目标，选取目前上市品种中与宏观经济指标联系密切、具有一定领先性或同步性的期货品种，综合采纳期货价格数据和期货持仓量数据中包含的有效信息，编制期货综合指数，用于对宏观经济进行预测。实证结果表明，期货综合指数具有良好的预测性能，领先GDP、CPI、PPI、工业增加值等宏观经济指标半年至一年，可以为宏观经济政策决策提供参考。

关键词：期货综合指数　持仓量　宏观经济　VAR模型

　　经过20多年的探索创新，我国期货市场规模快速增长，品种体系不断完善，市场稳定运行，有效发挥出服务实体经济的功能。2016年全国期货交易量41.38亿手，累计总成交金额195.63万亿元，同比分别增长15.65%和下降64.70%。2017年，全国期货交易量30.76亿手，累计总成交金额187.89万亿元，同比分别下降25.66%和3.96%。期货市场运行与宏观经济形势密切相关，宏观经济状况与政策的变化会对期货市场产生影响；反过来，由于期货价格反映了微观经济主体对商品未来供需的预期，期货市场的信息又可用来预判宏观经济走势。因此，很有必要对期货市场与宏观经济的关系进行深入的实证研究，充分挖掘期货市场中的价格、持仓、成交等数据中的有效信息，对经济增长走势作出预判，为宏观经济政策制定提供参考。

一、期货市场与宏观经济关系的文献综述

对于期货市场功能的研究,多是围绕其微观层面展开,分析其在服务生产、贸易企业套期保值中的作用,而从宏观角度、战略高度认识期货市场与宏观经济关系的研究较少。

已有研究主要沿两个维度展开:一是期货市场是否会通过一定的渠道和机制影响国家整体价格水平和产出。美国米尔肯研究院在2014年出版的《衍生品对经济增长的影响分析——从风险管理的角度》中,利用美国数据进行了衍生品对经济增长的实证研究,发现在2003—2012年,衍生品的使用使得美国经济产出增加了1.1%,截止到2012年底,使就业人数增加了53万人,工业生产总值增长2.1%[1]。

期货市场与宏观经济的另一个研究维度是:期货市场,尤其是大宗商品市场变化中是否蕴含着未来通货膨胀和产出变化的信息,从而用于为宏观政策决策提供参考。现有研究中,较多的是考察大宗商品期货价格数据对于通货膨胀的领先性。Brock和Harris(1995)发现在1970—1994年,大宗商品价格指数对美国核心通胀有一定预测性,但是预测能力自20世纪80年代中期之后就明显弱化。并且,不同大宗商品对通胀的预测能力不同,粮食和原油对通胀的预测能力更强,工业原料、黄金等对通胀的预测能力较弱。Gorton和Rouwenhorst(2006)利用美国1959—2004年数据,证明了商品期货与通货膨胀、未预期到的通货膨胀以及通货膨胀的变化之间存在正相关关系。Cheung(2009)考察大宗商品价格变化与美国、英国、欧元区、日本、加拿大、澳大利亚、新西兰通货膨胀的关系,发现从20世纪90年代中期以后,大宗商品价格变化对短期通胀还是有显著的预测作用的,但是在通胀预测中的作用随着时间变化在逐渐减弱。Gospodinov和Ng(2010)从23种大宗商品便利收益中提取主成分,发现对G7国家的通货膨胀率有很好的预测性。也有部分学者研究了期货市场与宏观经济的关系。Hong和Yogo(2011)的理论模型和实证研究表明,期货市场持仓量对于预期未来宏观经济增长具有重要意义。

---

[1] Milken Institute, 2014, Deriving the Economic Impact of Derivatives-Growth through Risk Management.

Hassan 等（2011）利用澳大利亚数据检验了商品价格指数对通货膨胀率、短期利率和失业率的领先性。

国内研究更多地集中在期货价格或期货价格指数与CPI、PPI的相互关系[①]，围绕期货市场与表征经济增长的国内生产总值、工业增加值等宏观经济指标之间关系展开的研究相对较少。冉华（2006）系统地论述了衍生品市场在风险管理和风险配置方面的原理和实现途径，提出了新的经济增长模型，并在阐述衍生品定价机制对经济增长促进作用基础上，利用国内商品期货数据，实际测算了衍生品价格机制对经济增长的贡献。蔡慧和华仁海（2007）、中国人民银行郑州中心支行课题组（2008）则是分析中国期货市场对宏观经济增长的预警作用。蔡慧和华仁海（2007）对我国商品期货指数与GDP指数之间的超前滞后关系进行实证研究，表明在样本区间内存在商品期货指数到GDP指数的因果关系，其先行时间达2个月。中国人民银行郑州中心支行课题组（2008）设计编制了中国期货指数PRB，并通过多种计量方法检验表明，该指数具有宏观经济预警功能，可以作为中央银行进行宏观调控预警的先行指标。

综上可见，已有研究存在两个问题：一是注重探讨期货市场对通货膨胀的预判性，忽略对经济增长的预警作用。经济增长与通货膨胀一样，都是宏观政策决策部门关注的重点，保持经济平稳增长，为全面深化改革顺利推进奠定经济基础，更是当前宏观政策决策部门关注的首要目标。当前研究在这一方面是严重不足的。二是注重期货价格反映的信息，对于期货成交、持仓等数据中所蕴含的信息挖掘不够。

本文以期货市场对宏观经济的先行性为研究目标，选取目前上市品种中与宏观经济指标联系密切、具有一定领先性或同步性的期货品种，综合采纳期货价格数据和期货持仓量数据，编制期货综合指数，用于对各宏观经济指标进行预测，为宏观经济政策决策提供参考。

国外在对宏观经济预测上的探寻可追溯到20世纪三四十年代，那时计量经济学者们主要是基于凯恩斯的经济学理论，使用结构模型来进行，主要核心文献包括丁伯根的《美国经济周期》、克莱因的《美国

---

① 王雪标和王志强（2001），张树忠、李天忠、丁涛（2006），常清、赵冬梅、胡捷帆（2010），宋旺江（2010），周焯华（2011），邹昆仑和张欣（2011），危慧惠和李昕贺（2013）。

经济波动》（1950）和荷兰中央计划局1955年最终创建的宏观经济预测模型，用于向宏观经济政策决策提供建议。20世纪六七十年代各国中央银行盛行使用结构性计量模型进行预测，进入80年代，结构性计量模型逐渐被VAR模型取代。Litterman（1980）第一次将VAR模型用于经济预测，此后VAR模型在宏观经济预测上的尝试层出不穷，Leeper、Sims和Zha（1996）估计了包含13个和18个变量的VAR模型；Banbura、Giannone和Reichlin（2008）估计了超过100个变量的贝叶斯向量自回归（BVAR）模型，VAR模型成为一些中央银行宏观预测的基准工具，比如，英格兰银行构建了一系列的统计模型作为预测的基准，包括随机游走、非线性自回归模型、VAR、差分VAR、递归VAR、BVAR、包含货币的BVAR、因子模型等十几种模型，最终的预测结果是各个模型预测值的加权平均（Kapetanios、Labhard和Price，2007）。

我国宏观经济预测模型起步虽相对较晚，但也种类繁多，协整与动态建模理论、VAR模型和时间序列模型等百家争鸣。仝冰（2009）比较了基于VAR的宏观经济预测及郎润预测的主观预测结果，表明VAR模型对CPI、商品零售额的预测优于朗润预测，对固定资产投资和工业增加值的预测二者不相上下；其他角度还包括郭崇慧和唐焕文（2012）以投入产出模型和人工神经网络模型为核心对某市经济建立预测模型；姜再勇和李宏瑾（2013）基于协整理论，检验了中国利率期限结构的宏观经济预测作用，结果表明国债即期收益率长短期名义利差对GDP、工业增加值等宏观经济变量具有良好的预测作用。

二、期货市场与宏观经济关系的理论分析

（一）期货市场与通货膨胀关系的理论分析

期货市场与通货膨胀间关系的存在源于期货市场交易情况，反映了微观经济主体对商品未来供需的预期，也就是说期货市场所包含的关于大宗商品未来价格的预期可能会与通货膨胀之间存在某种关联。

大宗商品价格是否可以作为通货膨胀的先行指标，关键在于，在经济状况发生变化时，商品价格是否会比消费品（这是衡量一国通胀水平的重要组成部分）价格调整得更快、更早。已有理论研究对这一问题给出了肯

定的回答，经济学理论认为，导致商品价格比消费品价格调整更快的因素主要有：

1. 价格调整模式存在差异

大宗商品是在发展较为成熟的公开竞价市场（auction market）上交易与定价。在这个市场上，商品的供给和需求不断发生着变化，市场交易者可以迅速获得变化的信息，并对价格进行相应调整。在商品市场上，一天之内价格可能出现数次调整。但是，日常消费品价格的调整却迟缓得多，通常认为由于菜单成本等交易成本的存在，消费品价格调整相对滞后，具有一定黏性乃至刚性。当经济中出现总需求增加，或者是货币流动性增多等情况时，首先会是商品价格发生变化，然后逐渐传递至消费品市场，引起消费品价格相应变化，而后者构成了CPI的相当大的比重。Bordo（1980）对14种商品和消费品的研究表明，农产品和初级产品等大宗商品的价格调整速度确实要快于工业制成品。

2. 价格供给弹性存在区别

在全球化背景下，消费品的供给弹性相当高。这意味着一旦消费品价格升高，那么消费品的供给就会马上增加，这可以通过两个途径达到：一是原有厂商开动机器，增加生产；二是正在全球范围内寻找获利机会的资本会迅速进入，增加新产能和产量。因此，即便预期消费品需求增加，由于存在着充足的消费品供给，消费品价格也不会迅速提高。但是大宗商品则不同，由于大宗商品本身固有的特性，包括生产周期较长、商品储量和可开采量有限等，当对大宗商品的需求增加时，商品供给通常不会迅速增加，只能导致大宗商品市场价格的提高。

3. 合约结构不同

大宗商品和消费品固有的物质属性，决定了在市场交易中签署的合约期限长短不同，从而影响了其价格调整速度的快慢。消费品是高度异质性的产品，不同国家、不同厂商，甚至是同一厂商不同生产线生产的同类消费品之间都存在很大的区别，用于更好满足消费者多种多样的需求。消费品的买卖双方在交易中面临着较高的交易成本，包括搜寻合适的商品的成本、协商价格的成本和保证合约履行的成本，因此他们更倾向于签订较长期的买卖合约。但是大宗商品不同，无论是农产品，还是矿产品、能源和有色金属，基本上属于同质性很高的、标准化商品，对于买卖双方而言，其搜寻成本、协商成本和履约成本都相对较低，因此大宗商品的交易合约期限相对较短，这就意味着在外界经济状况发生变化时，大宗商品价格更容易进行调整。消费品价格的交易合约期限较长，决定了其价格调整相对较迟缓。

虽然已有研究表明，20世纪90年代中期之后，随着美欧经济发展，经济结构发生变化，第二产业在经济体系中的主导地位逐渐让位于第三产业，在消费方面则是商品在居民消费中所占比重逐渐下降，服务消费比重逐渐上升，商品期货价格对通货膨胀的预测作用在逐渐消失[①]。但是，我国经济发展现状与美欧20世纪80年代有类似之处，工业部门在国民经济中占据主导地位，商品消费构成居民消费的主体，因此通过期货市场的数据，考察商品价格变化对于物价指标的先导、预测作用既符合我国现实，又具有很强的政策意义。

(二) 期货市场与经济增长关系的理论分析

期货市场与经济增长之间的关系可以从期货价格与期货持仓、成交角度分别进行分析。

期货价格对于预判通货膨胀的重要性不言而喻，但是其与经济增长的关系在逻辑上却并不直观。例如，当需求较为旺盛的时候，生产企业会增加产出，相应的也会增加套保需求，即卖出更多的期货合约，在其他条件不变的情况下，使得期货价格下跌；相反，其下游企业也会增加套保需求，即买入更多的期货合约，从而推动期货价格上涨。因此，当生产扩张、经济增速提高时，期货价格可能会上涨，也可能会下跌。仅仅从期货价格很难判断未来经济走势。

与期货价格不同的是，期货市场上的持仓、成交数据，尤其是套保持仓数据，与微观生产企业的生产活动、规模密切相联，蕴含了更多关于未来经济增长走向的信息。这是因为无论是生产者还是消费者，其对期货的套保需求都是顺应经济周期发展的。比如当焦炭生产企业预期下游焦炭需求增加时，在增加生产的同时也会更多地卖出焦炭期货合约，达到稳定

---

① 具体请参照《利用商品期货市场数据预测中国宏观经济》一文。

利润的目的；而其下游的炼钢厂则会增加买入焦炭期货合约，从而锁定焦炭购买成本。又如由于经济形势好转，再伴随着金融机构资产负债表的扩张，必然出现股票收益率上升，债券收益率下降，这时各类金融机构都会增加股票或股指期货、国债期货的持仓，以对冲利率风险。

综上所述，随着经济形势好转，期货市场上出现的是持仓量的增加，而不是像期货价格那样，既有可能出现价格上涨，也有可能出现价格下跌的情况。所以本文同时使用期货价格和期货持仓量、成交量数据进行期货综合指数的构建，可以将期货市场更多更全面的信息纳入对宏观经济的预测中。

三、期货综合指数编制

期货综合指数的编制过程中，指标筛选原则及筛选手段、指数合成方法均参考已被国内外公认的成熟理论，并结合期货市场数据自有特点，稍作调整。

（一）先行指标筛选原则

编制指数的先行指标选择准则为经济上的重要性、统计上的充分性、统计的适时性与经济景气波动的对应性，具体到期货市场，本文依据如下原则：

1. 多维度覆盖，尽量包括农产品、金属、能源、化工、金融等品种；

2. 选择上市时间超过三年、较为活跃的，且近年未受到外部政策限制而明显影响数据质量的品种；

3. 根据指数筛选通用技术方法进行考察，挑选与基准指标相关性较好、对于基准指标具有先行性的指标。

（二）先行指标筛选方法

1. 时差相关分析

以工业增加值定基指数（2010年=100）作为反映当前宏观经济增长的

基准指标①，分别计算期货市场全部品种活跃合约收盘价、持仓量和成交量的超前或滞后若干期与基准指标的相关系数，其中最大的时差相关系数即为被选指标与基准指标的时差相关关系，相应的延迟数表示超前期或滞后期。需要指出的是，被选指标如果与基准指标都有很强的趋势，则所有超前或滞后期所对应的时差相关系数都会很高，这样就无法清晰辨别先行指标的具体超前期或滞后期。这种情况下，适当地进行指标变换，消除各自的趋势，超前滞后关系就会变得明显。在本文中，我们通过计算被选指标的同比增速、对被选指标进行季节调整来进行指标变换，同时使用周度和月度数据分别计算时差相关系数。综合依据被选指标原始数据、增速数据、季调数据所计算的周度、月度时差相关性的结果，根据指标是否具有先行性，来决定是否挑选被选指标作为建立指数的基础指标。

2．K-L信息量

由统计学家Kullback和Leibler提出的Kullback-Leibler信息量用于判定两个变量概率分布的接近程度，K-L信息量越接近于0，说明两个变量的概率分布越接近。将K-L信息量应用于景气指标的选取中，信息量越接近于0，则说明被选指标与基准指标越接近。在本文中，以工业增加值定基指数（2010年=100）为基准指标，计算期货市场全部品种的活跃合约收盘价、持仓量和成交量的超前或滞后若干期对应的K-L信息量，最小值为被选指标关于基准指标的K-L信息量，其相对应的期数就是被选指标最适当的超前或滞后期数。同样地，基于K-L信息量的选取也需要同时考虑被选指标原始数据、增速数据、季调数据所计算的周度、月度K-L信息量结果。需要说明的是，本文对于使用K-L信息量选取指数合成的基础指标，没有设置定量的选择标准②，对K-L信息量的使用基于时差相关性分析筛选后的结果，对于时差相关性分析无法确定的部分指标，才会综合参考K-L信息量进行确定。

---

① 这主要是由于国内生产总值（GDP）按照季度发布，发布频度较低，而工业增加值与GDP高度相关，可以用工业增加值走势代表宏观经济增长的情况。且由于国家统计局未提供工业增加值定基指数（2010年=100）2010年之前数据，故使用工业增加值同比数据进行计算，其中1月、2月的实际增长率用1—2月累计增长率替代。

② 有学者提出，一般地，被选指标扩大10000倍的K-L信息量在50以下，就可以考虑选取，但在本文中，未设置明确的选择标准。

（三）先行指标筛选

指数编制样本期选择1998年1月—2018年7月。为兼顾降低日频数据波动剧烈的噪声干扰和最大限度覆盖已有信息，选择的数据频度为周频。使用litterman平均值方法，对工业增加值月度数据进行周度分解，将低频数据转换为高频数据。对于期货市场全部品种的活跃合约数据，使用平均值法将日度数据转为周度数据与月度数据。

根据多维度覆盖的原则，本文所确定的指标池囊括了国内上市满三年、交易活跃的所有商品期货的活跃合约收盘价、持仓量与成交量指标，以及上证指数、汇率、拆借利率等金融指标。确定指标池后，运用上述筛选先行指标的时差相关系数法与K-L信息量法，得到最终的先行指标筛选结果见表1。

表1 指标清单

类别	收盘价	持仓量	其他指标
金属类	铁矿石、锌、铜、铅、锡、黄金、白银、螺纹钢、热轧卷板	铁矿石、锌、铝、铜、铅、锡、黄金、白银、螺纹钢、热轧卷板	上证指数、上证成交量、美元兑人民币汇率、shibor（隔夜）、shibor（周度）、银行间质押回购加权利率
能源类	焦煤、焦炭、石油沥青	动力煤、焦炭、石油沥青	
农产品类	玉米、豆油、黄大豆一号、豆粕、鸡蛋、棕榈油、玉米淀粉、白糖、菜籽油	豆油、豆粕、棕榈油、玉米淀粉、白糖、菜籽油、棉花	
化工类	塑料、甲醇	塑料、PTA、天然橡胶	
金融类	5年期国债期货	5年期国债期货	

对表1中的指标，有以下几点说明：

首先，黄大豆一号、棕榈油、沪铜与工业增加值同步性最强，为提升指数与经济增长振动频率的一致性，指数编制也加入了同步指标。

其次，部分商品期货持仓量与成交量的表现均较好，二者都是以"手数"衡量的"数量"变量，蕴含的信息可能存在较大重合，但由于所计算的时差相关系数结果显示持仓量指标整体优于成交量指标，故最终选择使用持仓量数据，而未选择成交量数据。

再次，由于缺乏汇率、短期利率的期货品种，且股指期货受政策影响较大，因此选择了上证指数、上证成交量、美元兑人民币汇率、shibor

（隔夜）、shibor（周度）、银行间质押回购加权利率作为金融类期货数据的替代。

最后，目前用于合成期货指数的各基础指标及其权重是基于现有样本数据选取并确定的，随着时间推移，需结合市场具体变化定期进行调整。

（四）合成指数

国际上通用的景气指数方法有扩散指数（diffusion index，DI）方法和合成指数（composite index，CI）方法，以及利用主成分分析法合成景气指数。目前，国际上通行的合成指数计算方法有美国商务部合成指数法、日本经济企划厅合成指数法和经济合作与发展组织（OECD）合成指数法等。本文期货综合指数（FCI）的编制选择借鉴美国商务部合成指数的计算方法，并利用主成分分析法作为合成过程中确定权重的方法，指数合成过程如下：

1. 求指标的对称变化率并将其标准化

设指标 $Y_{ij}(t)$ 为第 j 指标组的第 i 个指标，$j=1,2,3$ 分别代表不同的指标组，在本文中即收盘价指标组、持仓量指标组、其他类指标组。$i=1,2,\cdots,k_j$ 是组内指标的序号，k_j 是第 j 指标组的指标个数。首先对 $Y_{ij}(t)$ 求对称变化率 $C_{ij}(t)$：

$$C_{ij}(t) = 200 \times \frac{Y_{ij}(t) - Y_{ij}(t-1)}{Y_{ij}(t) + Y_{ij}(t-1)}, \quad t=2,3,\cdots,T$$

其中，T 是样本期间的数据个数。

当构成指标 $Y_{ij}(t)$ 中有零或负值时，或者指标是比率序列时，取一阶差分：

$$C_{ij}(t) = Y_{ij}(t) - Y_{ij}(t-1), \quad t=2,3,\cdots,T$$

为防止变动幅度大的指标在合成指数中取得支配地位，各指标的对称变动率 $C_{ij}(t)$ 都被标准化，使其平均绝对值等于1。首先求标准化因子 A_{ij}：

$$A_{ij} = \sum_{t=2}^{T} \frac{|C_{ij}(t)|}{T-1}$$

用 A_{ij} 将 $C_{ij}(t)$ 标准化，得到标准化变化率 $S_{ij}(t)$：

$$S_{ij}(t) = \frac{C_{ij}(t)}{A_{ij}}, \quad t=2,3,\cdots,T$$

其中，考虑日频期货数据的波动性，及节假日空缺值，采用十期移动平均降噪并补充空缺值。

2．求各指标组的平均变化率

求出各组的平均变化率 $R_j(t)$：

$$R_j(t) = \frac{\sum_{i=1}^{kj} S_{ij}(t) \cdot w_{ij}}{\sum_{i=1}^{kj} w_{ij}}, \quad j=1,2,3, \quad t=2,3,\cdots,T$$

w_{ij} 是第 j 组的第 i 个指标的权数，经检验效果，决定在本模型中使用等权数，即 $w_{ij} = 1$。

3．求初始合成分类指数 $I_j(t)$

令 $I_j(1) = 100$，则

$$I_j(t) = I_j(t-1) \times \frac{200 + R_j(t)}{200 - R_j(t)}, \quad j=1,2,3, \quad t=2,3,\cdots,T$$

4．确定分指数权重

本文将基础指标分为三个指标组，即收盘价指标组、持仓量指标组、其他类指标组，并对三个指标组分别基于上述合成指数的三个步骤合成分类指数 I_1、I_2、I_3，分别对应收盘价分指数（$Index\_cp$）、持仓量分指数（$Index\_ol$）、其他类分指数（$Index\_others$）。

对于各分指数，本文确定其在期货合成指数中的权重时，使用了主成分分析法。主成分分析就是用一个或少数个综合指标来代表多个变量的值，并尽可能地减少信息损失的一种方法。主成分分析法也可以用来确定多个变量在构成综合指标时所占比重，权重确定过程如表2所示。其中，其他类分指数的贡献为负，故删除，最终实际利用的分指数仅有收盘价分指数与持仓量分指数，其最终权重占比分别为48%和52%。

表2　主成分分析法确定权重

	I_1（$Index\_cp$）	I_2（$Index\_ol$）	I_3（$Index\_others$）
载荷数	0.5479	0.5927	−0.5902

续表

	I_1 (Index_cp)	I_2 (Index_ol)	I_3 (Index_others)
第一主成分特征根		2.5770	
初始权重	0.3413	0.3692	删除
归一化后权重	0.48	0.52	0

注：其中，权重的计算公式为：初始权重 = 载荷数 / (第一主成分特征根)^(1/2)。

5. 合成期货综合指数

将分类指数按照权重合成期货综合指数：

$$FCI'_j(t) = 0.48 \times I_1 + 0.52 \times I_2$$

生成以基准年份（2010）为100的期货综合指数：

$$FCI_j(t) = \left(FCI_j'(t) / \overline{FCI_j'(t)}\right) \times 100$$

其中，$\overline{FCI_j'(t)}$ 是 $FCI_j'(t)$ 在基准年份（2010）为100的平均值。

（五）期货综合指数描述与检验

通过对收盘价分指数与持仓量分指数的使用，可以观察整个期货市场的价格变动特征与持仓量变动特征。对于基于收盘价分指数与持仓量分指数合成的期货综合指数，我们发现，其对宏观经济的各个指标有不同的领先周期，均具有显著的先行性。对分指数与期货综合指数的描述，涉及的变量定义见表3，所有变量均为定基指数（定基2010年）。

表3 变量定义一览表

名称	变量	名称	变量
收盘价分指数	Index_cp	工业增加值	IVA
持仓量分指数	Index_ol	居民消费价格指数	CPI
期货综合指数	FCI	工业品出厂价格指数	PPI
国内生产总值	GDP		

周度收盘价分指数、持仓量分指数表现如图1所示，周度期货综合指数表现如图2所示。

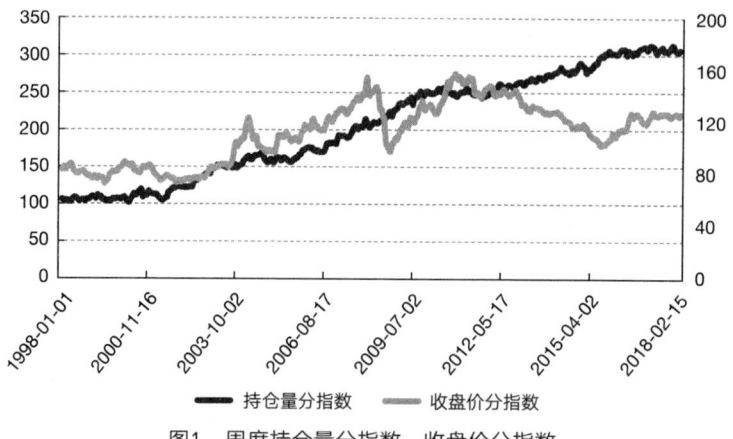

图1 周度持仓量分指数、收盘价分指数

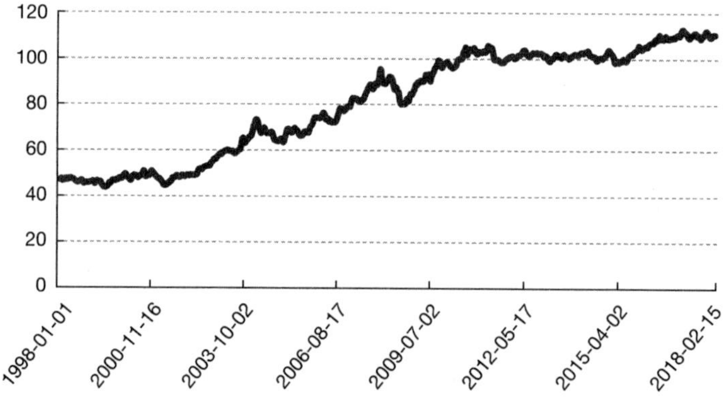

图2 周度期货综合指数（FCI）

将期货综合指数FCI与国内生产总值、工业增加值、工业品出厂价格指数、居民消费价格指数定基指数进行时差相关分析（表4），可以看出FCI与各宏观经济指标均具有较强的相关性，领先作用在半年至一年之间。

表4 期货综合指数时差相关性检验结果

名称	领先期数	相关系数
国内生产总值	6个月（2个季度）	0.9393
工业增加值	7个月	0.9304
工业品出厂价格指数	5个月	0.9362
居民消费价格指数	6个月	0.9579

注：对领先期数的确定，综合考虑了使用原始序列数据、增速序列数据、季调序列数据的时差相关性结果，且对于先行期的选择，主要依据选取先行一年以内时差相关系数极值点的原则选取。

四、期货综合指数应用

本文基于收盘价、持仓量数据合成了期货综合指数，也检验了其对各宏观经济指标的领先作用。对于收盘价分指数、持仓量分指数、期货综合指数的应用，可以通过直接观测指数的走势，对期货市场现状以及走势进行分析和预判。通过探究期货综合指数与宏观经济指标之间的关系，进而找到较为稳定的预测模型，也可以对宏观经济指标进行预测，为宏观经济政策的制定提供决策参考。本文将期货综合指数分别与国内生产总值、工业增加值、工业生产者价格指数、居民消费价格指数建立regARIMA模型族、VAR模型和分布滞后模型，结果显示，VAR模型的模型检验效果与预测效果最优，故本文选择基于VAR模型，使用期货综合指数对各宏观经济指标进行预测。

（一）VAR模型

向量自回归模型（VAR）假定在模型中的变量全部为内生变量，内生变量对模型的全部内生变量的滞后项进行回归，从而估计全部内生变量的动态关系，是处理多个相关经济指标的分析与预测较为有效的一种手段。

在对VAR模型进行建模之前，需要对数据进行平稳性检验；建立VAR模型的过程中，使用AIC、SC等法则选取模型的最优滞后阶数[①]；模型建立后，使用格兰杰因果检验方法对变量之间数据引导关系进行检验；对于整个模型系统来讲，需要确保整个模型是稳定的，这就要求模型的解均在单位圆内，以保证整个模型不会发散。

稳定的VAR模型，可以用于对模型中的变量进行预测。预测类型包括样本内静态预测、样本内动态预测和样本外外推预测。样本内静态预测指的是根据VAR模型对已有的样本进行预测，预测时模型中代入的是样本真实值，预测结果可与样本数据进行比较；样本内动态预测与静态预测不同的是，模型代入的是模型上期的预测值，但同样地，预测结果可与样本数据进行比较；样本外外推预测指的是依据已知样本对未来的变量值进行预

---

① 在本文中，对滞后阶数的选取不以选取法则所给出的最优滞后阶数为最终选择，而是结合时差相关系数检验结果与选取法则的建议综合确定。

测，样本外外推预测因为是对未来值进行预测，所以一定是动态预测。对于预测精度的衡量，本文使用绝对平均误差百分比指标进行衡量，即用预测值与真实值的绝对误差和真实值的比值的平均值进行衡量，公式如下，其中N为样本数：

$$预测精度=(\sum|(预测值-真实值)|/真实值)/N \times 100\%$$

（二）预测工业增加值

1. VAR模型建立与检验

对于以预测工业增加值为目的的VAR模型的建立，模型检验结果如表5所示。对期货综合指数与工业增加值定基指数原始序列分别进行ADF检验，发现原始序列均不平稳，在此基础上，对两变量的差分序列进行ADF检验，发现变量平稳，说明了期货综合指数与工业增加值定基指数均为一阶单整变量，差分平稳；AIC准则对模型的最优滞后阶数的建议是55期，结合时差相关系数检验结果，以及模型的表现，最终确定滞后阶数为42周；格兰杰因果检验结果显示，从数据角度来讲，期货综合指数是工业增加值的格兰杰原因，而工业增加值也是期货综合指数的格兰杰原因，鉴于本文对于VAR模型的使用目的是对工业增加值进行预测，故可以依据格兰杰因果检验的结果建立模型。

表5　预测工业增加值VAR模型检验

变量平稳性检验（ADF）					
变量	T统计量	P值	变量	T统计量	P值
IVA	−2.8709	0.1725	FCI	−1.8400	0.6846
D（IVA）	−14.5776	0.0000	D（FCI）	−14.7573	0.0000
模型滞后阶数			42		
格兰杰因果检验（Granger）					
被解释变量	被排斥变量	卡方统计量	自由度	P值	
D（IVA）	D（FCI）	68.2024	42	0.0065	
D（FCI）	D（IVA）	58.0312	42	0.0508	

对于模型稳定性的检验，我们可以通过观察模型的根是否都位于单位圆内，如图3所示，所有根都位于单位圆内，证明了模型的稳定性。如图4所示，当一个标准单位期货综合指数波动冲击，会引起工业增加值周期性波动，并在第16期（约4个月）达到最大影响，影响程度约0.08个标准单位，随后波动幅度逐渐减弱趋于横轴。

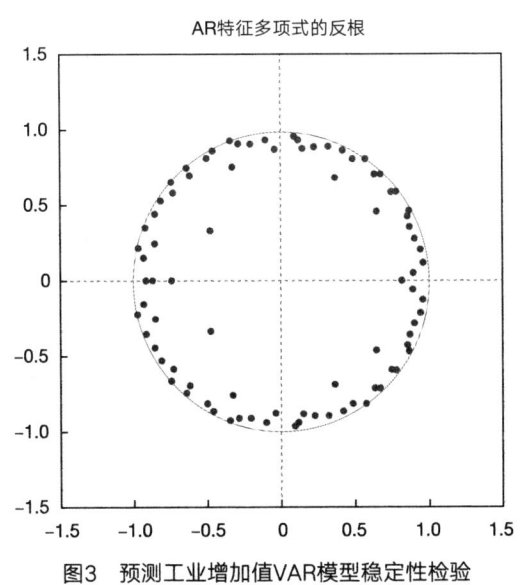

图3　预测工业增加值VAR模型稳定性检验

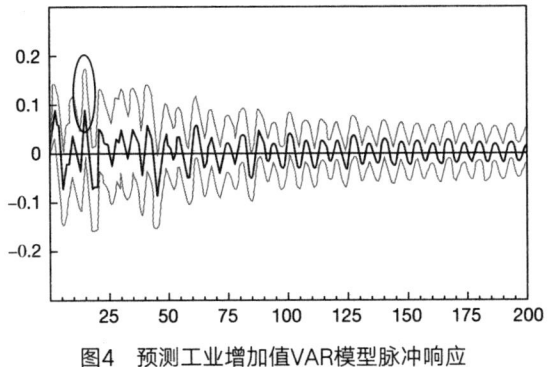

图4　预测工业增加值VAR模型脉冲响应

2．模型预测性能检验

用样本内静态预测、样本内动态预测和样本外外推预测，检验模型预测性能。分别考察其误差的绝对平均值（表6），其预测精度分别为0.5832%、1.9244%、2.4602%。且经观察样本外动态外推预测时，发现不存在随时间推移误差扩散现象（图5、图6），趋势上预测所得预测值及其同比增速与真实值峰值谷值基本一致，证明模型对工业增加值预测性能较为稳定。

表6 预测工业增加值预测性能

预测类型	样本内静态预测	样本内动态预测	样本外外推预测
样本期	1998.10~2018.08	1998.10~2018.08	1998.10~2016.08
预测期	1998.10~2018.08	2016.08~2018.08	2016.08~2018.08
预测精度	0.5832%	1.9244%	2.4602%

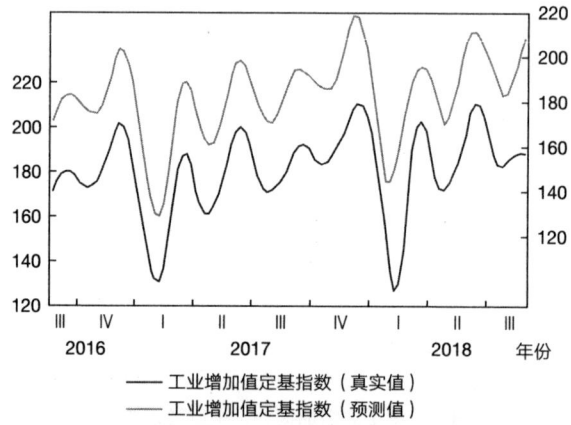

图5 工业增加值定基指数预测值与真实值对比

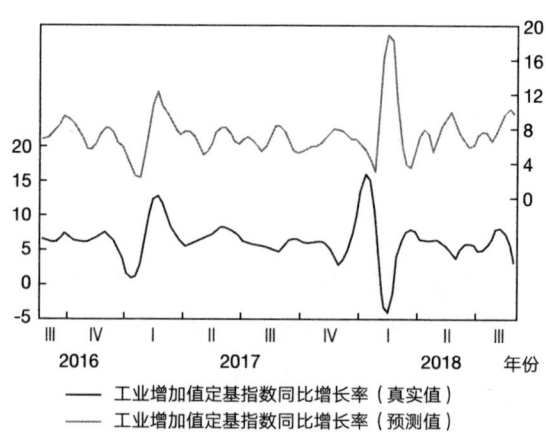

图6 工业增加值定基指数同比增长率预测值与真实值对比

3. 模型预测应用

使用1998年10月—2018年8月样本期数据，通过模型外推预测未来2个季度内工业增加值增长情况（图7、图8）。从增速来看，9月同比增速降至底部之后，从第4季度开始有所恢复；2019年第1季度增速再次小幅回落[①]。整体来看，工业增加值绝对值虽整体上行，但同比增速波动较大。

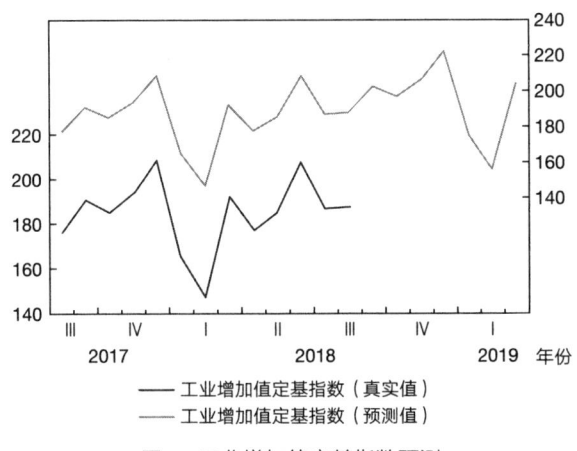

图7　工业增加值定基指数预测

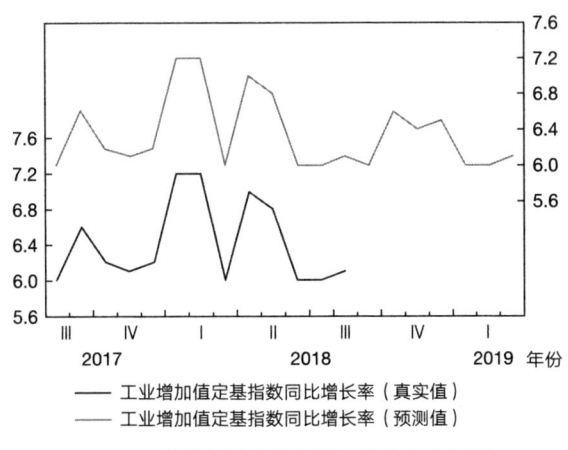

图8　工业增加值定基指数同比增长率预测

[①] 文中预测模型获得的预测值是基于历史信息的外推展现，如果国内外经济环境、政策、期货市场政策等发生预期外的调整，则可能使模型预测结果产生新的变化。

(三) 预测国内生产总值

在对国内生产总值（GDP）预测中，由于上文所合成的初始期货综合指数是周度的，通过平均值法可以将其转换为月度指数，但无论使用周度期货综合指数还是月度期货综合指数，对GDP（季度）进行预测都会存在数据频度不一致的情况，可能会出现信息量缺失和预测精度低的情况。对此，本文考虑到工业增加值与GDP间极高的相关性（同期相关性为0.998），选择基于工业增加值对GDP进行预测，以及使用期货综合指数对GDP直接进行预测两种方法。数据分析表明，基于工业增加值对GDP同比增速的趋势预测更为准确，但期货综合指数对GDP真实值的预测精度更高。本部分主要报告期货综合指数对GDP的预测结果，而将基于工业增加值的预测及两种预测的对比分析放在附录部分。

1. VECM模型建立与检验

与基于VAR模型并使用期货综合指数对工业增加值进行预测所不同的是，对于经过多次差分才会平稳的变量，建立VAR模型则失去了较多的变量信息。如表7所示，季度国内生产总值与期货综合指数数据均为二阶差分平稳序列，无法直接使用原始序列或差分序列建立VAR模型。因为数据不平稳的话，非约束性的估计会导致谬误回归。此时，就要检验数据之间是否存在协整关系，如果时间序列数据同阶单整且存在协整关系，就可以建立VECM模型。VECM模型的协整方程的存在，意味着变量一旦偏离均衡又将会逐步回复到长期均衡，而向长期均衡动态调节的过程由误差修正方程表示。

Johansen协整检验结果显示，同阶单整的国内生产总值与期货综合指数之间存在一个协整关系，可以对国内生产总值与期货综合指数原始变量建立VECM模型，其中滞后阶数的选取为3阶（VAR模型的推荐滞后阶数为5阶）。格兰杰因果检验结果显示，从数据角度来讲，期货综合指数是国内生产总值的格兰杰原因，而国内生产总值不是期货综合指数的格兰杰原因。

表7 预测国内生产总值VECM模型检验（基于FCI）

变量平稳性检验（ADF）					
变量	T统计量	P值	变量	T统计量	P值
GDP	1.3467	0.9987	FCI	−1.8131	0.6135
D（GDP）	−1.1512	0.6915	D（FCI）	−2.6241	0.1268
D（GDP，2）	−285.69	0.0001	D（FCI，2）	−9.2238	0.0001
模型滞后阶数			3		

约翰森协整检验（检验阶数为3）		
协整个数	迹统计量	P值
0	212.1343	0.0001
1	0.0769	0.7814

格兰杰因果检验（Granger）				
被解释变量	被排斥变量	卡方统计量	自由度	P值
D（GDP）	D（FCI）	136.0750	3	0.0007
D（FCI）	D（GDP）	78.5204	3	0.6590

对于模型稳定性的检验，我们可以通过观察模型的根是否都位于单位圆内，通过对AR根结果的观察发现，并非所有的根都位于单位圆内，证明了模型不平稳，无法进行脉冲分析。

2．模型预测性能检验

用样本内静态预测、样本内动态预测和样本外外推预测，检验模型预测性能。分别考察其误差的绝对平均值（表8），其预测精度分别为0.8690%、0.2945%、0.3841%。且经观察样本外动态外推预测时，发现不存在随时间推移误差扩散现象（图9、图10），趋势上预测所得绝对值预测值与真实值峰值谷值基本一致，但同比增速的预测效果稍有逊色。

表8 预测国内生产总值预测性能（基于FCI）

预测类型	样本内静态预测	样本内动态预测	样本外外推预测
样本期	1998Q4—2018Q2	1998Q4—2018Q2	1998Q4—2016Q2
预测期	1998Q4—2018Q2	2016Q3—2018Q2	2016Q3—2018Q2
预测精度	0.8690%	0.2945%	0.3841%

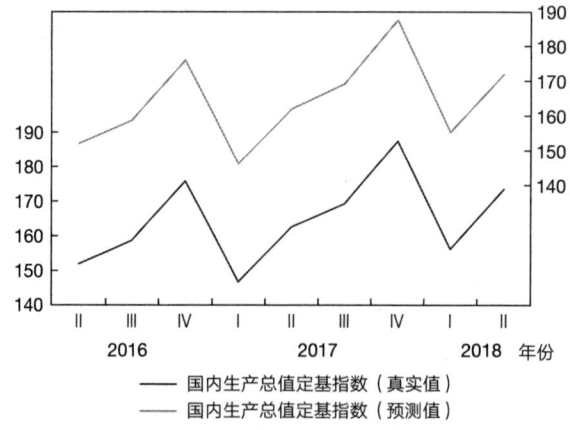

图9 国内生产总值定基指数预测值与真实值对比（基于FCI）

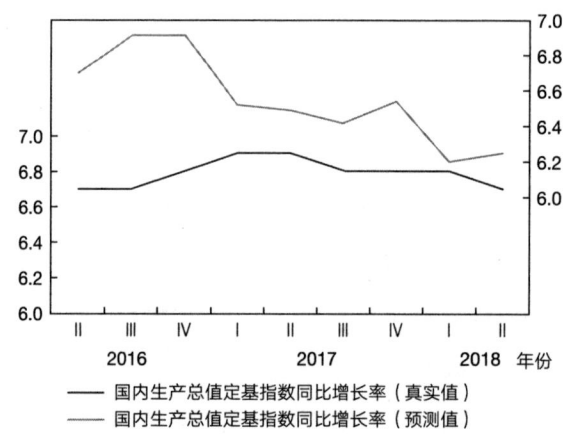

图10 国内生产总值定基指数同比增长率预测值与真实值对比（基于FCI）

3．模型预测应用

使用1998年第3季度—2018年第2季度的样本数据，通过模型外推预测未来一年内国内生产总值情况（图11、图12）。整体而言，国内生产总值同比增速保持平稳，2018年第3季度略有下滑，第4季度则小幅回升，但在2019年将再度小幅回调。

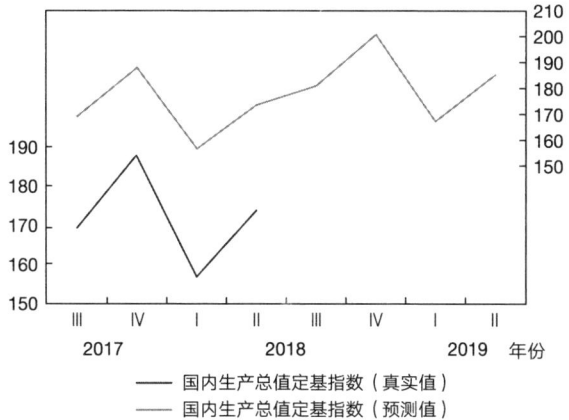

图11　国内生产总值定基指数绝对值预测（基于FCI）

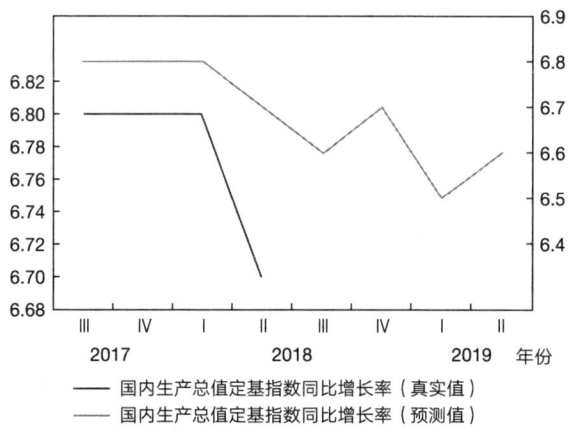

图12　国内生产总值定基指数同比增长率预测（基于FCI）

（四）预测工业品出厂价格指数

建立基于期货综合指数与PPI的VAR模型，并进行格兰杰因果检验，发现期货综合指数是工业品出厂价格指数的格兰杰原因，工业品出厂价格指数也是期货综合指数的格兰杰原因，两个变量之间存在双向的格兰杰引导关系。对模型进行稳定性检验，并分别用样本内静态预测、样本内动态预测和样本外外推预测，检验模型预测性能，证明模型对工业品出厂价格指数预测性能较为稳定。

使用1998年8月—2018年8月样本期数据,通过模型外推预测未来2个季度内工业品出厂价格指数情况(图13、图14),预测结果显示未来2个季度中工业品出厂价格指数总体上升。从增速来看,2018年6月PPI同比增速将是未来一年的高点,随后在环比增速下降以及高基数原因下,PPI同比增速将缓慢下降。

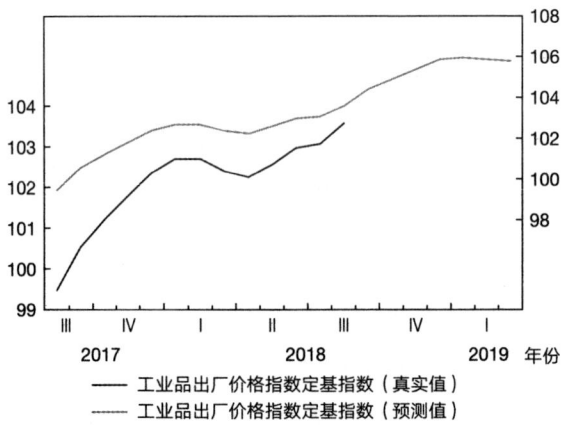

图13 工业品出厂价格指数定基指数预测

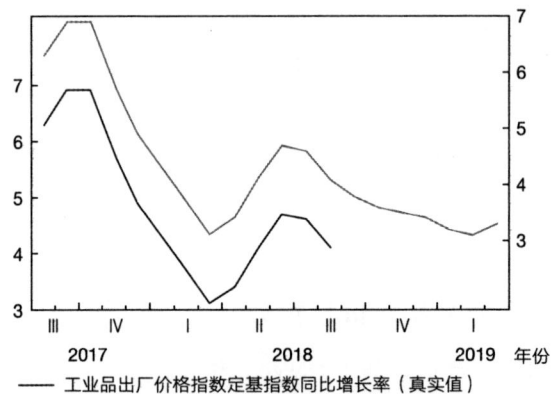

图14 工业品出厂价格指数定基指数同比增率预测

（五）预测居民消费者价格指数

在通过稳定性检验的VAR模型中，进行格兰杰因果检验，发现期货综合指数是居民消费者价格指数的格兰杰原因，而居民消费者价格指数也是期货综合指数的格兰杰原因。依据1998年10月—2018年8月样本期数据对CPI进行预测，得到结果如下（图15、图16）：从2018年8月至2019年1月的同比增速较为平稳，2019年2月达到低谷，后又快速回升。

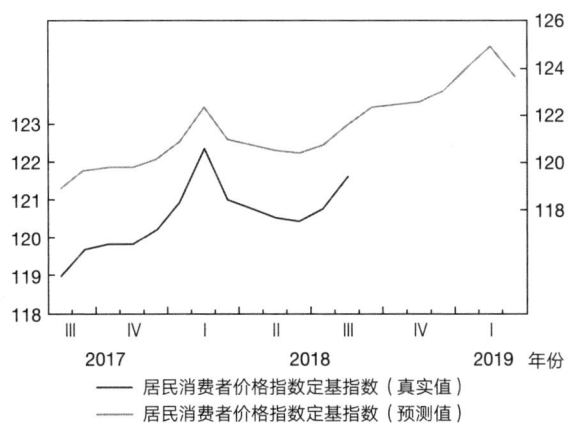

图15　居民消费者价格指数定基指数预测

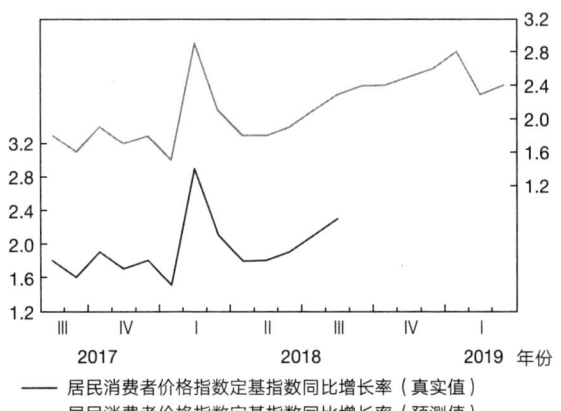

图16　居民消费者价格指数定基指数同比增长率预测

四、结论

依据期货市场交易数据编制的期货综合指数对主要宏观经济具有领先作用，领先其半年至一年。入选期货综合指数的期货品种基本都是我国上市时间较长、发育较为成熟、成交活跃的品种，相关产业链上下游企业利用期货进行风险管理的经验也较为丰富，使得期货综合指数中持仓量数据的成分，能较为充分地体现实体企业对于未来生产经营的预期，进而获得较好的预测效果。期货综合指数中收盘价数据成分，也同样为在较好地预测物价指标时提供了支撑。

总体来看，本文所建立的期货综合指数对宏观经济运行走势判断具有一定的"望远镜"作用。随着我国期货市场不断完善产品结构，优化市场竞争环境，其对宏观经济运行的预判能力将进一步得到提升。

附件1　基于工业增加值预测国内生产总值
附件2　基于期货综合指数预测工业品出厂价格指数
附件3　基于期货综合指数预测居民消费者价格指数

附件1

基于工业增加值预测国内生产总值

1. VECM模型建立与检验

对于使用工业增加值对国内生产总值进行预测，用平均值法将月度的工业增加值数据转换为季度数据，然后进行变量的平稳性检验。ADF检验的结果显示（附表1.1）季度国内生产总值与工业增加值数据均为二阶差分平稳序列，无法直接使用原始序列或差分序列建立VAR模型。

Johansen协整检验结果显示，同阶单整的国内生产总值与工业增加值之间存在一个协整关系，可以对国内生产总值与工业增加值原始变量建立VECM模型，其中滞后阶数的选取为3阶（VAR模型的推荐滞后阶数为5阶）。格兰杰因果检验结果显示，从数据角度来讲，国内生产总值是工业增加值的格兰杰原因，而工业增加值也是国内生产总值的格兰杰原因，两变量之间存在清晰的引导关系。

附表1.1 预测国内生产总值VECM模型检验（基于IVA）

变量平稳性检验（ADF）					
变量	T统计量	P值	变量	T统计量	P值
GDP	1.3467	0.9987	IVA	−0.2383	0.9911
D（GDP）	−1.1512	0.6915	D（IVA）	−1.5857	0.7898
D（GDP，2）	−285.69	0.0001	D（IVA，2）	−49.7296	0.0001
模型滞后阶数			3		
约翰森协整检验（检验阶数为3）					
协整个数		迹统计量		P值	
0		16.0822		0.0408	
1		2.2288		0.1355	

续表

格兰杰因果检验（Granger）				
被解释变量	被排斥变量	卡方统计量	自由度	P值
D（GDP）	D（IVA）	136.0750	3	0.0000
D（IVA）	D（GDP）	78.5204	3	0.0000

对于模型稳定性的检验，同样发现，并非所有的根都位于单位圆内，证明了模型不平稳，无法进行脉冲分析。

2．模型预测性能检验

用样本内静态预测、样本内动态预测和样本外外推预测，检验模型预测性能。分别考察其误差的绝对平均值（附表1.2），其预测精度分别为1.1134%、0.8092%、1.9062%。且经观察样本外动态外推预测时，发现不存在随时间推移误差扩散现象（附图1.1、附图1.2），趋势上预测所得预测值及其同比增速与真实值峰值谷值基本一致，证明模型对国内生产总值预测性能较为稳定。

附表1.2 预测国内生产总值预测性能（基于IVA）

预测类型	样本内静态预测	样本内动态预测	样本外外推预测
样本期	1998Q4—2018Q2	1998Q4—2018Q2	1998Q4—2016Q2
预测期	1998Q4—2018Q2	2016Q2—2018Q2	2016Q2—2018Q2
预测精度	1.1134%	0.8092%	1.9062%

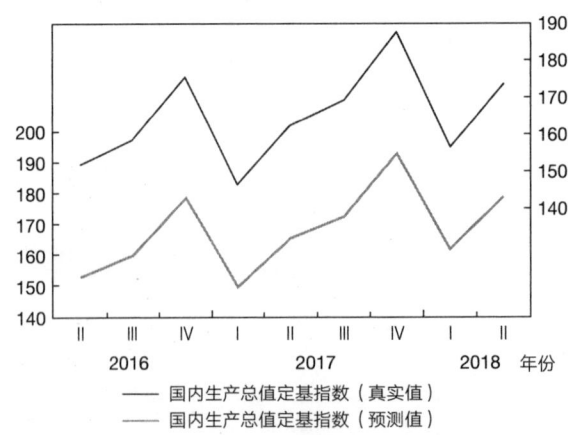

附图1.1 国内生产总值定基指数预测值与真实值对比（基于IVA）

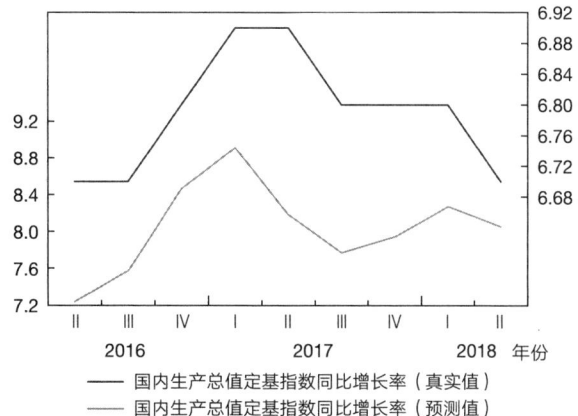

附图1.2　国内生产总值定基指数同比增长率真实值与预测值对比（基于IVA）

3．模型预测应用及对比

使用1998年第3季度—2018年第2季度的样本数据，通过模型外推预测未来一年内国内生产总值情况（附图1.3、附图1.4）。

同时，将基于期货综合指数与基于工业增加值对国内生产总值进行预测的模型结果对比发现，期货综合指数对国内生产总值真实值的预测精度更高，但工业增加值对国内生产总值同比增速的趋势预测更为准确，基于两种预测方法各有预测优势，故将预测结果对比，以求得到更为全面可靠的预测结果。对于国内生产总值的预测，我们可以同时参考两种预测方法的预测结果。

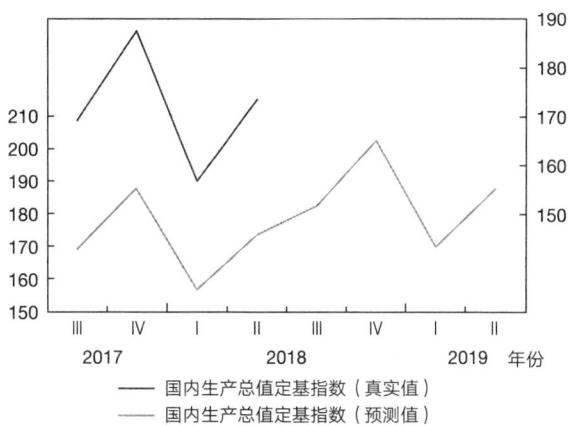

附图1.3　国内生产总值定基指数绝对值预测（基于IVA）

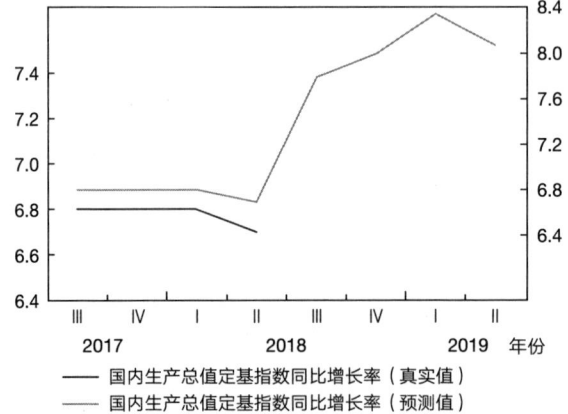

附图1.4　国内生产总值定基指数同比增长率预测（基于IVA）

附件2

基于期货综合指数预测工业品出厂价格指数

1. VAR模型建立与检验

对于以预测工业品出厂价格指数为目的的VAR模型的建立，模型检验结果如附表2.1所示。对期货综合指数与工业品出厂价格指数定基指数对数序列分别进行ADF检验，发现序列均不平稳，在此基础上，对两变量的差分序列进行ADF检验，发现变量平稳，说明了对数形式的期货综合指数与工业品出厂价格指数定基指数均为一阶单整变量，差分平稳；AIC准则对模型的最优滞后阶数的建议是56期，结合时差相关系数检验结果，以及模型的表现，最终确定滞后阶数为30周；格兰杰因果检验结果显示，从数据角度来讲，期货综合指数是工业品出厂价格指数的格兰杰原因，工业品出厂价格指数也是期货综合指数的格兰杰原因，两个变量之间存在双向的格兰杰引导关系，故可以依据格兰杰因果检验的结果建立模型。

附表2.1　预测工业品出厂价格指数VAR模型检验

变量平稳性检验（ADF）					
变量	T统计量	P值	变量	T统计量	P值
Log（PPI）	−1.6540	0.7708	Log（FCI）	−1.2149	0.6699
D（Log（PPI））	−7.3419	0.0000	D（Log（FCI））	−14.4559	0.0000
模型滞后阶数			30		
格兰杰因果检验（Granger）					
被解释变量	被排斥变量	卡方统计量	自由度	P值	
D（Log（PPI））	D（Log（FCI））	70.2418	30	0.0000	
D（Log（FCI））	D（Log（PPI））	73.0044	30	0.0000	

对于模型稳定性的检验，我们可以通过观察模型的根是否都位于单位圆内，如附图2.1所示，所有根都位于单位圆内，证明了模型的稳定性。如附图2.2所示，当一个标准单位期货综合指数波动冲击，会引起工业品出厂

价格指数周期性波动,并在第35期(约9个月)达到最大影响,影响程度约0.000178个标准单位,随后波动幅度逐渐减弱趋于横轴。这个变动从绝对值上来看,虽然很小,但由于工业品出厂价格指数定基指数自身真实值的变动幅度就极小,故此脉冲的变动属正常现象。

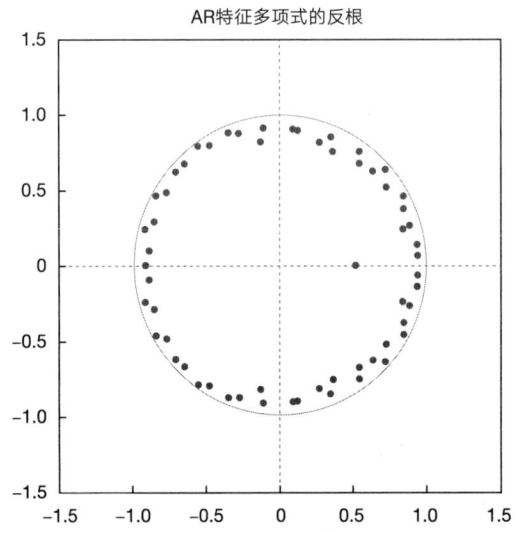

附图2.1 预测工业品出厂价格指数VAR模型稳定性检验

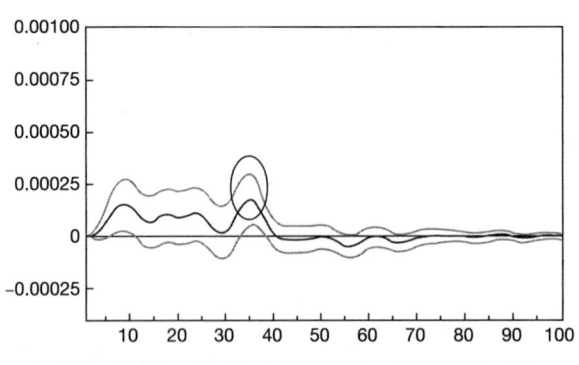

附图2.2 预测工业品出厂价格指数VAR模型脉冲响应

2. 模型预测性能检验

用样本内静态预测、样本内动态预测和样本外外推预测,检验模型预测性能。分别考察其误差的绝对平均值(附表2.2),其预测精度分别为0.0059%、4.5330%、0.5678%。且经观察样本外动态外推预测时,发现不存在随时间推移误差扩散现象(附图2.3、附图2.4),趋势上预测所得预测值及其同比增速与真实值峰值谷值基本一致，证明模型对工业品出厂价格指数预测性能较为稳定。

附表2.2 预测工业品出厂价格指数预测性能

预测类型	样本内静态预测	样本内动态预测	样本外外推预测
样本期	1998.08—2018.08	1998.08—2018.08	1998.08—2017.08
预测期	1998.08—2018.08	2016.09—2018.08	2017.09—2018.08
预测精度	0.0059%	4.5330%	0.5678%

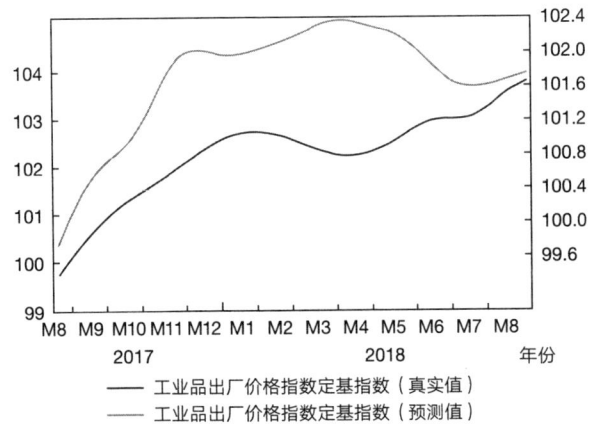

附图2.3 工业品出厂价格指数定基指数预测值与真实值对比

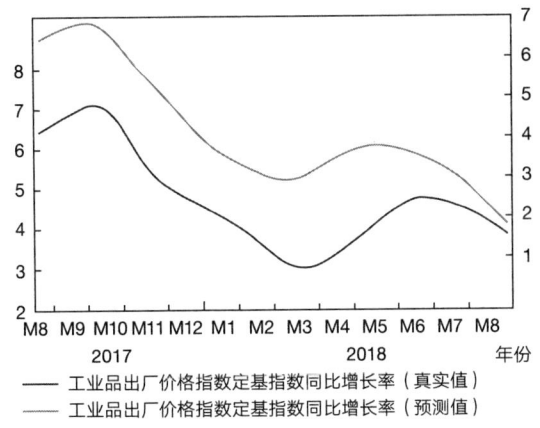

附图2.4 工业品出厂价格指数定基指数同比增速预测值与真实值对比

3. 模型预测应用

使用1998年8月—2018年8月样本期数据，通过模型外推预测未来2个季度内工业品出厂价格指数情况（附表2.3），预测结果显示未来2个季度中工业品出厂价格指数总体上升。从增速来看，2018年6月PPI同比增速将是未来一年的高点，直至2018年底，PPI同比增速将会缓慢下行；进入2019年第1季度之后，PPI同比增速会有所回升，但整体保持平稳。

附表2.3 工业品出厂价格指数定基指数同比增速预测（2018.09—2019.03）

样本时期	真实值	样本时期	真实值
2017.09	6.90%	2018.03	3.10%
2017.10	6.90%	2018.04	3.40%
2017.11	5.80%	2018.05	4.10%
2017.12	4.90%	2018.06	4.70%
2018.01	4.30%	2018.07	4.60%
2018.02	3.70%	2018.08	4.10%
预测时期	预测值	预测时期	预测值
2018.09	3.80%	2019.01	3.20%
2018.10	3.60%	2019.02	3.10%
2018.11	3.50%	2019.03	3.30%
2018.12	3.40%		

附件3

基于期货综合指数预测居民消费者价格指数

1. VAR模型建立与检验

对于以预测居民消费者价格指数为目的的VAR模型的建立，模型检验结果如附表3.1所示。对期货综合指数与居民消费者价格指数定基指数对数序列分别进行ADF检验，发现原始序列均不平稳，在此基础上，对两变量的差分序列进行ADF检验，发现变量平稳，说明了对数形式的期货综合指数与居民消费者价格指数定基指数均为一阶单整变量，差分平稳；AIC准则对模型的最优滞后阶数的建议是49期，结合时差相关系数检验结果，以及模型的表现，最终确定滞后阶数为54周；格兰杰因果检验结果显示，从数据角度来讲，期货综合指数是居民消费者价格指数的格兰杰原因，而居民消费者价格指数也是期货综合指数的格兰杰原因，故可以依据格兰杰因果检验的结果建立模型。

附表3.1 预测居民消费者价格指数VAR模型检验

变量平稳性检验（ADF）					
变量	T统计量	P值	变量	T统计量	P值
Log（CPI）	0.8833	0.9953	Log（FCI）	−1.2149	0.6699
D（Log（CPI））	−10.6386	0.0000	D（Log（FCI））	−14.4559	0.0000
模型滞后阶数			54		
格兰杰因果检验（Granger）					
被解释变量	被排斥变量	卡方统计量	自由度	P值	
D（Log（CPI））	D（Log（FCI））	70.4903	54	0.0653	
D（Log（FCI））	D（Log（PPI））	88.9497	54	0.0019	

对于模型稳定性的检验，我们可以通过观察模型的根是否都位于单位圆内，如附图3.1所示，所有根都位于单位圆内，证明了模型的稳定性。如附图3.2所示，当一个标准单位期货综合指数波动冲击时，会引起居民消费者

价格指数周期性波动，并在第28期（约7个月）达到最大影响，影响程度约0.00014个标准单位，随后波动幅度逐渐减弱趋于横轴。与工业生产者价格指数类似，居民消费者价格指数这个变动从绝对值上来看，虽然很小，但由于居民消费者价格指数定基指数自身真实值的变动幅度就极小，故此脉冲的变动属正常现象。

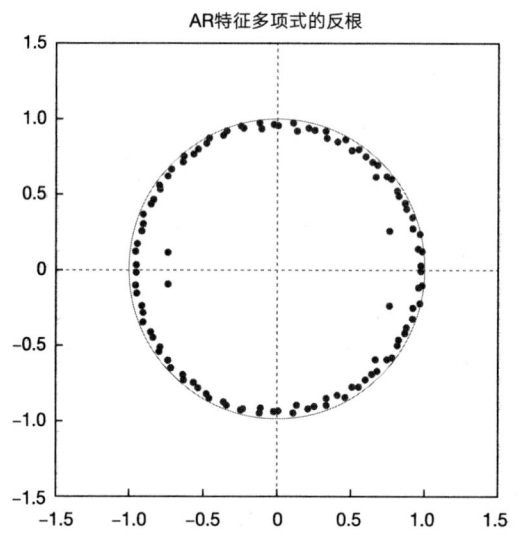

附图3.1　预测居民消费者价格指数VAR模型稳定性检验

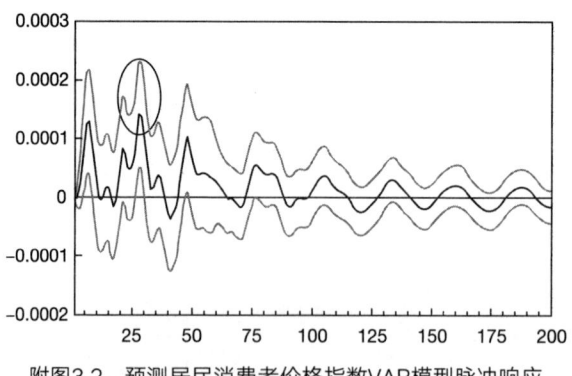

附图3.2　预测居民消费者价格指数VAR模型脉冲响应

2．模型预测性能检验

用样本内静态预测、样本内动态预测和样本外外推预测，检验模型预测性能。分别考察其误差的绝对平均值（附表3.2），其预测精度分别为0.0181%、0.8400%、0.9461%。且经观察样本外动态外推预测时，发现不存在随时间推移误差扩散现象（附图3.3、附图3.4），趋势上预测所得预测值及其同比增速与真实值峰值谷值基本一致,证明模型对居民消费者价格指数预测性能较为稳定。

附表3.2　预测居民消费者价格指数预测性能

预测类型	样本内静态预测	样本内动态预测	样本外外推预测
样本期	1999.01—2018.07	1999.01—2018.08	1999.01—2016.08
预测期	1999.01—2018.07	2016.09—2018.08	2016.09—2018.08
预测精度	0.0181%	0.8400%	0.9461%

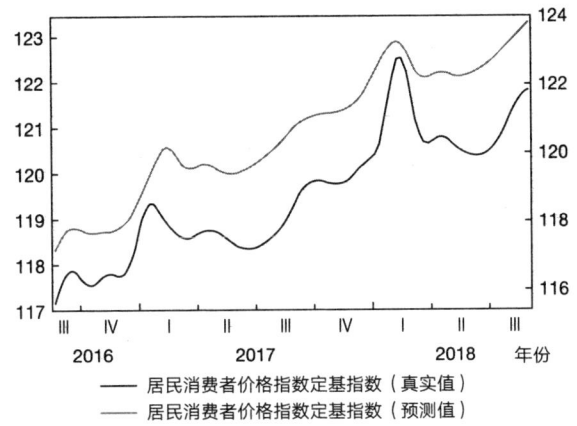

附图3.3　居民消费者价格指数定基指数预测值与真实值对比

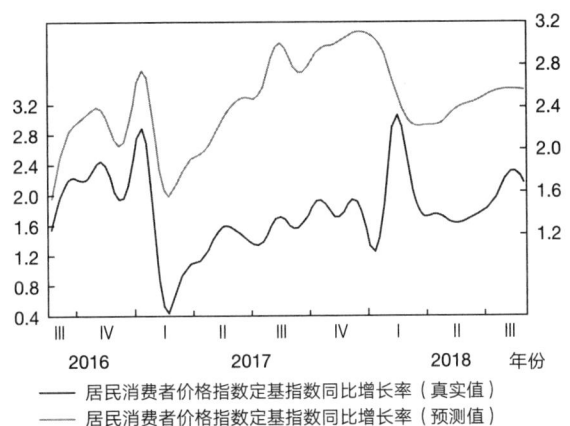

附图3.4　居民消费者价格指数定基指数同比增速预测值与真实值对比

3. 模型预测应用

使用1998年10月—2018年8月样本期数据,通过模型外推预测未来2个季度内居民消费者价格指数情况(附表3.3)。预测结果显示未来1年中居民消费者价格指数绝对值总体为增加。从增速来看，从2018年8月至2019年1月的同比增速较为平稳，2019年2月达到低谷，后又快速回升。

附表3.3 居民消费者价格指数定基指数同比增速预测（2018.09—2019.03）

样本时期	真实值	样本时期	真实值
2017.09	1.60%	2018.03	2.10%
2017.10	1.90%	2018.04	1.80%
2017.11	1.70%	2018.05	1.80%
2017.12	1.80%	2018.06	1.90%
2018.01	1.50%	2018.07	2.10%
2018.02	2.90%	2018.08	2.30%
预测时期	预测值	预测时期	预测值
2018.09	2.40%	2019.01	2.80%
2018.10	2.40%	2019.02	2.30%
2018.11	2.50%	2019.03	2.40%
2018.12	2.60%		

市场价格机制运行与政府监管探析
——以美国商品市场为例

谢亚　贺楠　侯燕磊

摘　要：对美国商品市场的分析表明，无论是日用消费品还是大宗商品，市场供求都在价格决定中发挥着关键作用，但相比而言，部分大宗商品市场上还存在自然垄断等对市场力量的侵蚀。联邦政府和地方政府通过《反垄断法》等法律限制全部商品（包括消费品和大宗商品）市场上的价格垄断行为和歧视行为，并通过对各类大宗商品采取不同的价格管制政策、支持公开交易市场建设，保障大宗商品价格能够充分体现供需双方的意愿。

关键词：价格机制　管制　反垄断

　　市场机制的核心是价格机制。价格是市场进行自我调节的最主要工具，也是反映市场运行的最重要指标，成熟的市场价格机制运行必须以成熟的市场经济体制为基础。在成熟的市场经济体制中，商品价格根本上由供需决定。但是，自由主义市场经济体制并不能必然保证市场供需力量在价格形成中的决定性作用，自由竞争的市场上可能形成垄断企业，利用市场力量操纵价格，某些行业的自然垄断属性也会对自由竞争原则造成损害。对于由外部性、信息不对称以及垄断力量等因素引发市场失灵，政府通过法律、行政手段对垄断进行限制，维护市场的公平竞争秩序。

一、美国商品市场价格机制运行基本情况

美国是自由主义市场经济体制的典范，无数生产者和消费者各自做出生产、消费和交换等经济决策，并通过交换实现资源和产品的流动。在自由市场经济中，由于劳动力、资本、原材料、产品和服务都不受限制的流动，通常"一价定律"是成立的，即假设不考虑运输成本、交易成本等，区域间套利行为的存在使得同质商品在不同市场间的价格是相同的。否则，就持续存在将商品从价格较低的区域运往价格较高区域的动力，最终使得两地价格趋向一致。即便考虑到运输成本、交易成本，同质商品之间的区域价格差异也应该相对稳定。因此，通过考察同质商品在不同区域市场上的价格差异，可以衡量市场一体化程度以及价格决定中市场发挥的作用大小。

对美国食品为代表的一般消费品和以能源产品为代表的大宗商品价格运行的考察发现，在大多数商品上"一价定律"是成立的。

（一）美国食品消费品的地区价格差异普遍较小

美国的消费品市场竞争激烈，资本进出自由，日用消费品价格取决于市场供需。由于消费品的运输成本、交易成本均较小，不同市场间的消费品价格差异较小且相对稳定。选取鲜/冻水果、罐装营养品、全麦面包、面包卷、米饭、面食、麦片、普通全脂牛奶、罐装肉制品、鲜/冻鱼、鸡蛋、油和生糖等家庭食物类消费品，考察其在美国35个市场群的不同价格，发现：在美国不同市场群之间，家庭食物类消费品的价格差异很小（图1）。

计算不同家庭食物类消费品价格的标准差（表1），可以进一步看出，家庭食物类消费品的价格差异较小，除了鲜/冻鱼、罐装肉制品的标准差略高，达到了0.14之外[①]，其余食品价格差异很小，其中普通全脂牛奶标准差最小，只有0.01。

---

① 其中，鲜/冻鱼不耐保存，家庭用户对其新鲜度要求较高，因此运输成本较高，造成不同地区之间价格的差异。罐装肉制品的价格地区差异则可能是由异质性导致。

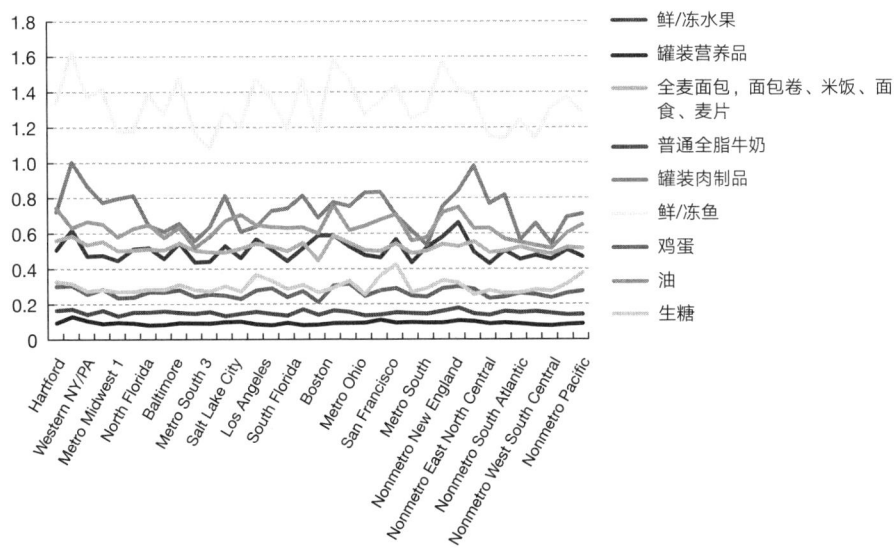

数据来源：美国农业部经济研究中心。

图1 美国不同市场群的家庭食物类消费品价格（2010Q4）

更进一步，从不同市场群角度出发，观察家庭食物类消费品价格。在图1中，没有观察到某一地区出现明显的高价格或低价格。具体来看，家庭食物类消费品的最低价没有集中在某一地区，最高价略有集中，出现在纽约地区的有三种，分别是罐装肉制品、水和鲜/冻鱼（表2）。

概而言之，食品作为一般日用消费品，需求量大、供货商多，市场竞争激烈，价格机制成熟，运行平稳。

表1 10种家庭食物类消费品价格标准差

产品名	标准差	产品名	标准差
鲜/冻水果	0.06	鲜/冻鱼	0.14
罐装营养品	0.04	鸡蛋	0.03
全麦面包、面包卷、米饭、面食、麦片	0.03	油	0.06
普通全脂牛奶	0.01	生糖	0.04
罐装肉制品	0.12	水	0.01

数据来源：美国农业部经济研究中心。

表2 不同家庭食物类消费品最高/低价地区

产品名	最高价地区	最低价地区
鲜/冻水果	新英格兰非都市区	东、北、中部非都市区
罐装营养品	旧金山	中大西洋非都市区
全麦面包、面包卷、米饭、面食、麦片	波士顿	圣安东尼奥
普通全脂牛奶	新英格兰非都市区	芒廷城区
罐装肉制品	纽约城区	南部城区
鲜/冻鱼	纽约城区	第三南部城区
鸡蛋	纽约其他地区	圣安东尼奥
油	波士顿	西南中部非都市区
生糖	旧金山	中大西洋非都市区
水	纽约城区	西南中部非都市区

数据来源：美国农业部经济研究中心。

（二）美国部分能源产品价格地区差异较大

大宗商品与消费品不同，其资本密集度高，即便不存在政府限制，生产要素进出行业的成本也较高，因此容易形成一定垄断性。并且，部分生产环节（如输送环节），存在自然垄断属性，可能会妨碍市场机制的运行，因此同类商品在不同区域的价格差异相对较大。

选取天然气、汽油、煤、电力等9种能源产品，考察其分别在美国51个州的市场价格（图2—图4），发现能源产品价格在各州之间差异较消费品大，并且不同能源产品之间也存在差异。

计算标准差，发现电力、液化石油气和天然气三种产品的价格差异较大（表3）。具体地，电力、液化石油气和天然气的标准差一直高于其他能源产品，价格差异最大；汽油、沥青路面石油、煤油价格差异居中；馏分燃料油、煤、喷气燃料价格差异较小，喷气燃料最小。其中，液化石油气价格的标准差过高的原因是路易斯安那州和得克萨斯州的价格过低，而天然气价格的标准差过高的原因是夏威夷州的价格过高，这两种产品的价格差异原因可归因于各州的特殊因素，夏威夷州能源价格整体偏高源于其需求与供给的不对称，且由于距离美国较远带来的高昂运输成本；路易斯安那州能源价格整体偏低则是由于其本身拥有丰富的能源资源，并且成为能源交易中心，运输与交易成本都较低（详见附件1）。

表3　美国能源产品各州价格标准差（2013—2015年）

单位：美元/百万英热（dollars per million Btu）

产品年份	沥青路面石油	煤	电力	馏分燃料油	喷气燃料	煤油	液化石油气	汽油	天然气
2015	1.59	0.75	10.27	0.92	0.37	0.87	4.74	2.05	3.81
2014	1.27	0.84	12.09	0.84	0.49	2.72	4.48	1.64	4.91
2013	1.29	0.88	11.73	0.84	0.38	2.13	4.29	1.62	4.98

数据来源：根据美国能源信息管理局公布数据计算。

将这些具有特殊因素的州去除，重新计算各类能源产品的标准差，发现：去除夏威夷州和路易斯安那州后，9种产品价格的州际差异均得到不同程度的下降（表4），尤其是天然气，在调整前后，2015年标准差从3.81显著下降至1.44，原本价格差异较大的电力和液化石油气州际价格差异也有所下降，分别从调整前的10.27和4.74降至8.18和4.33。根据我们的计算，如果在液化石油气中去除价格偏低的路易斯安那州、得克萨斯州，2015年价格标准差从4.74降至3.63。

表4　去除特异点后美国各州价格标准差（2013—2015年）

产品年份	沥青路面石油	煤	电力	馏分燃料油	喷气燃料	煤油	液化石油气	汽油	天然气
2015	1.47	0.76	8.18	0.77	0.37	0.73	4.33	1.79	1.44
2014	0.99	0.86	7.82	0.84	0.49	2.51	4.09	1.42	1.38
2013	0.98	0.89	7.13	0.76	0.38	2.00	3.90	1.40	1.48

数据来源：根据美国能源信息管理局公布数据计算。

考虑到运输、交易成本，天然气的价格差异程度合理，但电力价格差异无法仅从运输、交易成本角度解释，需要从产业构成、市场结构以及政府管制等角度解释其市场价格的地区差异。美国电力市场仍处于从垄断到竞争性市场转变的过程中，全国电力市场划分为10个地区性市场，地区市场之间存在隔离，部分地区依旧保持传统型批发电力市场，部分地区电力市场市场化程度较高，从而决定了不同区域市场之间的电力价格差异较大（详见附件2）。从美国能源信息管理局公布的信息中，可以看出2013—2015年美国各州能源产品价格变化情况（图2—图4）。

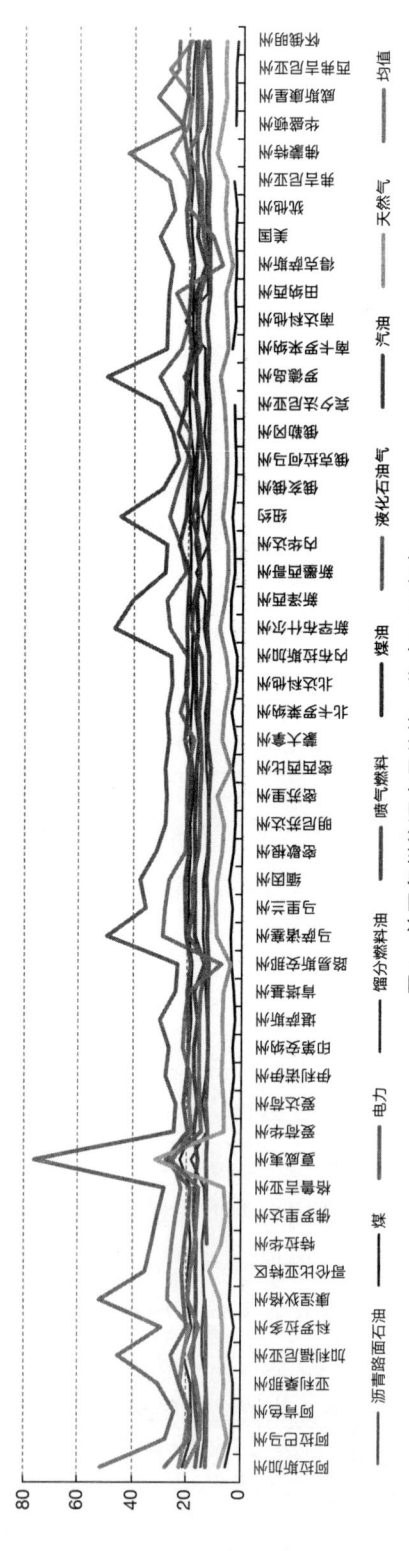

图2 美国各州能源产品价格一览（2015年）

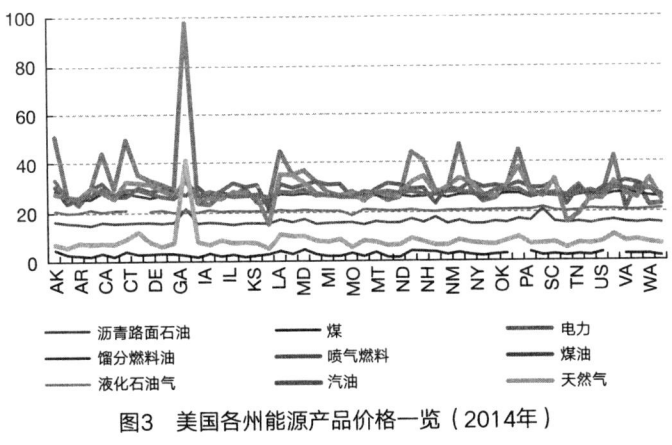

图3 美国各州能源产品价格一览（2014年）

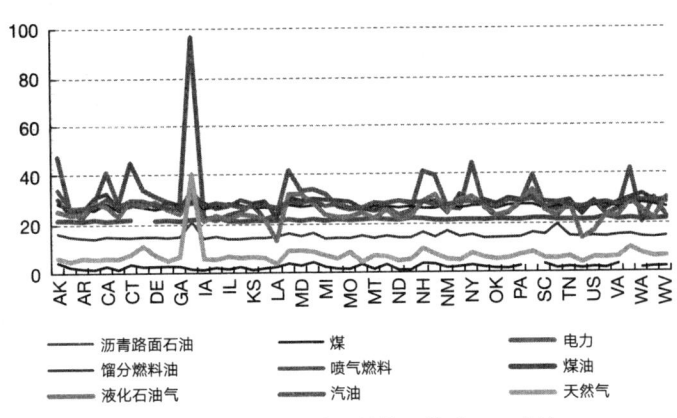

图4 美国各州能源产品价格一览（2013年）

综上所述，在自由度高、竞争度高的美国自由主义市场经济体制下，美国消费品市场的激烈竞争，保证了市场供需在消费品价格形成中发挥决定性作用，价格差异很小且较稳定，可以用交易成本、运输成本解释。在大宗商品行业，由于自然垄断等因素存在，商品的价格形成较为复杂。以能源产品为例，虽然"一价定律"在多数能源产品市场基本成立，但各产品因产业整合程度、市场化程度等不同，不同产品的州际差异程度也存在不同，尤其是电力行业的垄断力量并未完全消除，早期垄断一体化经营带来的市场隔离、不同市场在集中度和交易方式等方面有所差别，以及单一垄断型市场与竞争型市场并存，这些因素都造成了电力的市场化程度不如其他能源产品，州际价差也较大。

二、保障市场价格机制运行的政府力量

美国政府一般不会对市场价格进行干预，而是致力于维护自由竞争的市场经济秩序，主要手段包括降低各行各业的进入与退出门槛，保证劳动力、资本等生产要素的自由进出市场，对于在市场上处于相对弱势的中小企业进行一定政策扶持，以及出于维持市场公平竞争、保护弱势群体利益等目的，利用法律与行政手段对商品价格进行监管。另外，针对存在自然垄断的特殊行业，也会设立专门机构，形成专门的监管机制。

（一）建立并维护市场自由准入机制

经济行为主体进出美国市场的自由度相当高。在美国，注册公司不需要核验资金，也没有经营范围的限制，仅在某些专业服务上需要在有关部门进行认证。原则上说，在美国注册一个公司仅需要向公司所在地的州政府提交简单备案表格和一份公司章程，缴纳一定费用即可完成公司登记手续。

以加利福尼亚州为例，具体说明美国公司注册要求及流程。图5为加利福尼亚州的一般股份公司登记表，从中可以看出，仅需登记公司名称、办公地址、流程服务代理、股份说明以及公司目的陈述并签名，登记费用为100美元。另外，在登记完成后的90天内，申请人还必须向加州政府提供一份信息声明，并在此后每年的申报期（登记表提交当月及其后五月）定期提交。大多数公司每年必须向加利福尼亚州特许经营税委员会缴纳800美元的最低税。

有限责任公司在加利福尼亚州的登记流程与要求类似，收费相同。但加利福尼亚有限责任公司不得在加州提供"专业服务"，"专业服务"是指根据商业和职业准则，需要有关机构授权的许可证书或注册后才可合法提供的任何类型的专业服务。如果该有限责任公司企业需要获得执照、认证或注册，最好在向加利福尼亚州政府提交表格之前，取得相应机构认证。

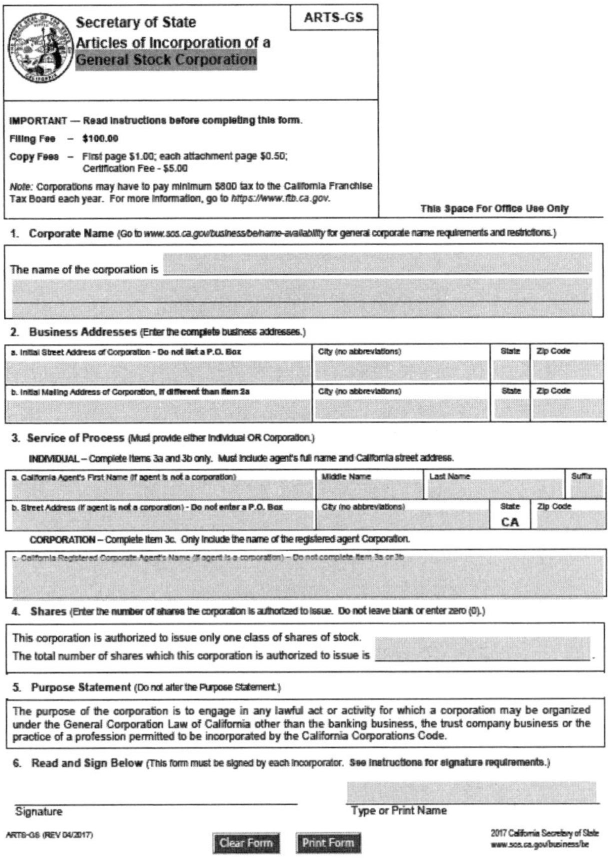

Secretary of State
Articles of Incorporation of a
General Stock Corporation

ARTS-GS

IMPORTANT — Read instructions before completing this form.

Filing Fee – $100.00

Copy Fees – First page $1.00; each attachment page $0.50;
Certification Fee - $5.00

Note: Corporations may have to pay minimum $800 tax to the California Franchise Tax Board each year. For more information, go to *https://www.ftb.ca.gov.*

This Space For Office Use Only

1. Corporate Name (Go to *www.sos.ca.gov/business/be/name-availability* for general corporate name requirements and restrictions.)

The name of the corporation is ______

2. Business Addresses (Enter the complete business addresses.)

a. Initial Street Address of Corporation - Do not list a P.O. Box	City (no abbreviations)	State	Zip Code
b. Initial Mailing Address of Corporation, if different than Item 2a	City (no abbreviations)	State	Zip Code

3. Service of Process (Must provide either Individual OR Corporation.)

INDIVIDUAL – Complete Items 3a and 3b only. Must include agent's full name and California street address.

a. California Agent's First Name (if agent is not a corporation)	Middle Name	Last Name	Suffix
b. Street Address (if agent is not a corporation) - Do not enter a P.O. Box	City (no abbreviations)	State CA	Zip Code

CORPORATION – Complete Item 3c. Only include the name of the registered agent Corporation.

c. California Registered Corporate Agent's Name (if agent is a corporation) – Do not complete Item 3a or 3b

4. Shares (Enter the number of shares the corporation is authorized to issue. Do not leave blank or enter zero (0).)

This corporation is authorized to issue only one class of shares of stock.
The total number of shares which this corporation is authorized to issue is ______.

5. Purpose Statement (Do not alter the Purpose Statement.)

The purpose of the corporation is to engage in any lawful act or activity for which a corporation may be organized under the General Corporation Law of California other than the banking business, the trust company business or the practice of a profession permitted to be incorporated by the California Corporations Code.

6. Read and Sign Below (This form must be signed by each incorporator. See instructions for signature requirements.)

Signature

Type or Print Name

ARTS-GS (REV 04/2017)

Clear Form Print Form

2017 California Secretary of State
www.sos.ca.gov/business/be

图5 加利福尼亚州一般股份公司登记表

（二）美国中小企业支持

公司注册的低门槛能将大量中小企业吸引入市，提高市场竞争度及活力，但中小企业在起步、专业化经营等方面依然存在一定困难。对于有效提高市场竞争度的中小企业，美国政府设立了专门的小企业管理局（Small Business Administration, SBA）来帮助中小企业起步并运营，维护中小企业利益。

SBA成立于1953年，隶属联邦政府，旨在协助、咨询、协助和保护小企业的利益，维护自由竞争的企业，维护和加强美国整体经济。其成立主要为应对大萧条和第二次世界大战，美国政府认为小企业对经济复苏和未来建设大有裨益，对美国参与全球市场竞争至关重要。虽然SBA自1953年建立以来的几年中不断发展壮大,但它的底线使命依然不变。

SBA通过现场办公以及广泛的公私合作伙伴关系网帮助美国公民起步、建立并发展企业,其服务机构遍布美国各地。1958年,美国国会还颁布了《小企业投资法案》(*Small Business Investment Act*),为小企业如小企业投资公司的投资工具(组建)和认证发展公司。自1953年7月30日成立以来,美国小企业管理局已向小企业提供了数以百万计的贷款、贷款担保、合同、咨询会议和其他形式的援助。

(三)美国价格监管

美国对价格的监管主要包括通过一系列反垄断法和反不正当竞争法调整全部市场的价格、对个别大宗商品和消费品的价格管理以及在非常时期对部分产品的管制。

1.美国价格监管的机构

在自由开放的市场经济体制中,美国虽然没有设立统一的价格监管机构,但却在不同政府部门设有承担价格管理职能的分支机构,如不同类型的专设委员会或小组。美国司法部反垄断局和联邦贸易委员会就是对价格行为实施监管的专门机构。

司法部反垄断局是在1933年作为司法部的一个独立机构而设置的,反垄断局把全国分为7个大区,通过设置垂直管理的派出机构来分别管辖,其主要职能是执行1890年的《谢尔曼法》和1914年的《克莱顿法》,主管垄断案件的调查和起诉。

联邦贸易委员会是在1914年设立的具有相对独立和准司法性质的执法机构,由5名总统提名、参议院同意而任命的委员组成,委员会下设有竞争局、经济事业局、消费者保护局以及相对独立的执行局,其职能是执行1914年的《联邦贸易委员会法》,旨在制止不正当竞争行为,在对不正当竞争行为进行调查起诉的同时还享有准司法权。在委员会下设消费者保护局、竞争局、经济事业局等。

在反垄断和反不正当竞争方面,反垄断局和联邦贸易委员会各司其职但存在交叉,这种管辖权交叉、重叠的设置也是美国价格监管机构设立的一种特色。

2. 在反垄断法律框架下对商品价格的监管

反垄断法律是美国规范价格行为的监管制度核心部分，主要由四部法律组成：《谢尔曼法》（1890年，美国第一部反垄断法，比较抽象）、《联邦贸易委员会法》（1914年，旨在反不正当竞争）、《克莱顿法》（1914年，旨在反价格歧视）和《罗宾逊—帕特曼法》（1936年，完善了反价格歧视规范）。这些法律规范主要禁止价格卡特尔行为、价格歧视行为以及损害消费者权益的欺骗性定价、虚假宣传、虚假标价等行为，并且对于违反上述反垄断和反不正当竞争法律的行为规定了严厉的法律责任。

首先，禁止价格卡特尔行为。包括横向价格卡特尔和纵向价格卡特尔。横向价格卡特尔是指相互竞争的企业达成价格协议或形成共谋，统一安排价格；纵向价格卡特尔是指在商品服务生产流通环节中的上游环节滥用优势地位，限定产品转售价格。

其次，禁止价格歧视行为。卖方不得无正当理由对交易条件相同的买方实行不同的价格，也不得对交易条件相同的不同买主实行不同的交易条件，间接达到价格歧视。这些间接价格歧视行为主要表现为向其中某些买主提供回扣、佣金或其他补偿。

最后，损害消费者权益的欺骗性定价、虚假宣传、虚假标价等行为。

根据美国反垄断法，一旦企业被裁定有垄断嫌疑，将可能面临罚款、监禁、赔偿、民事制裁、强制解散、拆分等多种惩罚。而且，由于美国实行惩罚性罚款，一旦企业被认定违犯反垄断法，罚款金额将三倍于损害金额。根据最新的反垄断刑罚规定，对实施垄断行为的公司将处以最高1亿美元的罚款，对个人处以100万美元以下的罚款或10年以下的监禁。按照1914年9月26日通过，并经补充修订的《设立联邦贸易委员会法——规定其权利义务和其他目的》第5条规定，"如在相互竞争的制造商之间、生产商之间、批发商之间、经纪人之间、代理商之间、零售商之间，或相互竞争的人、商行、公司之间签订合同或协议，规定或维持再销售最低限价，则属于违法行为。所有从事此类联合，缔结合同或秘密协议，违反本法规定而犯轻罪的，法院可判处50000美元以下罚金；一年以下监禁；或二者并处"。2004年以来，美国先后对三星公司、维他命公司、芯片公司等进行调查。据司法部反垄断司旧金山办事处介绍，三星公司因合谋操纵PC内存价格，被判处罚金和赔偿共计3亿美元；三星美国分公司一名高管被判处8

个月的短期徒刑和25万美元罚金。

美国政府可以强令存在垄断的企业或行业放开竞争。以天然气行业为例，美国政府为消除其输配环节的自然垄断性，多次颁发法令，强制放开市场。天然气产业链分生产、输送、销售三个环节，其中输配环节的自然垄断性较强，即随着运输和配送规模的扩大，单位成本持续下降，且单一运输线路间不宜重复铺设管道。由于天然气从生产到销售必须经过管道输送，规模较大的管道公司可凭借垄断地位压低生产价格、抬高销售价格，从中攫取垄断利润。1935年，联邦贸易署对管道公司的垄断行为进行调查，提交了关于跨州管道公司具有买方和卖方垄断地位，并滥用其垄断地位牺牲用户利益的报告。为消除管道公司的垄断行为，美国政府多次颁发法令，强制放开输配市场。1978—1991年，《天然气政策法》和联邦能源监管委员会第436号令逐渐开始解除价格控制并放开州际管线使用权，竞争性天然气市场逐渐出现，天然气市场化体系和市场机制开始逐步形成。

3．个别商品的价格管理

美国政府对某些垄断性的商品和服务进行价格管制，其中影响国计民生的一些农产品（如小麦、糖、烟叶、牛奶、木材等）由美国联邦政府管理，能源、公用事业部门的电力、石油等价格由州政府管理。具体管理办法包括规定最高最低收费率、禁止歧视性收费等。

（1）农产品

美国农业支持政策中的重要内容就是实行价格支持政策，包括对小麦、玉米、大米等七个品种的价格补贴政策，对食糖、牛奶等品种采取价格支持政策，以及由政府直接按照规定的价格收购政策等。美国农产品价格支持政策的主要目标是平衡市场供需，稳定农产品价格，保证农场主获得稳定的收入，从而促进农业发展。美国农产品价格支持政策处于收入补贴与价格补贴并存的时期，其关键是制定目标价格。按照美国的经验，这一目标价格由当年的物价水平、生产利润、农民收入增长等因素确定。目前，美国几乎对每种农作物都设立了目标价格，从趋势看，目标价格是逐渐增加的。

(2) 能源品

与对农产品实行价格支持不同，美国对能源产品的价格监管较为严格。这是由于能源产品在储存、输送等环节具有自然垄断性，并且不同产品打破垄断、走向市场化的程度还存在差异，政府对能源品实行价格监管，避免垄断定价可能对消费者利益造成的损害。

联邦能源监管委员会（FERC）是美国联邦层面的能源价格监督机构，各州公用事业委员会担负各州能源价格监管职责。FERC于1977年由能源部设立，是一个独立的政府监管部门，由5名经总统提名、参议院同意的委员组成。FERC的主要职责是监管电力、天然气、石油的跨州交易；监管电力批发交易和州际之间电力交易价格、州际之间天然气管道输气费以及州际之间管道输油费率。FERC对监管范围内价格的制定有建议权，如企业提交的价格和FERC建议的价格不一致，FERC有权决定采取何种价格。如企业对价格有异议，可以通过申诉和举行听证会的形式救济。

具体操作流程如下：能源企业提出申请，并提供估算成本、需求预测、申请价格等文件，委员会委派独立专家（一般是注册会计师）对企业成本、折旧率以及会计准则的运用等技术问题进行审核，最后由委员会根据企业上报文件及听证情况，考虑其成本及合理利润等因素，在可调控的水平内定价。定价方式主要有两种，一种是利用投资回报率，首先确定合理范围内的利润，再制定价格；另一种是限价法，即允许能源产品价格达到某一水平，与消费物价指数相关联，每年按一定比例增长。由于后者有利于刺激生产者提高效率并能够减轻管理部门的工作量，美国政府广泛采用限价法。

此外，美国政府还采取对电力公司的价格补贴及减税政策来控制电价。

4. 非常时期的管制

美国在法律上做出规定，政府可在某些品种价格暴涨暴跌、重大自然灾害等特定期间颁布临时法令，进行价格管制。对那些确实必要的、群众经常支出的、明显影响生活成本的、与低收入群体密切的零售非食品性商品进行价格管制。

三、市场组织方式在实现价格市场化形成中的作用

相对于垄断企业定价或者是政府定价等价格形成方式，市场决定价格的效率最高。更深入一层，在现实运行中，商品市场有着不同的组织形式，不同的市场形式具有不同的透明度与信息流动速度，由此导致价格形成效率也会存在区别。

一般而言，在市场发展初级阶段，市场组织形成主要表现为买卖双方的"一对一"交易，价格形成方式主要表现为"一口价"或"长协价"。如果商品生产中存在垄断的供给者或消费者，其交易对手在定价中处于不利地位；市场发展到一定阶段，各类交易中心或交易平台、交易所逐渐形成，价格通过公开、集中交易形成。如原油市场发展初期，OPEC对原油供给具有很强的垄断性，其官定价格成为全球原油贸易的基本价格，两次"石油危机"给原油消费国经济带来巨大打击。随着原油市场规模和深度日益发展，OPEC和原油消费国在定价中的话语权发生着此消彼长的变化，OPEC对原油价格的垄断能力逐渐削弱。类似的情况也发生在美国商品市场演变过程中。

以天然气市场为例。长期以来，美国天然气行业生产、管线输送和分销的所有交易和价格都被严格管制并且在长期合约的模式下进行，从20世纪70年代开始，联邦政府逐渐放松对天然气行业的管制，竞争性的天然气市场逐渐形成（详见附件2）。在这个过程中，市场组织方式也在持续演进之中。

首先，天然气现货交易中心迅速发展，并成为贸易定价基准。目前，美国的天然气现货市场结构完善、竞争激烈，拥有高度的私人所有权，生产、传输和分配通常是独立的实体，几乎没有垂直整合。目前，美国共有24个天然气交易中心，为天然气市场交易提供服务，其中大多数交易中心位于得克萨斯州和路易斯安那州（图6）。

将天然气现货市场中下游各经济行为主体连接在一起的是大型管网中枢。美国天然气市场最重要的管网中枢是位于路易斯安那州埃若斯（Erath）的亨利中心（Henry Hub），是由得克萨斯州撒宾管线公司运

作。亨利中心也是美国天然气市场第一个管网中枢，于1988年3月建成，之后在美国出现了约50多个管网中枢。亨利中心也是美国最大的管网中枢。它由连接在一个设备上的16条管道组成，从美国最大的天然气生产区域和附近的液化天然气（LNG）接收站中提取天然气供应。这些管道直接服务于美国东海岸、墨西哥湾沿岸、中西部和加拿大边境的市场，美国西部的天然气市场通过得克萨斯州的管道与亨利中心相连。由于众多生产商和消费商可以在此自由交易，市场供需信息的透明度较高，亨利中心的天然气价格也成为美国天然气市场的定价基准，这与欧洲采取与石油挂钩的"长协价"有明显不同。

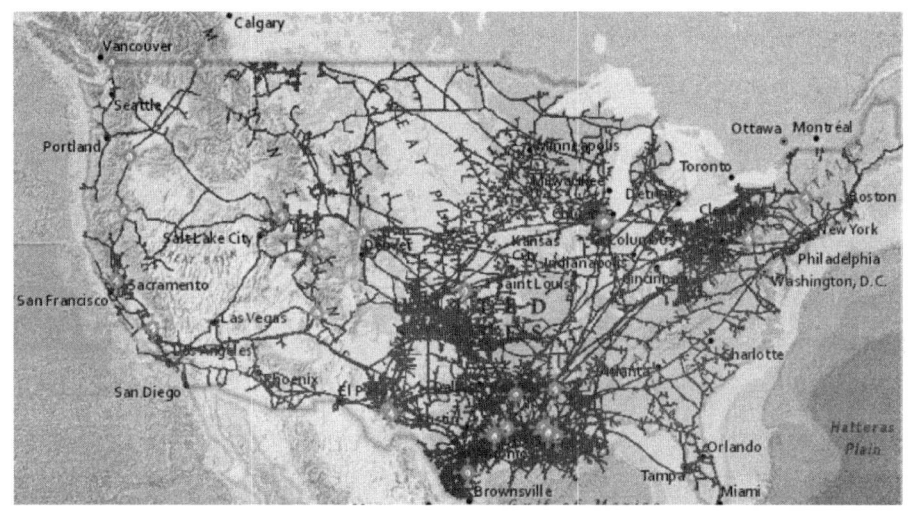

数据来源：美国能源信息管理局。

图6　美国目前主要的管网中枢及运输管道

其次，天然气衍生品市场提升价格发现效率。天然气价格市场化不可避免地出现价格风险产生管理的需求，相关金融市场也随之发展。1990年，纽约商品交易所（NYMEX）上市了天然气期货，成交迅速增长。天然气期货上市首日成交量为918手，到2017年12月，日成交量已经超过44万手；期货交割期限由1997年的36个月扩展到10年，不但可以为生产商、贸易商与消费商提供更加充分的套期保值服务，而且由于金融机构的参与，市场信息透明度进一步提升，价格发现的效率得以提升（图7）。

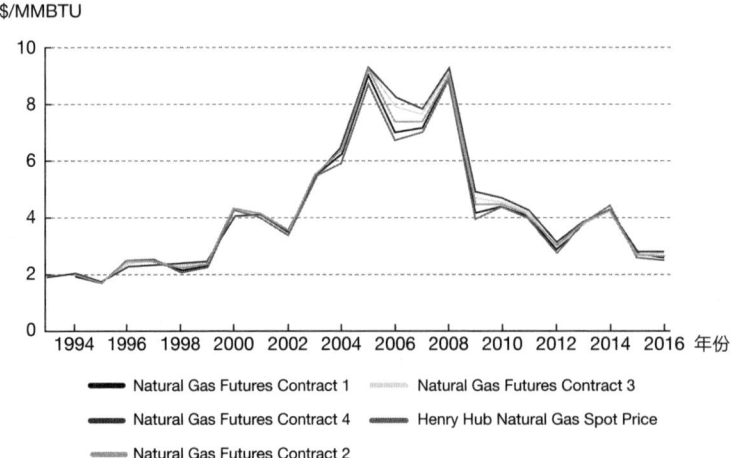

数据来源：美国能源信息管理局。

图7　美国天然气现货价格及期货价格走势图

附件1　美国能源价格州际差异分析

附件2　美国能源价格州际差异及其市场结构——美国电力与天然气价格差异的对比分析

附件1
美国能源价格州际差异分析

对美国能源产品价格进行考察,发现由于各州地理位置、资源禀赋、供需结构不同,能源产品存在较为明显的州际差异。

选取天然气、汽油、煤、电力等9种能源产品,考察2015年其分别在美国51个州的市场价格,可以发现夏威夷州的能源价格相对较高,其中电力、馏分燃料油、汽油和天然气四种能源产品的最高价格都出现在夏威夷州;路易斯安那州的能源价格相对较低,煤油、液化石油气和天然气三种能源产品的最低价格出现在该州。以多种能源价格均价表示,州际差异的特征更加清晰(附图1.1)。对上述9种能源2015年价格求简单平均,发现夏威夷州的能源平均价格最高,路易斯安那州的能源平均价格最低。

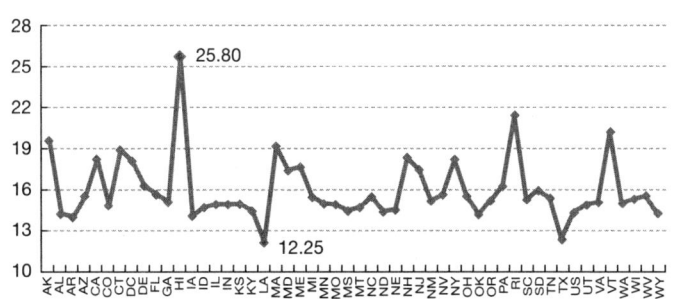

数据来源:根据美国能源信息管理局。

附图1.1 美国各州能源产品均价(2015年)

造成这种州际价格差异的原因主要不在于市场机制或政府价格监管体制的差异,而是由于夏威夷州和路易斯安那州在资源禀赋、交通运输方面具有与众不同的区域特征。

一、夏威夷州能源市场

夏威夷州（State of Hawaii）是美国唯一的群岛州，由太平洋中部的132个岛屿组成，相较于美国其他各州，其地理隔离使其能源基础设施较少。夏威夷州生产总值的十分之一用于能源，绝大部分用于进口原油和石油产品。根据美国能源信息管理局公布的数据，2015年，夏威夷州的天然气和电力价格排在首位。夏威夷州能源产品的高价格主要来自需求与供给的不对称。

从需求侧来看，夏威夷州经济并不是能源密集型的，其主要产业是房地产和旅游，因此其人均能源消费量很低，2015年仅排全美48位，即倒数第四位。但是，从供给侧来看，夏威夷州的能源资源极少，基本不生产能源产品，能源消费几乎全部依靠进口。根据夏威夷州能源办公室（Hawaii State Energy Office）的数据，2016年，夏威夷州从国外进口石油1639百万加仑，用于电力生产的燃料有379百万加仑。同时，由于夏威夷州特殊的地理位置，能源运输成本居高不下。据美国能源信息管理局的分析，2015年，运输部门成本占夏威夷州能源消费支出的一半以上（附图1.2）。

因此，由于自身能源生产能力不足，加上高昂的能源运输成本，造成夏威夷州能源产品价格高于其他各州。

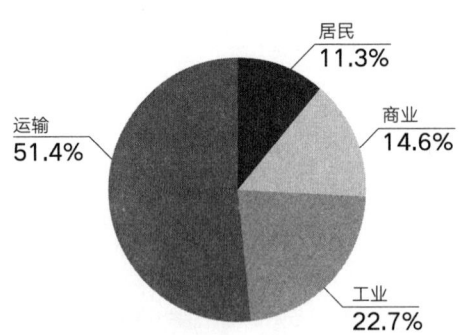

数据来源：美国能源信息管理局。

附图1.2　2015年夏威夷州最终使用部门能源消耗比

二、路易斯安那州能源市场

路易斯安那州（State of Louisiana）位于密西西比河口，能源资源丰富，区位优势巨大。根据美国能源信息管理局公布的最新数据，目前路易斯安那州能源整体价格偏低，其中电力价格为全美最低，天然气价格排在第32位。

从需求侧来看，路易斯安那州的能源需求量巨大，2015年其人均能源消费量全美排名第一位，人均能源支出排名第四位。路易斯安那州的能源需求主要来自以能源密集型的化工、石油和天然气行业为主的工业部门。根据美国能源信息管理局的分析，路易斯安那州工业部门的能源消耗仅次于得克萨斯州，而居民住宅的总人均能源消费量则接近全国中位数。

从供给侧来看，路易斯安那州拥有丰富的陆上和近海原油和天然气资源，还有包括褐煤的轻微沉积物和农业副产品以及木材和木材废物在内的巨大生物质能资源。截至2016年1月，路易斯安那州有18家经营炼油厂，其炼油厂的炼油能力仅次于得克萨斯州。

另外，得益于优越的区位和丰富的能源资源，路易斯安那州成为能源市场的交易中心。纽约商业交易所（NYMEX）交易的基准天然气期货合约的交割库就位于路易斯安那州伊拉斯城市（Erath）的Henry Hub。路易斯安那海洋石油港（LOOP）是唯一能够停泊超大型原油运输船的美国港口。2016年初，48个州的首个大型液化天然气出口码头在路易斯安那州的萨宾帕斯开市。可以说，路易斯安那州是美国能源市场最为集中、活跃的地区之一。

因此，路易斯安那州能源密集型工业为主的经济结构带来的旺盛的能源需求，但其自身巨大的能源储备量和产量可以满足本州的能源需求，而便利的区位优势又使其成为能源市场的交易中心，进一步减少了能源产品的交易成本，这些因素促成了能源产品在路易斯安那州的低价位。

附件2
美国能源价格州际差异及其市场结构
——美国电力与天然气价格差异的对比分析

美国能源市场与其他一般商品市场不同，由于不同产品的产业与市场发展阶段、政府管制的改革路径等存在差异，价格形成中市场力量发挥的作用存在差异，表现为价格州际差异具有不同特征。这一点在电力与天然气上表现尤其明显，同样是从垄断走向市场化，并伴随着政府管制的逐渐削弱，但是天然气市场化程度较高，"一价定律"体现较为明显，而电力市场尚处于垄断市场与竞争型市场并存的时期，价格州际价格差异仍旧较为明显。

一、美国电力和天然气价格州际差异特征

2015年，在美国51个州中，电力价格差距巨大，其中价格最高的夏威夷州电力价格达到76.75美元/百万英热，即使考虑到夏威夷的特殊原因，次高的阿拉斯加州的电价也达到了51.65美元/百万英热，远高于华盛顿的21.85美元/百万英热（附图2.1）。

对比美国西部、东北部、东部和东南部电价发现主要具有以下特征（附表2.1）。

一是四个地区的均价差别很大，东部、东北部地区电价较高，西部、东南部地区电价较低；

二是西部地区的电价差异明显高于东北部、东部地区，东南部地区电价差异很小；

三是在西部地区中，加利福尼亚州的电价远高于华盛顿州、俄勒冈州等其他地区。

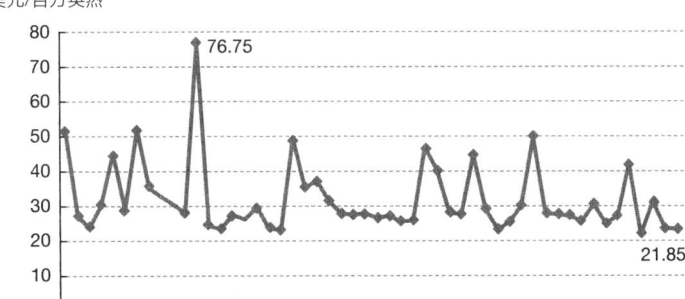

数据来源：美国能源信息管理局。

附图2.1 2015年美国各州电力平均价格

附表2.1 2015年美国各州电力价格均值及标准差

西部		东北部		东部		东南部	
加利福尼亚州	45.3	缅因州	37.46	马里兰州	35.38	阿拉巴马州	27.39
内华达州	27.77	佛蒙特州	42.22	宾夕法尼亚州	30.33	佐治亚州	28.19
亚利桑那州	30.31	新罕布什尔州	46.95	新泽西州	40.35	佛罗里达州	30.75
俄勒冈州	25.63	马萨诸塞州	49.54	纽约	44.77	南卡罗来纳州	28.08
华盛顿州	21.85	罗德岛州	49.86	特拉华州	32.96	田纳西州	27.31
均值	30.17		45.21		36.76		28.34
标准差	9.01		5.30		5.80		1.40

数据来源：根据美国能源信息管理局公布数据计算。其中，美国西部包含加利福尼亚州、内华达州、俄勒冈州、亚利桑那州、华盛顿州；美国东北部包含缅因州、佛蒙特州、新罕布什尔州、马萨诸塞州、罗得岛州；美国东部包含马里兰州、宾夕法尼亚州、新泽西州、特拉华州、纽约州；美国东南部包括阿拉巴马州、佐治亚州、佛罗里达州、南卡罗来纳州、田纳西州。

相比之下，天然气州际价格差异并不大。2015年，在美国51个州中，天然气在夏威夷州的价格最高，为31.65美元/百万英热，路易斯安那州的价格最低，为3.47美元/百万英热。虽然天然气价格极差较大，但除夏威夷州的价格过高以外，其余州的价格差异并不大（附图2.2）。

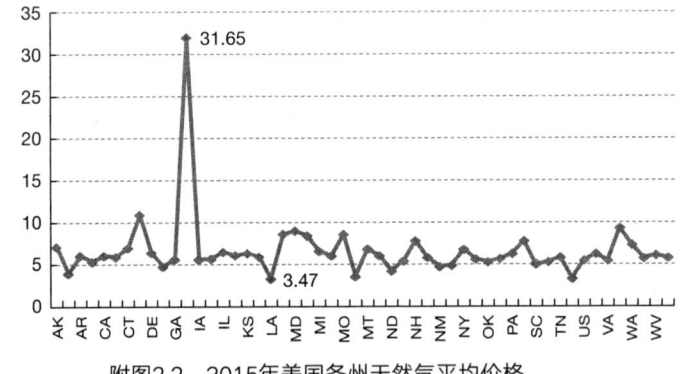

附图2.2　2015年美国各州天然气平均价格

夏威夷州过高的价格拉高了天然气价差，去除夏威夷州后的价格样本标准差仅为1.48，与汽油、沥青路面石油等产品的价格标准差持平，处于下位圈。这说明，美国天然气市场一体化程度较高，除地理隔离造成的特殊市场（夏威夷州）外，价格差异并不大。

二、美国电力市场结构与市场管理体制

美国电价存在明显的州际差异和美国复杂的电力定价机制有密切联系。美国的电价形成机制尚未完全市场化，从用电量方面看，全美约60%的电量通过市场机制竞争形成，其余40%仍垄断运营。这种自由市场与垄断经营并存的情况主要由历史原因造成，总的来说，美国电力市场仍处于从地区单一垄断到竞争型市场的转轨过程中。

1．电力市场区域隔离

目前，美国有宾州—新泽西—马里兰（PJM）、加州、得州、纽约、东南、南方、西南、西北、中土、新英格兰10个区域电力市场（附图2.3），其中最主要的四个为西部加利福尼亚州、东北部的新英格兰、东部的宾州—新泽西—马里兰（PJM）和纽约地区。

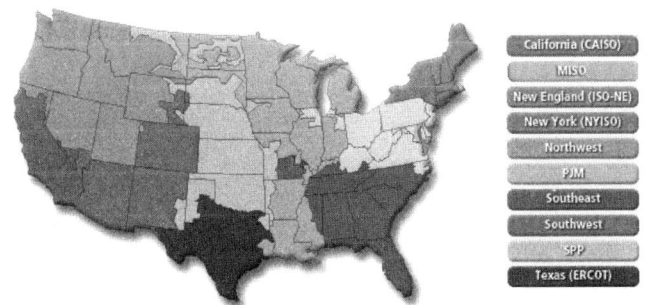

数据来源：美国联邦能源监管委员会。

附图2.3 美国区域电力市场分布图

西北地区主要的电力市场是西部电力联盟（Northwest Power Pool，NWPP，附图2.4）；西南地区有两个主要的电力市场，分别为落基山电力区（Rocky Mountain Power Area，RMPA）和隶属西部电力协调委员会（Western Electricity Coordinating Council，WECC）内的亚利桑那州、新墨西哥州和南内华达电力区（Arizona, New Mexico, Southern Nevada Power Area，AZ-NM-SNV，附图2.6）。加利福尼亚州电力市场是由独立系统运行中心（California Independent System Operator，CAISO）运营的竞争型电力市场，成立于1998年，2008年实现全面独立运作。CAISO对外提供开放的输电权并负责长期规划，将加州和部分内华达州的电力批发进行集中、协调运行。由附图2.5可以看出，CAISO内部有多家电力公司进行市场竞争。

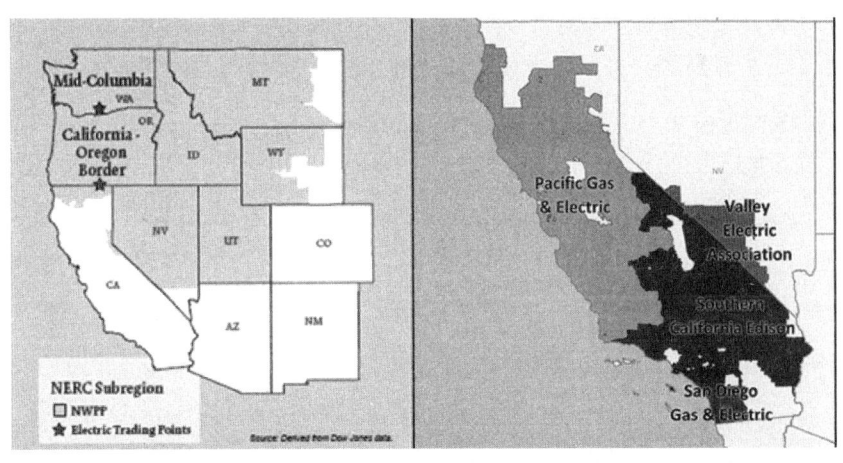

附图2.4 西北地区电力市场分布　　附图2.5 加利福尼亚州电力市场分布

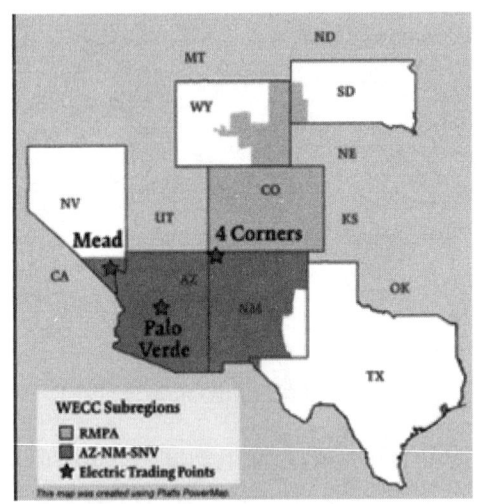

数据来源：美国联邦能源监管委员会。

附图2.6 西南地区电力市场分布

2. 地区市场市场化程度差异

美国东南部地区和不包含加利福尼亚州的西部地区电价较低，是因为当地电力行业依旧坚持垂直整合，主要市场机制为传统批发电力市场，即电力公司统一负责系统运营和管理，拥有直接服务于电力消费者的发电、输电和配电系统，为零售消费者提供电力。在管理方面，由联邦层面的管理系统，如位于西部犹他州的邦纳维尔电力管理局，田纳西州的田纳西流域管理局和西部地区电力管理局等，对这些传统电力公司进行管理。由于电力行业具有自然垄断性质和规模经济效益，传统电力市场利用垂直一体化实现了规模经济，而在联邦机构的管理下垄断效益被剔除，由此在西部、东南部地区实现了较低的电价。

西部地区中的加利福尼亚州的电力价格有别于同处于西部地区的其他各州，是由于其电力产业的市场化程度更高。结合附图2.4至附图2.6可知，加利福尼亚州和内华达州、亚利桑那州、俄勒冈州和华盛顿州五个州虽同处西部，但是并不属于同一个电力市场，加利福尼亚州自成电力市场，内华达州、俄勒冈州和华盛顿州处于西北电力市场，亚利桑那州属西南电力市场。相比西北地区和西南地区，加利福尼亚州电力市场竞争程度更高。

西部电力联盟、落基山电力区和西部电力协调委员会都属于传统电力市场，加利福尼亚州电力市场则属于竞争型电力市场。因此，加利福尼亚州相比与其他西部各州电价较高主要是由于市场机制的不同。这种区域市场隔离、市场机制存在差别的情况与美国电力市场发展的历史有关。

美国的传统电力管理体制建立于20世纪30年代，当时流行的观点是电力是自然垄断行业，因此，一个地区只有一个电力公司生产、输送、零售电力并负责系统的运行调度，这种垂直一体化的政府监管模式在早期取得了规模经济。但到20世纪70年代，"滞胀时代"来临，电力需求放缓、电力产业单位成本上升，电价普遍上涨，管制带来的弊端如产业效率降低、各州之间差异巨大的电价等开始显现。

随后，美国开始实施电力改革。1978年，美国联邦政府出台了《公用事业管制政策法案》，非公用事业公司开始进入市场，1992年的《能源政策法案》进一步放松了非公用事业公司的市场限制。1996年，美国政府颁布法令规定无歧视开放输电网络，鼓励构建RTO（区域电网运行中心）或ISO（独立系统运行中心）来管理整个输电系统运行，开放电网公开公平接入。此后，美国形成了垄断型传统公用事业公司与竞争型非公用事业公司并存的市场结构，联邦政府、州政府两级监管体系框架。

需要指出的是，从加利福尼亚州的高电价可以看出，竞争型电力市场机制并不意味着低电价。这是由于竞争型电力市场中发—输—配分离，而电力行业作为典型的规模经济行业，分散的产权带来了高额的运营和监管成本，最终传导至销售电价，由电力用户承担；而美国政府方面也表示，建立市场机制的目的是优化资源配置，不是降低用电价格。

因此，美国不同地区的电力价格差异主要是因为自由市场与垄断经营并存，整体市场处于从地区单一垄断到竞争型市场的转轨过程中。

三、美国天然气市场结构与市场管理体制

美国的天然气市场经历了先管制后放开的过程。20世纪30年代初期，天然气贸易依据宪法在联邦政府和州政府之间分权管制，即州政府有权监管州内的天然气业务，联邦政府则监管跨州的天然气贸易，但不干预天然气的生产和运输。这给管道公司带来了买方和卖方的双重身份，赋予了他们极大的垄断力量，联邦贸易署进行了有关调查后，国会通过了《1938年天然气法》，美国天然气工业进入全面监管时期。

直至20世纪70年代，美国天然气工业的生产、管线输送和分销的所有交易和价格都被严格管制并且在长期合约的模式下进行，造成了天然气的严重短缺。美国政府开始酝酿天然气行业的市场化改革。1978年，美国国会通过了《天然气政策法》，要求逐步取消对1977年后开发的天然气井生产的天然气的价格控制。1986年，联邦能源监管委员会解除了对老天然气井口气价管制。1989年的《放开天然气井口价法案》，则彻底解除了对天然气的价格管制。美国联邦能源监管委员会又相继通过436、636法令，推动州际管线输送和销售的分离，完成了美国天然气工业向完全竞争市场的初步转变。

目前，美国本土的天然气生产竞争激烈，全美约有6300家生产商，前40家生产商产量占全美总产量近一半，每个生产商所占市场份额小，最大的生产商占比为3%—4%，埃克森美孚公司并购克洛斯提柏石油公司（XTO）后也仅占6%。天然气生产主要集中在中部和南部各州——路易斯安那州、新墨西哥州、俄克拉荷马州、得克萨斯州、怀俄明州以及墨西哥湾，这些地区的天然气价格偏低，除怀俄明州的天然气价格排在31位外，路易斯安那州、新墨西哥州、俄克拉荷马州和得克萨斯州的排名均在40位之后。

对比美国电力市场和天然气市场，同样是先管制后放开，同样是在20世纪70年代开始了市场化改革，但是两个商品的市场化改革推进程度存在差异。从天然气生产商所占市场份额可以看出，天然气市场已接近完全竞争状态。而电力市场改革至今依然处于推进过程中，虽然部分州已经开放了电力市场，但东南部和广大西部地区仍采用发输配售垄断一体化方式运营，早期单一垄断时期的投资者所有公用事业公司运营于美国的49个州，仍占据美国发电量和装机容量的三分之二，并且拥有大约70%的全国高压输电线路。

因此，在竞争较为充分的市场中，产品价格由供需决定，地区价格差异较小，基本可以由运输、交易成本解释；但在半垄断、半竞争的复杂市场中，产品价格地区差异较大，除运输、交易成本等因素外，还有市场隔离、产权分离、垄断力量等原因，即便美国在联邦政府和地方政府两个层面对行业进行管理，也并没有完全能消除这些因素对商品价格的影响。

我国场内衍生品市场发展现状的国际比较[①]

孙玉奎　谢亚[②]

摘　要：我国场内衍生品市场建设已取得一定的发展成就，但与发达市场相比仍有较大差距，这是导致我国大宗商品国际定价权缺失的重要原因。本文从上市品种、市场规模、投资者结构、交易所、开放程度等方面比较分析了我国场内衍生品市场与境外发达市场间的发展差距，并为进一步发展我国衍生品市场、提升我国大宗商品国际定价能力提出了相关建议。

关键词：场内衍生品市场　大宗商品

党的十九大明确提出，新时代要"推进形成全面开放新格局"。要在全面开放的市场中掌握主动权必然需要一个具有更强竞争力的衍生品市场。经过20多年的探索和发展，我国衍生品市场从无到有，日趋规范，不断发展壮大。但与境外成熟市场相比，我国衍生品市场发展起步晚、建设时间短、国际影响力低。当前大宗商品国际定价中心主要集中于境外市场，如NYMEX和ICE是全球原油贸易定价中心；CBOT是玉米、大豆等农产品国际贸易定价中心；LME是全球有色金属定价中心；COMEX是全球最具影响力的贵金属交易市场等。这些市场成为大宗商品国际定价中心的关键原因在于其拥有高度发达的衍生品市场。如何进一步发展我国衍生品市

---

① 本文在中证金融研究院马险峰副院长指导下完成，感谢王之言、胡春皓、杨阳的帮助。
② 谢亚，北京大商所期货与期权研究中心有限公司研究员。

场，逐步形成以期货价格为核心，具有较强国际影响力的市场化定价体系值得深入研究。本文研究比较我国场内衍生品市场与境外发达市场间的差距，以为进一步发展我国衍生品市场和提升我国大宗商品国际定价能力提供参考。

一、我国场内衍生品市场发展现状的国际比较

场内衍生品市场主要包含品种、规模、投资者、交易所等方面要素，此外，开放程度也是影响市场国际竞争力的重要因素。本文从以下五个方面比较分析我国场内衍生品市场与境外发达市场间的发展差距。

（一）上市品种比较

我国衍生品品种谱系较健全，但仍具较大开发空间。目前我国不仅上市了境外较为成熟的贵金属、有色金属、主要农产品等品种，还上市了较具特色的黑色系、化工系品种，上市衍生品品种共计55个，品种谱系已较为健全。但与境外发达市场相比，我国衍生品品种仍不够丰富。根据美国期货业协会（FIA）对全球80家衍生品交易所的统计，目前全球上市的场内衍生品合约共计达2822种[①]。其中，美国市场合约种类最丰富，合约总数占到全球的四成以上，许多同类商品同时上市大合约、mini合约和微型合约。而我国合约设计较为单一，一般一种商品只上市一种期货合约，合约总数占全球比例不足2%。我国衍生品种类不仅远远落后于美国、德国等发达经济体，甚至落后于南非、印度等发展中国家（附表1），具有广阔的开发空间。

分类型来看，我国期权及金融期货类品种较少。商品期货品种方面，我国缺乏生猪、活禽等市场需求量较大的重要农产品品种，原油、天然气等能源类战略性品种有待推出，天气类、商品指数类、航运指数类创新型品种更是匮乏。而且，现有上市品种中，很多品种交易清淡、不够活

---

① 其中商品期货、金融期货、商品期权、金融期权合约分别有1148种、920种、293种、461种，数据来自FIA。

跃①。金融期货品种方面，目前我国仅上市5个品种，且缺乏外汇类品种。期权品种方面，我国期权市场才刚刚起步，目前仅上市2个商品期权和1个金融期权。而境外市场中期权和金融期货类合约相比商品期货更为丰富，全球期权及金融期货类合约种数占全部合约种数比例达到59.3%。

（二）市场规模比较

我国商品期货成交量全球领先，但由于交易单位偏小名不副实。自2008年以来，我国既已成为全球交易量最大的商品期货市场，2016年我国商品期货交易量占到全球市场的61.58%。其中有近20种商品期货成交量居全球前列②。但我国期货合约交易单位普遍小于境外标杆性期货合约（附表3），通过换算部分商品的交易单位再与境外标杆性期货合约交易量比较可以发现，玉米、白糖、铜、锌、锡、镍、白银等商品交易量换算前高于境外，但换算后显著低于境外。另外，我国三家商品期货交易所成交金额合计低于美国CME集团一家商品期货成交金额（附表2），以成交金额计，美国是全球第一商品期货交易大国。

与发达市场比较，我国期权及金融期货交易规模偏小。我国期权及金融期货成交量分别仅占全球市场的0.2%和0.85%（附表4）。2016年，美国期货及期权成交量为84.92亿手，是我国的两倍多。美国是全球最大的期权及金融期货市场，美国金融期货、商品期权和金融期权分别占到全球的25.93%、81.80%和51.89%，我国远低于美国（附表4）。FIA分别对利率、外汇和股权类衍生品进行排名统计，在60个上榜合约中，美国有22个，欧盟国家有16个，印度有8个，而我国没有合约上榜（附表5）。

（三）投资者结构比较

我国整体以个人投资者为主，机构投资者占比偏低，与成熟市场存在显著差距。国际成熟期货市场机构投资者持仓占比普遍都在60%以上。与之相比，我国期货市场投资者仍以个人投资者为主，机构投资者尤其是

---

① 如粳稻、早籼稻、晚籼稻、普麦、强麦、黄大豆二号、胶合板、纤维板、燃料油、线材等。
② 分别是农产品类的豆粕、菜粕、棕榈油、玉米、白糖、橡胶、豆油、棉花，金属类的螺纹钢、铁矿石、镍、白银、锌、铜、铝，化工类的沥青、甲醇、PTA、PP等。

产业客户参与程度偏低。2017年以来，我国期货市场机构投资者持仓占比仅为48%左右，机构投资者占比依然偏低。这种不均衡的投资者结构使得市场投机氛围浓厚，在一定程度上制约了我国期货市场价格发现功能的发挥，也制约了企业参与衍生品市场的积极性。

（四）交易所情况比较

我国交易所在交易规模、业务多元化等方面与国际一流交易所相比还有一定差距。我国境内共有5家交易所开展衍生品交易[①]。据FIA统计，2016年，上海期货交易所、大连商品交易所、郑州商品交易所和中国金融期货交易所全年交易量在国际排名中分列第6、第8、第11和第37位，与CME Group、ICE等国际一流交易所相比还有较大差距（附表6）。同时，我国交易所业务多元化探索不够深入。2008年国际金融危机后，国际衍生品市场上掉期、期权业务逐渐由场外向场内转移。当前，我国期货交易所在为场外市场提供中央对手方清算服务、对接场外市场实现期现联动等方面的动力还不足，没有在业务多元化上迈出实质性步伐。

（五）开放程度比较

我国衍生品市场仍然相对封闭，与我国开放程度较高的实体经济不相匹配。我国实体经济开放水平已达到国际领先水平，但我国衍生品市场开放水平较为落后。我国自2009年起就成为全球第一大出口国，2013年以来连续保持全球进出口贸易总额第一位。近年来我国期货市场通过加强境外交易所合作、允许QFII参与金融期货市场、扩大保税交割试点等举措不断深化对外开放，但整体而言开放程度不够，难以满足实体经济开放的风险管理需要。与国外高度国际化的市场相比，我国衍生品市场存在较大差距：投资者方面，受政策限制，境外投资者无法直接参与交易；交割区域方面，大多集中在境内，境外布局较少；市场经营方面，交易、结算、交割等市场业务仅限境内，通过境外设立分支机构开展国际业务的衍生品经营机构占比较低。

---

① 分别是上海期货交易所、大连商品交易所、郑州商品交易所、中国金融期货交易所、上海证券交易所。

二、启示与建议

衍生品市场的发展水平是影响大宗商品国际定价权的重要因素。当前我国场内衍生品市场与发达市场相比存在较大差距，这是导致我国至今没能掌握大宗商品国际定价权的重要原因。进一步推进我国场内衍生品市场健康稳定发展，充分发挥衍生品市场的价格发现及风险管理功能，不仅有利于提高我国衍生品市场服务实体经济的水平，而且有助于增强我国衍生品市场的全球影响力，提升我国大宗商品国际定价能力。为此，本文建议：

第一，以维护市场稳定运行为前提，以满足实体企业需求为导向，积极稳妥推进品种创新。完善以市场需求为导向的衍生品品种上市制度，在豆粕期权、白糖期权平稳运行前提下，研究推出玉米、棉花、天然橡胶等商品期权品种；加快建设原油期货市场，持续开展天然气、商品指数、航运指数等期货品种研究。补足金融衍生品市场发展短板，探索推进人民币外汇期货上市。

第二，优化市场结构，提高机构投资者比例。加强机构投资者队伍建设，推动制定银行、保险、企业年金、社保基金等机构参与衍生品交易的政策，为各类机构投资者入市交易提供更多便利。加快商品期货投资基金建设。在交易风险可控的前提下，逐步扩大国外投资基金参与衍生品品种与工具的范围。增强产业客户参与度，合理引导国有企业参与衍生品市场进行风险管理。

第三，努力提高我国衍生品交易所国际竞争力。积极开展国际交流与合作，借鉴国际一流衍生品交易所建设经验，完善我国衍生品交易所交易机制和结算制度。促进交易所深入探索多元化业务，探索对场外衍生品引入场内化的中央对手方集中清算机制，推进场内场外市场一体化。加强市场服务活动创新，完善市场服务组织架构，建立完善精细高效的市场服务体系。

第四，以服务国家对外开放为宗旨，加快推动期货市场国际化。遵循"先引进来后走出去"的思路，以铁矿石等特定品种的方式逐步引入境外投资者。以"一带一路"倡议为契机，切实推动与境外交易所的实质性合作，支持期货交易所在沿线国家设立交割仓库和办事处，支持"一带一路"倡议的同时扩大境内交易所在沿线区域的影响力，并以此为基础和起点，走向布局全球市场，在世界范围内为重要资源和金融交易定价。

附件

附表1 不同国家不同类型衍生品合约品种数

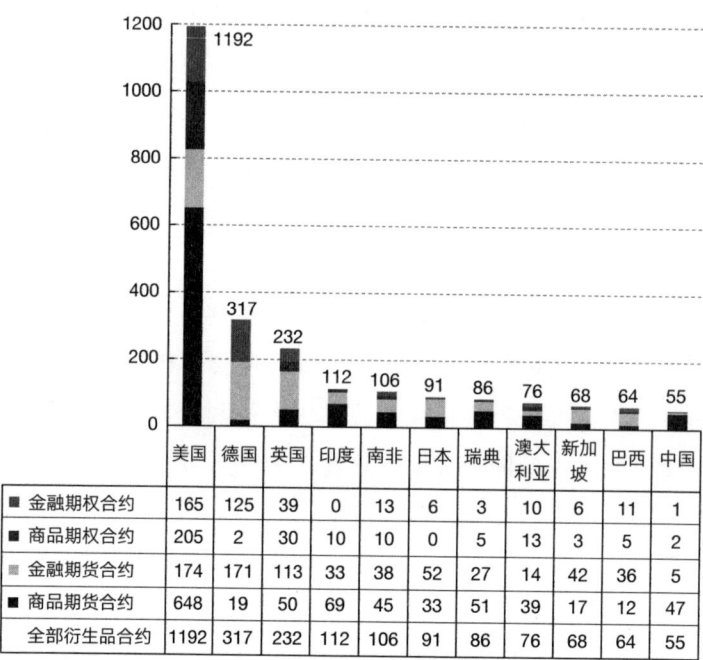

	美国	德国	英国	印度	南非	日本	瑞典	澳大利亚	新加坡	巴西	中国
■ 金融期权合约	165	125	39	0	13	6	3	10	6	11	1
■ 商品期权合约	205	2	30	10	10	0	5	13	3	5	2
■ 金融期货合约	174	171	113	33	38	52	27	14	42	36	5
■ 商品期货合约	648	19	50	69	45	33	51	39	17	12	47
全部衍生品合约	1192	317	232	112	106	91	86	76	68	64	55

数据来源：FIA 及各交易所官网，中证金融研究院整理。

附表2 我国交易所及CME集团商品期货成交量及成交金额

单位：万手，亿美元

交易所	2016年		2015年	
	成交量	成交金额	成交量	成交金额
CME集团	90684.10	401691.00	76283.7	353433.10
中国				
大连商品交易所	153747.98	92438.50	111632	64628.00
上海期货交易所	168077.13	122387.90	105049	97945.80
郑州商品交易所	90124.08	85591.50	107022	47742.80
中国合计	411949.19	300418.00	323703	210316.60

数据来源：WFE。

附表3 境内外部分商品期货交易单位及交易规模比较

境内品种	合约单位	境内单位交易量（手）	境外品种	合约单位	境外对境内交易单位倍数	境外单位交易量（手）	境外标杆性交易所交易量（手）
DCE玉米	10吨/手	122362964	CBOT玉米	5000蒲式耳（约127吨）/手	12.70	9634879	85625219
DCE大豆	10吨/手	32570158	CBOT大豆	5000蒲式耳（约136.1吨）/手	13.60	2394865	61730753
DCE豆粕	10吨/手	388949970	CBOT豆粕	100短吨（约90.7吨）/手	9.07	42883128	25953938
DCE豆油	10吨/手	94761814	CBOT豆油	60000磅（约27.2吨）/手	2.72	34838902	29429298
ZCE棉花	5吨/手	80530129	CBOT棉花	50000磅（约22.7吨）/手	2.27	35475828	7703046
ZCE白糖	10吨/手	117293884	CBOT白糖	112000磅（约50.8吨）/手	5.08	23089347	33115334
SHFE铜	5吨/手	72394915	LME铜	25吨/手	5.00	14478983	36947881
SHFE铝	5吨/手	44391785	LME铝	25吨/手	5.00	8878357	53073441
SHFE铅	5吨/手	4561200	LME铅	25吨/手	5.00	912240	10571590
SHFE锌	5吨/手	73065922	LME锌	25吨/手	5.00	14613184	26942407
SHFE锡	1吨/手	3168348	LME锡	5吨/手	5.00	633670	1353350
SHFE镍	1吨/手	100249941	LME镍	6吨/手	6.00	16708324	19947714
SHFE黄金	1千克/手	34759523	COMEX黄金	100盎司（约3.1千克）/手	3.11	11176695	57564840
SHFE白银	15千克/手	86501561	COMEX白银	5000盎司（约155.5千克）/手	10.37	8341520	18218740

数据来源：各交易所网站，中证金融研究院整理。

附表4　2016年中美及全球不同类型场内衍生品交易量　　单位：万手，%

类型	美国	中国	全球	美国占比	中国占比
商品期货	118646.14	411948.87	668995.56	17.73	61.58
金融期货	238649.56	1833.59	920187.29	25.93	0.20
期货合计	357295.70	413782.46	1589182.85	22.48	26.04
商品期权	21419.48	—	26186.44	81.80	0.00
金融期权	470436.55	7906.94	906601.34	51.89	0.87
期权合计	491856.03	7906.94	932787.78	52.73	0.85
衍生品合计	849151.73	421689.4	2521970.63	33.67	16.72

数据来源：FIA2016年年报。

附表5　2016年金融类合约衍生品交易量排名前11的交易所所在国家及地区交易规模情况

单位：个，万手

排名	经济体	合约数	交易量合计
1	美国	22	399851.01
2	印度	8	232958.14
3	欧盟	16	219064.02
4	俄罗斯	5	115338.04
5	韩国	2	40131.57
6	日本	1	23394.04
7	中国台湾	1	16734.23
8	阿根廷	1	11224.24
9	澳大利亚	2	9194.96
10	新加坡	1	7010.77
11	南非	1	2621.71

数据来源：FIA2016年年报。

附表6　2016年全球交易量前10大衍生品交易所（集团）　　单位：万手

排名	交易所（集团）名称	交易量	国别
1	芝加哥商业交易所集团（CME Group）	394220.23	美国
	芝加哥商业交易所（Chicago Mercantile Exchange）	193991.81	
	芝加哥期货交易所（Chicago Board of Trade）	127375.77	
	纽约商业交易所（New York Mercantile Exchange）	61842.43	
	纽约商品交易所（Commodity Exchange）	11010.38	
2	印度国家证券交易所（National Stock Exchange of India）	211946.28	印度

续表

排名	交易所（集团）名称	交易量	国别
3	洲际交易所集团（Intercontinental Exchange）	203793.29	欧盟
	洲际交易所欧洲期货分所（ICE Futures Europe）	97385.84	欧盟
	纽约证券交易所高增长板期权市场（NYSE Arca Options）	38897.91	美国
	洲际交易所美国期货分所（ICE Futures U.S.）	37016.62	美国
	纽约证券交易所泛美期权市场（NYSE Amex Options）	29649.38	美国
	洲际交易所加拿大期货分所（ICE Futures Canada）	643.15	加拿大
	洲际交易所新加坡商品交易所（ICE Futures Singapore）	200.39	新加坡
4	莫斯科交易所（Moscow Exchange）	195014.52	俄罗斯
5	欧洲期货交易所（Eurex）	172776.67	欧盟
6	上海期货交易所（Shanghai Futures Exchange）	168071.18	中国
7	纳斯达克OMX集团（NASDAQ OMX）	157570.03	美国
	纳斯达克OMX费城股票交易所（Nasdaq OMX PHLX）	58209.36	美国
	美国国际证券交易所（International Securities Exchange）	45720.61	美国
	纳斯达克期权交易所（Nasdaq Options Market）	28382.26	美国
	纳斯达克OMX北欧交易所（Nasdaq OMX Nordic）	9107.74	欧盟
	美国国际证券交易所Gemini分所（ISE Gemini）	8918.95	美国
	纳斯达克期货交易所（Nasdaq OMX Futures）	3195.03	美国
	纳斯达克OMX波士顿期权交易所（Nasdaq OMX Boston）	2987.30	美国
	美国国际证券交易所Mercury分所（ISE Mercury）	643.27	美国
	纳斯达克OMX商品交易所（Nasdaq OMX Commodities）	353.09	美国
	纳斯达克OMX伦敦交易所（Nasdaq NLX）	52.43	欧盟
8	大连商品交易所（Dalian Commodity Exchange）	153747.98	中国
9	巴西证券期货交易所（BM&FBovespa）	148730.58	巴西
	圣保罗证券交易所（Bolsa de Valores São Paulo）	69764.92	
	巴西商品期货交易所（Bolsa de Mercadorias & Futuros）	78965.66	
10	芝加哥期权交易所集团（CBOE Holdings）	118455.34	美国
	芝加哥期权交易所（Chicago Board Options Exchange）	103334.98	
	C2期权交易所（C2 Exchange）	9102.58	
	CBOE期货交易所（CBOE Futures Exchange）	6017.78	

数据来源：FIA2016年年报。

我国大宗商品场外衍生品市场发展与作用

谢亚　滕薇　宋欣然

摘　要：2017年，我国大宗商品场外衍生品市场快速增长。作为对场内商品衍生品市场的补充，场外商品衍生品市场有其不可替代的重要作用。本文在分析大宗商品场外衍生品市场的发展概况、产品结构与交易品种特征的基础上，引入具体案例，由点及面，阐述我国大宗商品场外衍生品市场的运作模式。实践表明，场外商品衍生品市场不仅发挥着与场内衍生品市场相互补充的作用，还有着促进企业创新业务模式、提高企业资金利用效率和帮助解决企业信用风险的独特作用。

关键词：大宗商品场外衍生品　场外期权　互换

大宗商品期货市场具有价格发现功能与套期保值功能，为实体企业提供了风险管理的手段，但由于作为期货合约标的的商品种类相对有限，无法满足实体企业商品多元化和风险多样化的管理需求，这为我国大宗商品场外衍生品市场发展提供了良好的机遇。近年来，我国大宗商品场外衍生品市场蓬勃发展，尤其是场外期权交易规模增长迅速，与商品期货、期权市场一起发挥着风险管理的作用。

一、我国大宗商品场外衍生品市场发展概况

与期货、期权等在公开市场进行集中撮合的交易不同,场外衍生品交易是在交易所外进行的非公开市场交易。场外衍生品市场的交易品种根据标的资产的不同,大致分为利率类、外汇类、股票类、大宗商品类及信用违约互换类衍生品。顾名思义,大宗商品场外衍生品就是指标的资产为大宗商品的场外衍生品。根据产品形态的不同,大宗商品场外衍生品又可以分为场外期权、互换、远期三种。

(一)我国大宗商品场外衍生品市场发展现状

相对于期货市场,我国大宗商品场外衍生品市场(简称"场外市场",下同)起步较晚,2013年,期货公司获批成立风险管理子公司,标志着我国场外市场的正式起步。目前,场外市场的参与者主要是期货公司风险管理子公司与各类生产企业、贸易企业、投资公司,另有证券公司从事部分商品场外衍生品业务。上海清算所(简称上清所,下同)自2014年开始上市大宗商品的互换、远期产品,其业务也构成了我国场外市场的组成部分。2017年,期货公司风险管理子公司开展的场外市场业务名义本金为3095.23亿元[①],证券公司参与的商品场外衍生品业务规模为1405.44亿元[②],上清所大宗商品衍生品业务清算合约金额为476.63亿元[③]。

2016年之前,我国场外市场发展十分缓慢。据中国期货业协会统计,自2014年风险管理子公司开展场外业务以来,截至2015年末,大宗商品场外衍生品成交规模不足百亿元。自2016年起,我国场外市场进入快速发展时期,当年累计新增名义本金286.07亿元,同比增长342%。2017年,场外市场更是迎来了井喷式的高增长,累计新增名义本金3095.23亿元,同比增速高达982%。2018年场外市场热度不减,仅第一季度累计新增名义本金就达994.57亿元,较2017年第一季度同比增长700%(图1)。

---

① 数据来源于中国期货业协会,包括期货公司风险管理子公司的场外期权、远期、互换产品交易情况。
② 数据来源:中国证券业协会。
③ 数据来源:上海清算所。

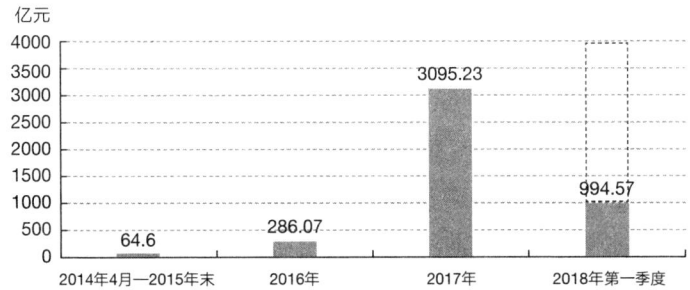

数据来源：中国期货业协会（对2018年全年累计新增名义本金的估算，基于2018年各季度累计新增名义本金额相等的假定）。

图1　我国大宗商品场外衍生品交易规模（2014—2018年）

（二）我国大宗商品场外衍生品市场的产品结构

1．场外期权成为交易的"主力军"

场外市场整体呈现高增长的态势，其中场外期权成为贡献最大的产品。2017年，场外期权累计新增名义本金2778.63亿元，在整个场外市场交易总额中占比将近90%。与商品互换、商品远期相比，场外期权成为大宗商品场外衍生品市场中名副其实的主力军（图2）。

2016年至今，场外期权规模扩张了近50倍，场外期权的急剧增长主要是受需求增长与场外期权产品发展迅速的双重影响（图3）。产业客户的迅速成长，带来了市场上套期保值需求的迅速增加。同时，在期货市场不断发展和完善的背景下，风险管理子公司利用期货市场管理场外期权风险变得相对便利，操作也相对简单，更愿意提供场外期权产品。

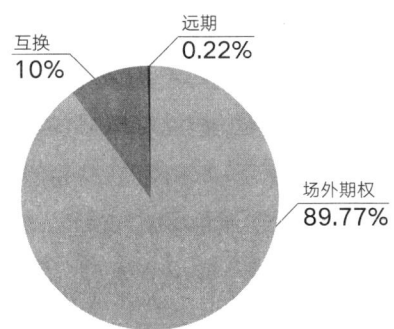

数据来源：中国期货业协会。

图2　2017年场外市场产品结构

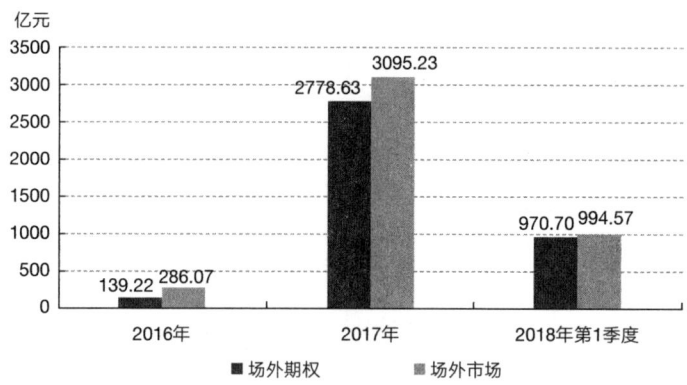

数据来源：中国期货业协会。

图3　我国场外期权交易规模（2016—2018年）

2. 互换交易增长相对缓慢

2016年场外商品互换交易累计新增名义本金超140亿元，高于同年场外期权累计新增名义本金。2017年，商品互换交易累计新增名义本金309.78亿元，同比增长111%，但是相比场外期权快速增长的态势，表现则较为逊色（图4）。

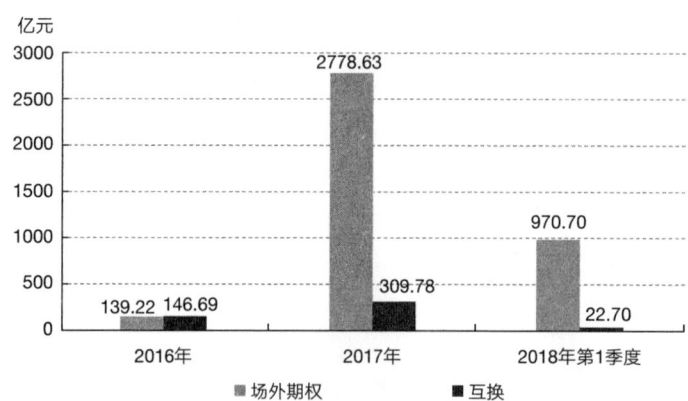

数据来源：中国期货业协会。

图4　我国场外期权与互换交易规模（2016—2018年）

3. 远期交易实现快速增长

2016年开始有2家公司开展场外商品远期业务，成交量为17笔，累计名义本金额0.16亿元。2017年，场外商品远期交易成交量达56笔，累计新增名义本金额6.82亿元，较2016年增长42倍，呈现快速增长态势，场外商品远期正在逐渐被更多企业接受（图5）。即便如此，相比于场外期权和互换，场外远期交易规模仍然较小，即使交易额最高的月份也不超过3亿元。

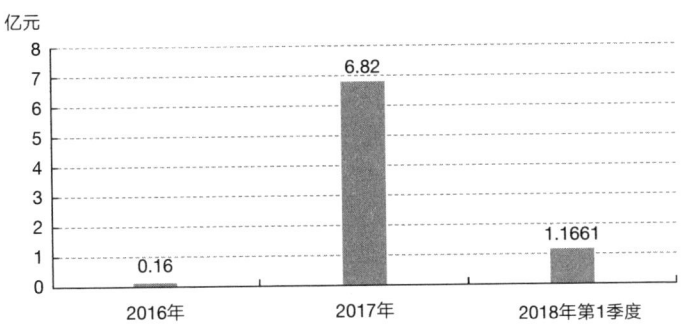

数据来源：中国期货业协会。

图5　我国商品远期交易规模（2016—2018年）

（三）我国大宗商品场外衍生品市场的交易特征

目前，我国场外市场尚处于发展的初级阶段，经过2016年、2017年两年快速增长后，场外市场在逐渐积累发展经验的基础上，走出了独特的发展道路。目前，场外市场交易品种及参与者的数据并未公开，本文基于对期货公司风险管理子公司的调研，总结出如下交易特征。

1．化工板块交易规模先行启动

我国场外市场中，标的资产为化工类大宗商品（主要是原油类）的产品保持高增长状态。究其原因，一是化工类企业在我国场外市场起步发展之前，已经积累了相当的外盘经验；二是市场参与者多是产业客户，属于机构投资者，企业架构、制度及运行都相对成熟和完善，套期保值需求旺盛，为化工板块场外产品的不断创新提供了动力；三是2017年初，化工板块行情波动剧烈给其先行启动创造了背景条件。

2．黑色板块交易量最大

标的资产为"黑色系"大宗商品（包括钢材、铁矿石、焦炭等）的场外产品在我国场外市场迅猛发展过程中交易量最大。"黑色系"产业客户此前多在新加坡交易所等进行衍生品交易，已经积累了一定的场外产品操作经验。近几年，"黑色系"大宗商品价格波动较大，产业客户进行套期保值的需求也较大。对于期货公司来说，行情涨跌波动既带来了风险，又为期货公司开展自身业务提供了有利条件。产业客户的需求与期货公司设计产品的便利成为黑色板块交易量最大的主要原因。

3. 交易规模多集中于少数大型企业

场外市场的主要参与者多集中于少数的几个客户，这些客户大多是各行业的龙头企业或大型贸易商，企业规模大、机制完善，不仅占据相当的现货市场份额，同时也占有较大一部分的行业利润。相对于规模小、利润少的小型产业客户，他们更具备进行套保操作的需求和资金条件。因此，场外市场的交易也大多集中于这些少数大型企业。

二、我国大宗商品场外衍生品市场运作模式

目前，我国场外衍生品存在多种运作模式，针对企业个性化风险管理需求，远期和互换交易逐渐开展，场外期权的应用则最为广泛，帮助企业锁定原材料成本或是管理销售价格、锁定利润，实现稳定经营的目标。在实践中，参与者还将场外期权和基差贸易、现货贸易进行深度融合，实现多种模式创新。

（一）场外期权应用模式

我国场外期权的应用模式主要有三种：一是传统意义上的场外期权，指为满足企业特殊目的而定制的买权/卖权或多种组合策略；二是"基差采购+场外期权"模式；三是"含权贸易"模式，即在贸易合同中嵌套一定选择权。

1. 非期货交割月份套保模式

国内有些期货品种并不是全年每个月都有可交割的合约，并且还存在着活跃合约不连续的现象，即部分期货品种只有1月、5月和9月合约的交易活跃，在这种情况下，实体企业若在非交割月份或非1月、5月、9月存在套期保值需求，就难以借助期货市场进行风险管理，需要转向场外市场寻求解决方案。相应地，期货公司的风险管理子公司也会针对企业的需求开发相应场外期权产品。

以新湖瑞丰公司为某饲料企业提供的场外期权为例。2016年3月，某饲

料企业需要在4月购入豆粕建立原料库存。备库存的操作不但使得企业短期内增加大量资金占用,而且一旦4月豆粕价格上涨,还将面临采购成本增加的风险。通常企业会通过买入豆粕期货进行套期保值,但是由于豆粕期货合约近期只有5月合约较为活跃,且期货合约无法提前交割,使得企业利用期货合约规避风险的做法存在现实困难。因此,3月2日,该企业转向新湖瑞丰公司购买了执行价格为2450元/吨的虚值买权,同时买入区间在2405—2520元/吨的牛市价差期权[1],以锁定低成本价,保护未来采购价格不受价格上涨影响(见表1)。

表1 饲料企业场外期权组合策略

时间	3月建仓			4月到期		
期权类型	虚值期权	牛市价差期权		虚值期权	牛市价差期权	
标的期货	M1605	M1609		M1605	M1609	
期货价格(元/吨)	2311	2290		2617	2611	
期权执行价格(元/吨)	2450	2405	2520	2450	2405	2520
期权费(元/吨)	12.5	14.5		12.5	14.5	
数量(吨)	500	500		500	500	
损益(元)				77250	50250	
场外市场盈利情况(元)				127500		
豆粕现货价格(元/吨)	2307.07			2632.84		
现货市场亏损情况(元)	162885					
总计损益(元)	−35385					

由表1可见,4月到期时,除去权利金,此次操作共为企业节约成本12.75万元,抵消现货市场由于原材料价格上涨带来的大部分损失。通过场外市场,企业达到有效规避原材料价格上涨风险目的。[2]

---

[1] 牛市价差期权是买进一个低行使价的买权,同时卖出一个高行使价的买权,从而达到降低操作成本的目的。

[2] 大连商品交易所. 期货与企业发展案例[M]. 北京:机械工业出版社,2017:266-267.

2. "基差采购+场外期权"模式

目前，我国油脂油料行业普遍推广基差定价合同，即现货价格根据期货价格加基差的方式确定，通常是签订贸易合同时贸易双方确定基差，买方在随后的一定时间内选择期货价格。随着场外期权业务发展，两者逐渐结合起来，成为一种新的业务模式。

某油脂企业主要从事食用植物油（全精炼、半精炼）的分装、销售，经营模式是通过签订基差采购合同从大豆压榨工厂购进豆油，然后经过精炼分装，销售给广大消费者。2016年9月1日，针对企业在生产经营活动中面临的上下游价格波动风险及资金量有限的实际情况，期货公司为其设计了"基差采购+场外期权"策略。2017年2月，企业先后与上游压榨工厂签订了三笔各1000吨的基差采购合同，基差定为260元/吨。当时，受南美大豆上市压力的影响，豆油期货合约价格振荡下行，为了降低采购成本，企业想推迟点价，但又担心行情反转，于是在2月6日、10日和15日先后买入了领子期权组合[①]进行套保，操作量对应其采购量，均为1000吨，期权费均为10元/吨，期限两个月。以2月15日的操作为例，当时现货价格在7120元/吨，升水较大，企业买入了领子期权套保，共1000吨，期权费10000元，初始保证金占用31万元（310元/吨），保证金比率约4.5%。3月24日，豆油现货价格为6375元/吨，与期货价格几乎持平，企业决定在6330元/吨的期货价格上进行点价，同时将期权平仓，释放保证金。经测算，通过场外期权操作，现货低位点价盈利530000元，期权套保损失374640元，总盈亏为155360元，保留了低位点价带来的部分收益。而如果单纯选用期货套保，2月15日期货价格为6860元/吨，则最终套保损失为530000元，完全抵消了低位点价带来的收益（表2）。

[①] 领子期权的特点是便于结合现货贸易进行配合操作。操作模式为买入一个买权的同时卖出一个卖权。买入买权的作用是，企业可以不急于点价，等待一个价格低点。但如果在没有点价时价格已经上涨，就相当于错失了低点，这时买入买权可以使企业得到赔付。卖出卖权的主要作用是降低权利金。

表2　场外期权与期货套期保值效果及其资金占用对比

套保方式	基差+场外期权	基差+期货
套保盈亏（元）	−374640	−530000①
现货盈亏（元）	530000②	530000
总盈亏（元）	155360	0

注：①期货套保盈亏 =（6860−6330）×1000=530000。
　　②现货盈亏 =[7120−(6330+260)]×1000=530000。

由表2可见，此次豆油场外期权市场贴合现货贸易需求，创新了企业风控模式，使企业能在风险可控的基础上，降低套保成本，高效实现价格风险管理。①

3."含权贸易"模式

含权贸易，顾名思义就是包含了权利的贸易，即贸易合同中赋予了某一方或者双方一定的权利。"含权贸易"是近期场外市场的业务热点，其创新之处在于进行传统贸易的双方通过在贸易合同中附加一个选择权，使得企业能够规避一定市场风险，从而保证双方之间建立良好的合作关系。虽然"含权贸易"在形式上并没有附加一个场外期权产品，但是就期权（option）的本意是"选择权"而言，"含权贸易"实质上也应属于场外期权应用模式的一种。下面以含权贸易中的"二次点价"模式为例。

处于下游产业的某养猪场预计需要在4个月后购入豆粕1000吨，因此跟中游贸易商协议1个月内以"豆粕1801合约+50点基差"的价格进行点价，但是养猪场由于专业知识水平有限，担心错过最佳点价时间导致点价过高。为保障下游养猪场的利润，中游贸易商与养猪场签订1个月内有效的二次点价合同并提高基差到55点，承诺养猪场拥有第二次点价权利。2017年9月1日，豆粕1801价格为2705元/吨，养猪场决定点价。半个月后，期货价格回落到2690元/吨，养猪场要求行使第二次点价的权利。在这次贸易中，中游贸易商通过场内的豆粕期权将自身风险转移至投资者（见表3）。

---

① 本案例来自大商所2016/2017年度场外期权试点项目系列报道之四："打造"场外期权＋基差采购"的豆油业务新模式（大连商品交易所官方网站）。

表3 二次点价前后成本对比

	第一次点价	第二次点价
豆粕合约价格（元/吨）	2705	2690
基差	50	55
贸易数量（吨）	1000	1000
最终点价（元/吨）	2755	2745
节省成本（元）	10000	

（二）远期交易应用模式

目前，我国大宗商品远期交易有两种交易模式：一是传统意义上的远期交易，即为满足企业某种特殊的风险管理需要，交易双方规定在未来某一日以固定价格交易某种商品，这种方式主要用于规避上下游价格风险。在具体运作中，我国目前逐渐发展出为锁定未来一段时间的经营利润而产生的连续型远期交易。二是中央对手方清算下的远期交易，这种交易方式主要由上清所推出，如远期运费协议等。

华北某钢厂的主要产品是带钢，2016年上半年，钢厂经历了一波利润急速拉升后又快速回落的过程。基于对远期钢厂利润持续性的担心，为规避经营的不确定性，该钢厂有意将部分产能的远期收益按照即期利润进行锁定套保，但是期货交易所并没有上市带钢的期货合约。因此，钢厂决定转向场外市场寻求避险策略。

2017年初，该钢厂与某贸易公司签订铁矿石、焦炭和钢材的远期购销合同。2017年5—10月，钢厂每月向贸易公司销售1万吨带钢，贸易公司则每个月供应17500吨pb粉和5000吨焦炭给钢厂，每月采销价格见表4。按照合同规定，钢厂按照带钢总货款的一定比例向贸易公司支付履约保证金。

表4 钢厂和贸易公司远期合约采销价格和金额

交货月份	带钢（元/吨）	铁矿石（元/吨）	焦炭（元/吨）
5	3370	650	1950
6	3360	640	1940
7	3340	630	1920
8	3320	610	1900

续表

交货月份	带钢（元/吨）	铁矿石（元/吨）	焦炭（元/吨）
9	3300	600	1890
10	3270	590	1870
合计金额（万元）	19960	6510	5735

2017年5月，钢厂和贸易公司按约进行实物交货。其他月份在交货期内按对应月份的价格进行结算，具体的交货流程跟5月相同。即使后期钢厂生产利润大幅度压缩，由于钢厂已经锁定了部分利润，也能通过该部分利润来维持钢厂的正常运转。通过这笔远期交易，该钢厂不仅实现了较稳定的持续性利润，而且由于锁定了部分产能利润，钢厂在后期定价和销售上，能采取较为主动的销售策略，剩余未锁定的产能也能够获得更多的市场利润。①

（三）互换交易模式

目前，我国互换交易市场主要存在两种运作模式，一种是传统意义的互换交易，其中比较有特色的是以商品指数为标的的互换产品。对于产品品种丰富的实体企业而言，单个期货品种无法满足其套保需求，对多品种都进行套保又使得企业面临较高的操作成本，面临这种两难困境，以商品期货价格指数为标的的互换业务成为企业的现实选择。另一种是由上清所推出的中央对手方清算下的互换产品，这些互换产品通常在一定程度上进行了标准化。

浙江特产石化主营销售石化塑料原料，由于运输周期长和上游供应的不确定性，需长期持有一定的库存来保证下游客户用量。在库存管理中主要面临库存量大、占用资金多、企业的运营成本与管理成本高、有限的期货品种无法为多种库存结构提供保值手段以及库存周期长、不确定因素较多等问题。

该企业担心建立库存的过程中价格下跌，在大连商品交易所的指导下，于2017年11月27日与浦发银行签订协议，卖出10手标的产品为大商所

---

① 本案例来自杭州热联中邦供应链服务有限公司。

化工期货价格指数的互换产品,当日指数点位为1518,期限为3个月,结算价格为到期日大商所化工期货价格指数收盘价。同时,浦发银行为该企业提供一项权利:允许企业提前平仓,结算价由该企业确定。另外,浦发银行又与永安资本签订方向相反的互换合约,将自身的风险转移至永安资本,后者则在期货市场上进行风险对冲。在其后近一个月的时间内,化工指数一直在1518点以下波动,指数互换工具发挥了对冲现货总体头寸风险的作用。此后,现货价格有所抬头,指数也开始反弹,企业预计现货的价格下跌风险已经解除,在2018年1月18日以1545的点位将指数平仓。在这个过程中,石化企业通过对指数价格进行测算和行情预判,寻找合适入场机会,运用互换产品对冲了自身的经营风险(表5)。

表5 化工企业互换市场风险对冲合约内容及结果

买方	石化企业
卖方	永安资本
标的产品	大商所化工期货价格指数
数量	10手(约合450万元)[①]
合约价格	1518元
结算日期	2018年1月18日
结算价	1545元
现货市场损益结果	共盈利86000元
互换市场损益结果	亏损81000元[②]
对冲结果	盈利5000元

注:① 10手指数约合51手PE,37手PP,12手PVC。
② 合约乘数为300,前后变动27点,共10手。亏损额=(1545-1518)×300×10。

由表5可见,虽然石化企业在互换市场的损失消耗了现货市场的部分盈利,但是一旦现货价格下跌,互换合约恰恰可以规避现货市场风险。这正是符合套期保值的基本特征——通过放弃可能的收益规避可能产生的风险。

三、我国大宗商品场外衍生品市场的作用

(一)场外市场是场内市场的有益补充

场内市场交易的是标准化的期货合约,能够作为期货合约标的的商品

种类相对有限，无法满足实体企业的多元化个性需求和大规模的风险管理需求。场外市场具有个性化和策略多样性的特点，可以结合企业生产经营实际，为有特定避险需求的企业提供个性化、定制化的产品，并为其提供综合性的解决方案，从而弥补期货市场因高度标准化而存在个性化不足的缺陷。

1. 定制化服务满足企业个性化需求

在服务实体企业时，场外交易和场内交易可以形成互补，风险管理子公司等场外衍生品的提供者可以利用流动性较强的场内品种复制出多样化的场外产品，弥补"近月合约不活跃，活跃合约不连续"的问题，帮助实体企业在不打乱生产计划的前提下实现高效避险。正如上文提到的4月补库存的饲料企业，通过场外期权产品，得以在正常生产周期内合理规避原材料价格上涨风险。

2. 弥补场内市场品种有限的缺陷

由于交易机制更加灵活，场外市场可以更快速地提供品种丰富的避险工具。在新品种推出方面，场内商品衍生品市场品种上新周期较长，而场外市场的新品种不需要审批，只需要在交易完成后进行报备，既能够满足经营产品为非上市品种企业的风险管理的需求，还能够契合企业风险管理需求的紧迫性和时限性特点。以带钢为主要产品的华北某钢厂能够实现稳定经营，正是源于场外市场的这一优势。

（二）场外市场助力实体企业创新业务模式

现阶段，很多实体企业缺乏专业期货交易人员，套保操作常常不到位，在参与期货市场方面存在现实困难。场外衍生品主要由专业的风险管理子公司提供，其在利用期货市场、管理价格风险方面具有较为丰富的经验，实体企业可以通过他们的服务进行风险管理，有效摆脱了企业面临的资金有限、风险需求强烈、专业套保知识缺乏等困境，有助于企业实现业务模式创新。

正如上文所述，"基差采购+场外期权"帮助企业有效规避上游原材料价格波动风险，为企业开辟了新的采购模式；"含权贸易"为上下游企业提供另一种选择，使其可以结合市场行情，选择符合自身利益的个性化订单选项。由此可见，场外衍生品能够帮助实体企业管理不同阶段的市场风险，使企业有机会获得高于其他同行的销售利润和贸易周转速度，助其提升营运绩效，从而提高整体抗风险能力和企业竞争力，实现企业转型升级。

（三）提高企业资金利用效率

期货市场的保证金制度使企业在管理风险的同时占用部分资金作为保证金，并且在期货合约结束之前，企业不能随意抽调保证金，对于流动资金不足的中小型企业来说风险管理的成本较高。对于上文利用化工期货指数互换产品套期保值的石化企业来说，由于经营产品的多样化，若通过期货市场进行套保，相应的套保操作不仅较为繁琐，而且资金占用成本高，通过场外产品及其组合策略，企业可以较低的成本实现较为高效的风险对冲。

此外，利用期货市场套期保值意味着套期保值交易者以放弃盈利机会为代价来减少损失发生的可能性。但是期权作为一种权利，赋予了期权参与者到期执行或不执行的选择权，套期保值者在管理现货价格下跌风险的同时还能享受现货价格上涨带来的收益。对于企业来说，这也在一定程度上提高了资金的利用效率。

（四）场外市场解决企业信用问题

一方面，通过在现货贸易中嵌套场外期权构成的"含权贸易"，企业可以建立与上下游客户的良好合作关系，保护客户利益，增强企业之间的信用，提升企业在行业内的竞争力。另一方面，企业在申请信贷支持时，若能够有效利用场外衍生品降低自身面临的信用风险，将有利于提升信贷机构对企业的信用评级，对于解决企业的资金问题也有积极作用。

总之，我国大宗商品场外衍生品市场发展实践充分表明，场外市场在弥补场内市场不足、与场内市场互相促进、为实体经济提供更加精细化服务方面发挥了重要作用。未来我国场外市场也将走出一条极具中国特色的发展道路。

我国期货交易所场外市场发展路径探析

谢亚 滕薇

摘 要：目前，国际及国内对期货交易所的场外市场并没有严格、清晰的界定，国内对"场外市场"的理解通常与"OTC市场"（Over-the-Counter Markets）存在混淆。境外成熟期货交易所经过长时间的发展演变，已形成相对完整的场外市场，我国期货交易所目前正处于积极探索阶段。本文在界定"期货交易所场外市场"的内涵与外延的前提下，借鉴境外交易所发展场外业务的实践及经验，结合国内现实情况，对我国期货交易所发展场外市场的方向、方式提出建议。

关键词：期货交易所场外市场 OTC 交易 清算

当前，我国各家期货交易所正在积极探索场外市场建设，以期场内、场外衍生品市场协同发力，更好地发挥服务实体经济的功能。境外期货交易所在发展场外市场上已经积累了丰富经验，值得我国期货交易所借鉴。

一、期货交易所场外市场的理论分析

近些年，境外期货交易所的场外市场得到长足发展，但已有的研究并没有对"期货交易所场外市场"进行清晰界定。通常，衍生品市场被分为有组织的衍生品交易市场（Organized Derivative Exchange Markets, ODEs）

和柜台市场（Over-the-Counter Markets, OTC）①②。ODEs一般是指交易在期货交易所进行，交易的产品为以大宗商品和金融产品为标的的期货和期权合约。柜台市场指在期货交易所之外进行交易形成的市场。按照CFTC的定义，柜台市场上的衍生品指交易发生在受管制的交易环境之外、价值取决于标的资产的价值、参考利率或指数的衍生品③。很明显，期货交易所与柜台市场的区别之一在于达成交易的场所不同，前者发生在期货交易所的交易大厅或电子交易系统，后者则通过交易商或经纪商在其他平台或系统实现交易。然而，国际货币基金组织（IMF）的报告指出，在交易所交易的衍生品和在柜台市场交易的衍生品的区别，不仅在于"在哪里"（where）交易，还在于"如何交易"（how）④。"如何交易"是期货交易所与柜台市场之间更关键的区别，具体来说，期货交易所挂牌的、具有高度标准化特征的期货或期权合约，通过公开竞价、集中撮合达成交易，而在柜台市场上，无论交易的是期权、互换还是远期，都是由买卖双方自行协商来达成交易，因此这些衍生品具有个性化、定制化的特征。正是依据这一区别，可将期货交易所的产品和服务划分成"传统的期货（期权）交易"和"期货交易所场外市场"。

（一）期货交易所场外市场的内涵与外延

境外期货交易所对其场外市场有不同的称呼。芝加哥商业交易所集团（CME Group）将其场外市场统称为"Ex-pit Transactions"，意指发生在传统的交易大厅之外，价格由交易双方私下协商、自行达成。CME Group还同时采用"Privately Negotiated Transactions"（PNT）来指称此

---

① Nystedt, 2004, Derivative Market Competition: OTC Markets Versus Organized Derivative Exchanges, *IMF Working Paper WP/04/61*; Emira.,and Kokorovi.,2011, Derivatives Market Development in Bosnia and Herzegovina: Present or (Far) Future?, *International Journal of Management Cases*. Sep2011, Vol. 13 Issue 3, pp.637–646; Nyokabi.,2016, An Exploration of the Possible Impact of Commodity Futures Trading for Tea Farmers in Limuru to Mitigate the Price Volatility of Tea.
② 国内一般将 OTC 翻译成场外市场，为避免与下文"期货交易所场外市场"混淆，本文将之直译为"柜台市场"。
③ Commodities Futures Trading Commission, 1998, Concept Release on Over-the-Counter Derivatives.
④ Nystedt, 2004, Derivative Market Competition: OTC Markets Versus Organized Derivative Exchanges, *IMF Working Paper WP/04/61*.

类交易，则更加直接突出了此类交易的特点①。洲际交易所集团（ICE）用"Off-Exchange Transaction"②或"Off-Order Book Transactions"③代指双方协商、在交易所交易系统之外达成的交易。新加坡交易所（SGX）把发生在交易所市场之外的交易称为"Off Market Trading"④或"Non-Relevant Market Transactions"⑤。

综合上述境外交易所对于场外市场的界定，本文认为，期货交易所场外市场（Ex-Pit Transaction，EPT）指发生在期货交易所集中竞价系统（交易大厅或电子交易系统）之外、交易双方通过协商达成交易条款所形成的市场，以及期货交易所为柜台市场衍生品交易提供的相关服务。

具体而言，期货交易所场外市场主要包含以下三方面内容：

一是期货交易所上市的期货（期权）品种，通过双方协商达成的交易。在这类交易中，期货交易所将提供清算/结算、风险控制服务等。

二是期货交易所上市互换、远期、期权等衍生品合约，甚至现货合约，但是这类合约并不是通过交易所的集中竞价系统达成交易，而是由交易双方自行达成，交易所为之提供清算等相关服务。

三是期货交易所为柜台市场上的衍生品交易提供的清算、风险控制、投资者教育或数据等服务。

（二）期货交易所场外市场与柜台市场的异同分析

可以从交易场所（where）、交易和清算方式（how）和交易产品（what）三个角度进行分析。

1. 就交易场所而言，期货交易所场外市场与柜台市场存在明显区别

期货交易所场外市场的"外"是在交易所的传统交易系统之外，如

---

① "Ex-pit Transactions"和"Privately Negotiated Transactions（PNT）"均来自 CME 的词汇 glossary。https://www.cmegroup.com/education/glossary.html。

② 来自 ICE futures CANADA: Submission Timeframes for Off-Exchange Transactions。

③ 来自 ICE 的规则手册（rulebook）: HOW THE ICE MARKET WORKS。

④ 来自 SGX rulebook 中 7.04.2 Off Market Trades (Excluding OTCF)。
http://rulebook.sgx.com/en/display/en/display/display_main.html?rbid=3271&record_id=9549。

⑤ 来自 SGX rulebook 中 9.01 Definitions。
http://rulebook.sgx.com/en/display/display_viewall.html?rbid=3271&element_id=2527&print=1。

CME Group的Elysian Systems[①]、ICE的ICE Block、eConfirm[②]，这些平台实际上还是在交易所内设立。柜台市场在国内通常被称为"场外市场"，但是这个"外"是指在交易所之外，通过银行、证券公司以及其他交易商/经纪商完成交易。这是二者的根本不同。

2．就交易和清算方式而言，期货交易所场外市场与柜台市场存在较大的相似

相比期货交易所的传统期货（期权）交易，其场外市场与柜台市场的区别相对较小。

一是在交易方式上，无论是期货交易所场外市场还是柜台市场，其交易中涉及的询价、报价、合约具体条款到交易最后成交都是由交易双方自行协商完成的。

二是在清算方式上，两者都采用中央对手方清算或双边清算，相较而言，期货交易所场外市场主要实行中央对手方清算。在2008年国际金融危机之前，柜台交易多是进行双边清算，由交易双方自身承担交易风险；2008年国际金融危机促使世界范围内的金融监管机构加强对柜台交易的监管，实行中央对手方清算的柜台交易所占比重逐渐上升；期货交易所场外市场主要由交易所或清算所提供中央对手方清算，但是也有部分交易所对其推出的互换等产品提供双边清算。如ICE上市的所有场外产品中，776种为中央对手方清算合约，占比89.1%，其余的则实行双边清算。在双边清算模式下，ICE不参与交易过程，不提供中央对手方清算，只负责交易过程中的信用审核、保证金或抵押物存管、保证金或抵押物价值评估及变动提醒、清算金额计算等。

3．就交易产品而言，期货交易所场外市场与柜台市场存在高度重合

期货交易所场外市场既包括对交易所上市的期货、期权品种的大宗交易、EFRP交易，也包括上市的互换、远期和期权合约。如CME Group推出了马来西亚棕榈油日历互换、尿素（粒状）美国海湾离岸价（FOB）互换、尿素埃及离岸价互换等产品，ICE则上市了液化天然气、电力等能源类远期合约，SGX还推出了铁矿石、焦煤的期权。远期、互换和期权也是

[①] 详细分析见《芝加哥商业交易所集团参与场外市场的实践及经验借鉴》。

[②] 详细分析见《洲际交易所集团参与场外市场的实践及经验借鉴》。

柜台交易上的三种产品类型。因此，在交易的产品上，柜台市场和期货交易所场外市场是完全重合的。

（三）期货交易所场外市场与中远期电子交易平台的区别

在我国，中远期大宗商品电子交易平台是大宗商品市场体系的组成部分，其与柜台市场、期货交易所场外市场存在明显区别。

国内中远期大宗商品电子交易平台可以简单地分为两类：一类是大宗商品现货贸易平台。这类市场多采用通过线下资源线上免费撮合的电子商务方式，以出售商品谋利作为主要业务方向，如找钢网等钢贸平台。这类平台从事的是现货贸易，与柜台市场、期货交易所场外市场在交易产品上存在根本区别。另一类大宗商品交易平台的交易规则与期货交易所类似，主要是以集中交易方式进行标准化合约T+0交易，目前国内比较典型的代表是无锡不锈钢交易中心。仅从业务模式上看，这类交易平台更接近于传统的期货交易，并非本文所论述的期货交易所场外市场。

二、境外期货交易所场外市场实践与动因分析

（一）境外期货交易所场外市场实践

境外期货交易所场外市场涉及场外交易和清算、场外服务两方面。其中，场外交易包括大宗交易及相关头寸互换（EFRP）交易、推出场外衍生品合约，并为之提供中央对手方清算或双边清算；场外服务包括为柜台交易衍生品提供清算服务、配套基础设施建设、交易数据库设立、提供仓储服务以及扩大投资者教育。

1. 大宗交易及相关头寸互换（EFRP）交易

大宗交易普遍指以交易所上市的期货/期权合约为标的、交易规模超过交易所规定的最低规模限制、允许在交易所场外直接执行、由交易双方私下协商达成的交易；相关头寸互换（EFRP）交易是指需求互补的交易双方将期货、期权头寸与现货或场外衍生品头寸在场外相互交换的过程，包括期转现（EFP）、风险交换（EFS）、期权交换（EOO）三种形式（见表1）。

表1　场内交易、大宗交易及EFRP交易

条款及规定	场内交易	大宗交易	EFRP交易
交易规模	有最低和最高交易规模限制	只有最低交易规模限制	无限制
交易时间	需在交易所规定交易时限内	无限制	无限制
交易地点	需在交易所集中竞价平台交易	无限制	无限制
价格确定方式	集中竞价形成	双方私下协商成交	双方私下协商成交
清算方式	中央对手方清算	中央对手方清算	交易所对涉及场内头寸的部分进行中央对手方清算
交割日	有固定交割日	有固定交割日	可用作提前交割
交割商品标准要求	有固定的交割品品质要求	有固定的交割品品质要求	可在双方协商一致的前提下做出调整

清算方面，交易所对大宗交易和EFRP交易均采取中央对手方清算的方式。对于大宗交易，交易所将其拆分为多笔以最小变动价格相连续的小规模合约，通过在期货市场上为买方建多仓，卖方建空仓或平仓相应数量的合约，将大宗交易转为一般的场内期货交易进行清算。因此，清算过程中实际无法将大宗交易和场内交易彻底区分；对于EFRP交易，交易所仅对涉及期货、期权的部分进行清算，并不参与交易双方的私下协商活动。

2. 推出中央对手方清算的场外衍生品合约

境外期货交易所推出远期、互换和期权等场外衍生品合约，由交易双方私下协商成交，清算时需由交易双方或其代理人（经纪人）将交易信息登记至交易所，经由交易所统一提供中央对手方清算（包括互换、远期和场外期权三种）。这种合约在部分条款上实现标准化，但也保留了场外合约的双边特性，交易价格、标的商品的交付品质等均可根据双方的具体需求在清算合约条款的基础上进行调整。

在品种选择上，境外交易所各具特色。CME推出品种主要为非场内品种及相关指数，如场外彭博商品指数互换；ICE和SGX推出品种主要为与场内期货、期权相对应品种，如电力互换（ICE）、铁矿石互换（SGX）。

3. 推出双边清算、实物交割的场外衍生品合约

针对不便于标准化的部分现货商品，ICE推出了双边清算的场外合

约。即合约从交易至清算均在场外执行，ICE仅规定了最小变动单位和最后交易日，而交易规模、价格、时间，交付日期、形式、地点等均由交易双方自行协商。这种合约仅限实物交割[①]。

表2　三种类型合约条款、成交、清算及交割对比

合约类型	合约条款						成交方式	清算方式	交割质量要求
	合约规模	最小变动	交易时间	最后交易日	结算价	持仓限制			
期货、场内期权合约	√	√	√	√	√	√	集中竞价	中央对手方清算	有严格的质量标准
中央对手方清算场外衍生品合约	√	√	√	√	√	×	双边协商	中央对手方清算	可在双方协商一致的前提下适度调整
双边清算场外衍生品合约	×	√	×	√	×	×	双边协商	双边清算	可在双方协商一致的前提下适度调整

4．为柜台市场提供中央对手方清算

纽约商品交易所（NYMEX）在2002年开始已经为柜台市场的衍生品交易提供中央对手方清算。CME Group在收购NYMEX之后，正式进军柜台市场的中央对手方清算业务。并在随后的发展中，通过收购的方式提升相应的电子交易技术和清算市场份额。目前，CME对超过1500个的柜台交易合约提供清算，产品类别涵盖能源、金属、农产品、利率、外汇与股指。其中，能源产品的数量最多。

5．配套平台建设

一是交易登记平台。与其场外交易和清算业务相匹配，境外交易所利用自身的清算经验和技术，为场外交易提供交易登记平台，例如，CME的Clearport、SGX的Titan OTC等，要求由交易所提供中央对手方清算的场外交易均在平台登记交易信息。这种登记制度有助于交易所加强对场外交易的监控。

二是报价及订单匹配平台。场外交易的匹配和达成通常需要由经纪

---

① 详细分析见《洲际交易所集团参与场外市场的实践及经验借鉴》。

商撮合，但场外经纪商之间信息的共享渠道并不畅通，场外的各类信息报送和订单匹配平台繁多，增加了交易者和经纪商的信息搜集成本。交易所为场外交易提供统一的报价和订单匹配平台，将市场上的经纪商和交易者聚集，交易者可以在平台上直接回应/接受另一方报价成交，降低场外信息搜寻成本，从而提高场外交易效率。例如，CME的Elysian、ICE的eConfirm等。

6．提供仓储服务

境外交易所中，LME相对较为特殊。因其期货市场与现货市场密切结合的历史根源已久，LME通过为现货市场及实物交割的场外衍生品市场提供仓储服务，包括为现货贸易提供仓单交换、融资平台和配套仓储服务，以及批准符合条件的实物交割场外衍生品使用指定交割仓库等，从而大大增强了期货市场与现货市场的联系，提高了期货市场发现价格的合理性。

此外，期货交易所场外市场还为市场投资者、政府监管机构等提供交易数据报告服务，为场外市场投资者提供多方位的投资者教育服务。

（二）境外期货交易所发展场外市场的动因

境外期货交易所发展场外市场的根本动因有两个，内在动因为满足自身利润最大化的需求，外在动因为满足监管的客观需要。

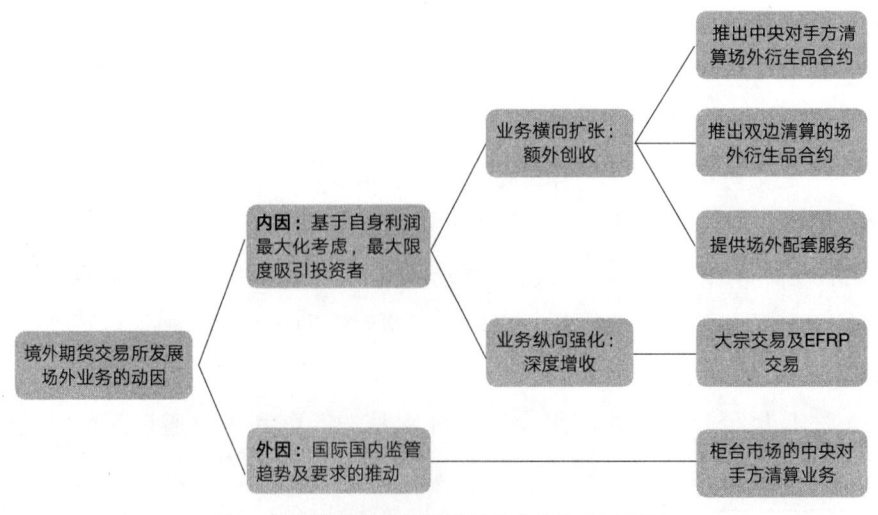

图1　境外期货交易所发展场外业务的动因剖析

境外交易所大多为已上市的、自负盈亏的公司制交易所，为满足扩展业务、抢占先机、占领市场的切实需求，交易所通过业务横向扩张和纵向强化，吸引投资者参与，提高自身盈利水平。其中，横向扩张指开发上市新品种、推出新型业务（交易、清算、交割、风控等）模式；纵向强化指提高原有期货、期权品种的运行质量。

1. 横向扩张，寻求额外创收

对境外交易所而言，市场参与者的需求决定产品或服务的供给。市场需求的不断变化是交易所自发地产生研发新产品、开发新业务的不竭动力。

交易所推出中央对手方清算的场外合约，既满足投资者寻求交易安全的需求，也解决新品种开发空间有限的问题。实体企业既希望保留套期保值的灵活性，也希望保证交易过程的安全性。场外衍生品可以满足企业套期保值的个性化需求，但是由安然事件引发的场外衍生品市场信用风险恐慌，催生出场外市场投资者对中央对手方清算的强烈需求，交易所在场外市场上推出中央对手方清算合约，则是满足了企业的双重需求。另外，并不是所有现货商品均适合开发成高度标准化的期货或期权合约，交易所在场外市场上市该类产品，既规避了难以标准化的问题，也另辟蹊径，扩展了交易所开发新品种的空间。

交易所推出双边清算的场外合约，既满足投资者交易便利性需求，也为交易所开拓新的盈利空间。中央对手方清算的场外合约虽然在交易方式上保留了协商成交的灵活性，但与双边清算的场外合约相比标准化程度仍然较高（详见表2）。从期货交易所上市相关合约的角度，大宗商品被划分为"可高度标准化""可部分标准化"和"标准化较困难"三个层次，分别对应"期货（期权）合约""集中清算的场外合约"以及"双边清算的场外合约"三种合约类型（如ICE的电力合约）。对于"标准化较困难"的大宗商品，交易所根据自身对市场交易需求的掌握，推出双边清算的场外合约，相当于设计一种较为通用的"合约模板"，既为投资者提供交易便利，也为自身开辟了新的盈利空间。

2. 纵向强化，提升原有业务收入水平

期货品种流动性不足不但妨碍其价格发现和套期保值功能发挥，而且增加了交易者的风险。此时,交易所可以将场外市场作为场内品种流动性的"培育场"。同时,当场内合约的高度标准化限定了交易的灵活性时,场外市场能够辅助场内交易,帮助投资者以更加灵活的方式进行套期保值。

交易所通过大宗交易和EFRP交易提高场内不活跃合约的流动性。根据CFTC公布的《CME农产品期货大宗交易调查报告》,CME推出农产品期货、期权大宗交易,根本目的是提高远月(不活跃)合约的流动性,CFTC经过一段时间的密切监测发现,在公平、合理的价格区间内达成的大宗交易,一定程度上的确为场内合约带来了流动性[①]。

交易所通过EFRP(EFP,EOO,EFS)交易满足投资者对套期保值灵活性的需求,侧面提高场内合约的灵活性。EFP交易诞生于一个多世纪前的CBOT谷物期货市场,推出目的是满足套期保值者在标准化的交易、交割系统之外实现期货合约和现货实物交换的需求。EFP交易打破了场内合约在交割时间和交割标准方面的"硬"限制,侧面提高场内合约的交易灵活性。此外,20世纪90年代,NYMEX为了应对日益活跃的能源场外衍生品市场带来的竞争压力,自发在能源期货市场推行EFS和EOO交易,打破了场内与场外交易在套期保值操作上的分离,满足投资者对套保灵活性的要求,吸引场外投资者更多参与其场内市场。

3. 来自国际、国内对OTC衍生品的监管推动

境外交易所之所以拓展OTC衍生品的中央对手方清算业务,直接原因在于场外交易者的交易安全诉求,而根本原因在于国家法律和监管机构的监管要求。

国际监管方面,2008年国际金融危机促使各国达成OTC衍生品实行中央对手方清算的监管共识。2008年国际金融危机引发了国际金融市场的链式反应,国际上对加强OTC衍生品监管形成共识。2009年的G20峰会倡议"对标准化的场外衍生品实行中央对手方清算机制"。此后,G20各国监管机构均就此做出相应的监管努力,包括美国、澳大利亚、新加坡、英国等国家均通过法律或其他政策手段对场外衍生品的中央对手方

---

① Agricultural Block Trade Analysis—A Report by Staff of the Market Intelligence Branch Division of Market Oversight, October 2018.

清算做出要求。

国内监管方面，各国监管当局不得不借助期货交易所较为成熟的管理和风控体系，协助OTC市场规范、有序扩张。以美国为例，2001年安然公司破产不仅引发了市场对单一做市商模式的信用忧虑，也首次对美国监管当局做出警示，OTC衍生品双边交易和清算中隐含的巨大风险引起了监管机构的重视，成为交易所对标准化的OTC产品进行中央对手方清算的最初诱因。以此为契机，美国以法律形式允许中央对手方（CCPs）清算OTC衍生品，由此，交易所开启了对OTC衍生品的中央对手方清算业务。2008年国际金融危机后，《多德—弗兰克法案》缩小场外衍生品的豁免范围，并针对OTC衍生品的交易环节进一步加强监管，包括将互换交易限定在互换执行设施（SEF）内等，也在一定程度上推动了交易所的场外中央对手方清算业务发展。

三、我国期货交易所场外市场现状

近年来，我国各家商品期货交易所均通过多种方式积极拓展自身的场外业务（详见表3）。

表3　我国期货交易所场外业务实践一览

交易所	现货	衍生品
大连商品交易所	基差贸易：大豆、玉米、豆油、豆粕、铁矿石、化工品等 仓单串换及服务：豆油、豆粕、棕榈油、铁矿石 现货指数编制：36只现货指数	场外期权试点：大豆、玉米、铁矿石、焦煤、焦炭、聚氯乙烯（PVC）等14个品种 "保险+期货"：玉米、大豆、鸡蛋 场外综合服务平台：大豆、玉米等 互换代理清算业务：化工指数
上海期货交易所	仓单串换：铜、铝、铅、锌、镍、锡	"保险+期货"：天然橡胶
郑州商品交易所	仓单串换：棉花、白糖、精对苯二甲酸（PTA）、菜油 基差贸易：棉花、白糖、精对苯二甲酸（PTA）、菜油、菜粕、甲醇和玻璃	"保险+期货"：白糖、棉花和苹果 场外期权的到期支付业务

参照前文对期货交易所场外市场内涵的界定，对比境外期货交易所场外市场发展实践，我国期货交易所在场外市场建设中主要集中在已上市品种的现货交易、上市场外衍生品及配套服务方面，而已上市品种的场外交易、提供清算服务等方面均为空白（表4、表5）。

表4 我国期货交易所场外市场所涉区域

产品分类	已上市品种的场外交易	上市场外衍生品	OTC衍生品清算	配套服务
衍生品	○	●	○	●
现货	●	—	—	●

注：●代表有涉及；○代表不涉及。

表5 境内外期货交易所场外市场所涉业务领域对比（明细）

产品分类	交易所	交易业务	清算/结算业务	交割业务	其他服务
衍生品	境外交易所	√大宗交易和EFRP交易 √推出场外衍生品（互换、远期、场外期权）集中/双边清算合约	√场外产品（互换、远期、场外期权）集中清算	√允许符合条件的场外衍生品交易交割时使用指定交割库	√场外交易询价、报价、订单匹配、登记及信息提供平台 √交易数据报送及存储系统 √投资者教育
衍生品	国内交易所	暂无	√代理双边清算	暂无	√场外综合服务平台（提供报价、匹配、登记、风控及其他信息服务） √市场培育（"保险+期货"、场外期权试点等）
现货	境外交易所	√标准仓单串换及融资非标仓单串换及融资 √推出现货合约（或类似现货的期货合约）	√现货合约的集中清算	—	√分别建立标准仓单和非标仓单平台，实现标准仓单及非标仓单串换及融资过程中的仓储、物流、风控等全流程自动化管理 √现货报价及信息汇总平台
现货	国内交易所	√标准仓单串换及融资	暂无	—	√标准仓单串换过程中的指定交割库仓储管理市场培育（基差贸易） √现货指数编制

正如表4、表5所示，我国期货交易所场外市场建设正处于发展的起步阶段，还存在着市场覆盖面较窄，业务深度不足，产品结构不丰富等问题。

四、我国期货交易所场外市场的发展路径

借鉴境外交易所的场外市场实践经验，我国期货交易所可以通过四个

方面发展场外市场，一是适应产业需要，循序渐进拓展交易所场外业务范围；二是对照产品空白进行"查漏补缺"；三是完善配套制度及基础设施建设；四是在国家法律及监管机构的允许范围内，进一步深化和扩展现货相关业务。

（一）适应产业需要，循序渐进拓展交易所场外业务范围

1. 推出交易所自身设计的场外合约并提供清算服务

目前，大商所已经试推出交易所代理双边清算的互换交易平台，合约具体条款由交易双方自行协商，合约发布至交易平台，由交易所提供交易过程中的盯市服务（包括保证金追缴、抵押品管理等），交易结束时由交易双方自行清算，交易所仅提供资金划转。在这个过程中，交易所实际扮演的是交易的"服务人"角色。

以此为开端，交易所今后可以通过三个阶段的实践，最终实现上市交易所自身清算合约的目标。

第一阶段，场外平台逐渐涵盖远期和期权业务。随着代理双边清算的互换合约业务经验的积累，交易所可展开深入的产业客户调研，针对产业客户需求，在平台上有针对性地推出远期、期权等场外衍生品业务，具体交易方式可参照目前的互换交易，由交易双方自行达成，交易所提供保证金、盯市、资金划转等服务。

第二阶段，推出自主设计的代理清算场外衍生品合约。在前述业务运转顺畅的基础上，交易所可根据互换平台上提交合约的具体情况及市场反应，适时上市在某些条款（如标的商品质量、交易期限等）上相对标准化的互换（远期或期权）合约，依然采用代理双边清算的模式。在这个过程中，交易所需要对交易流程中的资金流进行实时监控，包括保证金缴纳及追缴、抵押品缴纳及抵补、结算资金的划转入户等。

第三阶段，推出自主设计的中央对手方清算场外衍生品合约。更进一步地，在监管许可的条件下，交易所可以将代理双边清算的场外衍生品合约进一步标准化，推出中央对手方清算的场外衍生品合约，同时将合约清算纳入自身的风控体系中，强化自身对场内、场外交易的整体风险防控，同时为产业客户提供更加灵活的套期保值工具。

2. 为OTC衍生品市场提供清算服务

标准化的OTC衍生品进入交易所进行中央对手方清算，在国际大部分衍生品市场较为发达的国家（地区）均已得到落实。近些年，我国OTC市场得到较快发展，风险管理子公司、大型贸易商在其间发挥着重要作用。调研发现，OTC市场参与者对交易所提供中央对手方清算有着普遍且强烈的需求，以助其降低交易中的信用风险。但从国内实际情况来看，由期货交易所为OTC衍生品市场提供中央对手方清算时机尚未成熟，建议交易所应该对国内OTC衍生品市场保持密切关注，随着OTC衍生品市场发展和监管制度的完善，逐步探索为OTC衍生品提供中央对手方清算。具体可分两步：

首先，交易所可从对OTC衍生品提供代理双边清算入手，一方面培育OTC市场，另一方面积累为OTC衍生品提供清算的经验，完善相关风控制度和基础设施。

其次，在监管较为确定的情况下，随着交易所在OTC衍生品清算业务上的经验逐渐丰富，以及国内OTC市场的环境逐渐成熟，为适应市场需求，与国际接轨，交易所可考虑为标准化OTC衍生品提供中央对手方清算服务。需要注意的是，OTC衍生品的中央对手方清算应当建立在完善的会员分级、账户隔离制度上，纳入统一的风控体系中，如"违约瀑布"的缴纳、划分、覆盖等应当清晰而明确。

（二）对照产品空白处进行"查漏补缺"

1. 择机推出大宗交易

大宗交易对境外交易所来说早已不是新型业务。从目前国内的现实情况来看，虽然在期货交易所中大宗交易尚未推行，但市场对此的需求客观存在。就国内实体企业的实际现货贸易量来说，期货市场整体体量仍然较小，短时间内大规模订单的涌入，可能对期货市场造成冲击，引起期货价格大幅震荡，一定程度上对期货市场平稳运行形成威胁。因此，根据交易所规定，企业往往需要将一笔订单拆分成多笔小额订单进行交易。在这种情况下，大宗交易是一条可选路径。

目前国内相关法律、法规、条例并无明确规定禁止或准许交易所实行期货、期权合约的大宗交易（详见附件），在风险可控的前提下，交易所可以考虑实行大宗交易机制，既能满足企业以单一价格成交大规模订单的需求，也有助于交易所将大规模订单集中放置于场外市场，反而便于交易所管控大规模订单对整体市场的影响。

在实行大宗交易之前，交易所需要综合考虑多种因素下的品种适用性问题，对于期货市场运行较为完善、行业内企业套期保值相对成熟、成交量一般较大的品种，交易所可以考虑逐步放开大宗交易，如铁矿石、螺纹钢、PTA等。在大宗交易的风险管控上，借鉴境外交易所经验，采取个别登记、集中清算的方式，与场内交易在同一风控体系内监控，并确保风险准备金等资源的覆盖。

2. 在场内期权相对完善的基础上考虑EOO（Exchange Option for Option）交易

境外交易所的场内期权交易活跃，部分品种的期权成交规模已经超过期货，而场外期权因其高度的个性化和定制性，同样具有广泛的市场需求。因此，境外期货交易所场外市场上，EOO交易是其组成部分之一。借鉴境外交易所的实际经验，期货交易所推出EOO交易的前提条件主要有三个：一是场内期权品种丰富且运行较为成熟、稳定；二是场外期权交易规模较大，市场需求较强；三是交易商或经纪商作为联通场内期权市场与场外期权市场的桥梁，自身的功能发挥良好。

客观而言，我国场内期权品种尚不丰富，目前还不具备开展EOO业务的条件，但是从场内、外市场的互补性及场外交易对场内不活跃合约的助益上看，EOO交易或许能够帮助活跃场内期权市场。而且，近些年由风险管理子公司主导的大宗商品期权交易自2016年进入高速增长阶段，并且由于市场需求庞大，未来发展空间较大。交易所可以开展对场外期权的深入调查，发掘场内期权与场外期权的交换需求。在风险控制上，交易所可以借鉴目前期转现的经验，对参与主体的相关资质、规模等做出限定（如要求交易双方需拥有期货市场相关商品期货头寸等）。

3. 在互换合约相对稳定的基础上考虑EFS（Exchange for Swap）交易

从境外交易所发展EFS的历史轨迹看，EFS的诞生主要是交易所为应对互换交易市场需求的不断增长，在原有EFP（Exchange for Physical）交易基础上的进一步延伸。国际经验表明，交易所实行EFS交易的前提主要有两个：一是互换市场已经形成规模，对应强烈的市场需求；二是市场上存在业务规模较大的成熟交易商或经纪商。

对比我国的实际现实，上述前提正处于形成过程中。目前各期货交易所EFP交易业务已经具有一定经验，EFS交易在技术上与EFP交易并无较大差异。未来，随着互换业务规模逐渐扩大，风险管理子公司等交易商逐渐成熟，交易所可以考虑开展EFS交易。交易所开展EFS交易的路径首先应考虑从标准仓单开始，在有管控的基础上给予交易者适当的灵活性，如划定交易双方私下协商价格的可变区间等。

（三）完善配套制度及基础设施建设

1. 设立场内和场外会员分级制度

为与其场内和场外交易及清算结构相适应，LME对其会员结构做了复杂的分级，其中，将使用交易所指定交割库的现货市场的实体企业单独列为第五类会员。对场外业务刚刚起步的交易所来说，设定场内和场外会员分级制度能够较为清晰和准确地控制场外市场风险向场内市场蔓延。借鉴LME经验，我国期货交易所在发展场外市场的过程中可以将会员根据其市场参与结构划分为三类：一类会员可同时在场内及场外市场交易及清算，二类会员只在场内市场交易及清算，三类会员只在场外市场交易。三类会员只在场外综合平台内活动，若参与场内交易则需作为一类和二类会员的客户进行交易。交易所需为每个会员层次设定清晰的资格认定标准及其权力、义务等，并相应调整"违约瀑布"缴纳结构和其他相关风控措施（如会员的账户分隔等）。

2. 建设和优化场外综合平台

从境外交易所的平台建设经验来看，一个完善的、全方位的场外综合平台应当根据交易需求提供全链条服务，基本囊括交易、清算、服务三类功能（详见表6）。结合国内现实，交易所初步可考虑进一步开发平台的服务功能，吸引市场上做市商、经纪商在平台报价，逐渐将平台发展为场外市场报价中心，在场外市场形成基于平台的有竞争力的价格。当价格基础确定后，场外平台的交易功能将逐渐为更多人接受。在这个过程中，交易所应当始终保持场外平台的统一标准，即确保平台在统一的管理框架下运行，所有参与者遵循统一的规则。

另外，随着交易所场外业务的逐渐发展，若交易报告库（TR）基于监管需要，对交易所场外交易提出数据报送要求，则场外平台应考虑与TR的对接，实现数据的自动上报。

表6 场外综合平台可考虑的功能设计

服务	询/报价	市场上做市商的集中报价和询价，形成有竞争力的价格
	合约定制	合约个性化设计、合约条款的可协商、可定制空间
交易	订单匹配	满足交易双方需求的买卖申报能够通过后台系统撮合匹配，或交易者接受平台上做市商报价达成与做市商之间的交易
	登记	交易达成后自动登记，包括标的商品、交易方式、规模、日期、交易双方信息等，登记后的交易信息自动储存至交易所的场外数据库中
清算	风控	交易过程中的风险控制，包括保证金、抵押品、资金流等的监控
	清/结算	交易到期时的清/结算，交易双方之间资金划转等

3. 进一步加强投资者教育

大商所在场外衍生品市场的投资者教育上已经进行了大量工作，但在场外市场的实际调研中发现，目前市场上具有套期保值需求的投资者对由风险管理子公司为主体形成的OTC市场依然抱有较大的警惕性，部分实体企业的套保观念本身相对保守，加上对OTC产品的认知不足，导致企业对OTC衍生品持观望、拒绝的态度。交易所在我国具有很高的公信力，且在场内投资者教育方面经验丰富，应该将场外市场的投资者培育纳入期货市场的投资者教育框架下，既培育了市场参与者，也履行了交易所的社会责任。

借鉴国际经验，交易所可以在三方面着手：一是宣传和培训自身的场外业务；二是推进场外市场基础知识普及和风险揭示；三是推广场外市场常见产品的一般策略构建及适用性等方面。

（四）在国家法律及监管机构的允许范围内，进一步深化和扩展现货相关业务

国内对期货市场和现货市场的监管职责分别隶属不同的监管机构，监管分割制约交易所在现货市场进一步拓展业务。但就实体企业需求而

言，期货市场与现货市场本无法割裂。ICE和LME由于其自身独特的发展路径，在场外市场上都覆盖了大量的现货类业务。如ICE上市了多种商品的双边结算、实物交割场外合约，LME也推出了具有现货交易性质的T+2合约。

  建议交易所在现有监管框架下，考虑如何深化现货业务，促进期货市场与现货市场的良性互动。在品种选择上，交易所可从已上市期货品种的标的商品入手，进一步扩大、深化标准仓单串换业务；在合约设计上，交易所应当适当给予现货交易较大的自主协定空间，包括交易日期、交易规模、合约月份等。在合约结算上，交易所应当明确规定合约需由交易双方自行结算，交易所不设定任何结算及风控制度，违约风险需由交易双方自行承担。未来条件成熟时，交易所还可以借鉴国际经验，考虑在场外综合平台上纳入现货报价功能，甚至推出双边清算的现货合约。

附件

国内相关法律法规及条例中对交易所实行大宗交易的相关条款摘录

期货交易所业务主要相关法律法规及条例	相关条款摘录
《期货交易管理条例》	期货交易定义： 期货交易，是指采用公开的集中交易方式或者国务院期货监督管理机构批准的其他方式进行的以期货合约或者期权合约为交易标的的交易活动。 期货交易所的职责： 1. 提供交易场所、设施、服务； 2. 设计合约，安排合约上市； 3. 组织并监督交易、结算和交割； 4. 为期货交易提供集中履约担保； 5. 对会员监督管理。 期货交易所的禁制： 期货交易所不得直接或间接参与期货交易、从事信托投资、股票投资、非自用不动产投资等与其职责无关的业务。
《期货交易所管理办法》	期货交易所还应履行的职责： 1. 指定并实施交易规则及细则； 2. 发布市场信息； 3. 监管会员、指定交割库、期货保证金存管银行及期货市场其他参与者的期货业务； 4. 查处违规行为。

上海清算所场外商品衍生品业务分析

吴蓉

摘　要：2013年，上海清算所借鉴国际经验，在大宗商品领域推出了中央对手方（CCP）清算业务，发展至今已涉及能源、化工、黑色金属、有色金属、航运和碳排放六类大宗商品。在经历稳步快速发展后，上海清算所商品衍生品CCP清算业务在2017年呈断崖式下跌，本文在挖掘其业务骤降原因的基础上，总结上海清算所大宗商品场外衍生品CCP清算业务的发展路径及经验。

关键词：大宗商品　中央对手方清算　上海清算所　OTC市场

上海清算所（注册名称为"银行间市场清算所股份有限公司"，以下简称"上清所"）于2009年11月28日成立，是经财政部、中国人民银行批准成立的专业清算机构。2013年4月16日，上清所推出人民币远期运费协议CCP清算业务，开始着手发展商品衍生品中央对手方清算。作为我国目前最具权威的清算机构，上清所尝试和参与大宗商品衍生品场外市场（OTC市场）的清算业务模式和发展情况值得分析和借鉴。

一、上清所商品清算业务模式介绍

2008年国际金融危机以来，各国监管当局在加强金融衍生产品市场监管方面最重要的举措就是引入中央对手方清算机制，要求衍生品交易通过中央交易对手来进行清算，改善市场结构，完善金融基础设施，以更有效地加强对系统性金融风险的管理[①]。目前，上清所在大宗商品领域推出了中央对手方清算和多层次集中清算两类清算业务。中央对手方（Central Counterparty，CCP）清算机制，是指清算机构通过承担CCP职责，提供专业化、集中化的金融市场清算服务。具体而言，中央对手方通过合约替代，介入每一笔交易，成为所有买方的卖方和卖方的买方，即成为市场中每个交易成员的共同交易对手，以解决因某个市场主体违约而对市场整体造成重大负面影响的问题。多层次集中清算则是上清所针对上海自贸区推出的大宗商品现货清算，包括全额清算和净额清算。目前上清所商品衍生品CCP清算业务量较大，上清所多层次集中清算业务量较小。

（一）上清所商品衍生品CCP清算发展历程及品种现状

自2011年推出现券交易净额清算以来，上清所一直在探索新的业务发展方向。借鉴国际清算机构经验，结合国内商品OTC市场缺乏具有公信力清算机构的实际情况，上清所确定了探索商品衍生品CCP清算的方向。2013年，为积极配合上海国际航运中心建设工作，上清所正式开始提供航运相关的CCP清算[②]。

截至目前，上清所大宗商品OTC市场CCP清算业务涉及能源、化工、黑色金属、有色金属、航运和碳排放六大板块，推出清算品种13个（见附件1），品种多元。与CME推出的清算产品类似[③]，上清所推出的清算合约进行了一定程度上的标准化限定，限定条件包括特定品种、

[①] 刘浚淇，陈艺云.后危机时代国际金融市场中央对手方清算的发展动态与趋势[J].上海金融，2012.

[②] 2014年8月在此基础上推出人民币远期运费掉期产品。

[③] 详见滕薇，芝加哥商业交易所集团参与场外市场的实践及借鉴。

单位、最小变动单位、交割方式和期限、最终结算价格等。值得注意的是，为助力我国建设全球定价中心，打破美元价格指数定价的局面[①]，上清所商品衍生品CCP清算大多基于国内现货价格指数结算，采用现金结算制度[②]。

从国际经验来看，随着2001年安然公司的破产，OTC交易者对对手方信用风险的担忧愈加强烈，国际市场对OTC产品的集中清算需求也日益增强，期货交易所推出OTC清算产品成为国际期货市场大趋势。例如，芝加哥商业交易所集团（CME）、洲际交易所（ICE）、新交所（SGX）等成熟期货交易所都推出了可供交易的CCP清算产品，合约品种覆盖范围广泛。形成这种发展趋势主要基于两方面的原因：一方面，商品衍生品领域存在对OTC产品的市场需求；另一方面，这种需求同时并存着对OTC产品违约风险的忧虑。上清所推出商品衍生品CCP清算业务延续了国际期货市场"场外市场场内化"的发展趋势。

（二）上清所商品衍生品CCP清算参与主体

上清所的商品衍生品CCP清算业务核心是分层清算，参与主体主要有两类，一类是上清所的清算会员，另一类是大宗商品OTC市场经纪商。清算会员和非清算会员都可以参与上清所CCP清算业务，非清算会员需通过综合清算会员代理参与。

清算会员分为三大类：综合清算会员（包括上清所综合清算会员和产品类综合清算会员）、普通清算会员（分为A、B、C三类）和特殊清算会员[③]。上清所综合清算会员可以参加上清所的全部清算业务，产品类综合清算会员可以参与相应产品的清算业务；A类普通清算会员可以参与所有清算业务，B类可以参与两项清算业务，C类则只可以参加一项；特殊清算会员目前还没有成员，是上清所为今后发展境外会员留出的位置。表1是参加上清所商品衍生品CCP清算的清算会员名单。

---

① 王媛.上清所打造大宗商品"中国价格"[N].上海证券报，2014-08-05（F05）.

② 上海碳配额远期可采用实物交割和现金交割。

③ 《银行间市场集中清算业务指南（2018年1月2日修订版）》，上海清算所.

表1　上清所商品衍生品清算会员名单

清算会员		
综合清算会员	产品类综合清算会员	普通清算会员
中国工商银行	中信证券股份有限公司	招商证券股份有限公司
中国农业银行		东方证券股份有限公司
中国银行		国泰君安证券股份有限公司
中国建设银行		
交通银行		
上海浦东发展银行		

数据来源：上海清算所。

经纪商方面，截至2018年8月末，参与上清所大宗商品衍生品业务的经纪商共有22个，均为投资管理、咨询、航运经纪、现货交易进出口企业。[①]

（三）上清所商品衍生品CCP清算流程

上清所推出的商品衍生品CCP清算可以简单地理解为在OTC市场引入"合约替代"的概念，经纪商撮合达成的合约，由上清所开展CCP清算。

上清所业务开展流程如图1所示。首先，由经纪商撮合达成交易合约，之后经纪商通过上清所指定端口将交易数据传送至上清所。上清所接到交易数据后会将数据转交给这笔交易对应的清算会员，由清算会员进行审核，审核通过后，清算会员与经纪商签订相关协议，对该笔清算负责。由清算会员审核通过的合约会转至清算所，清算所进行风控检查，检查通过后上清所会进行"合约替代"，然后这笔合约正式进入上清所CCP清算流程。

---

① 据上海清算所各类商品衍生品对于清算参与者名单整理。

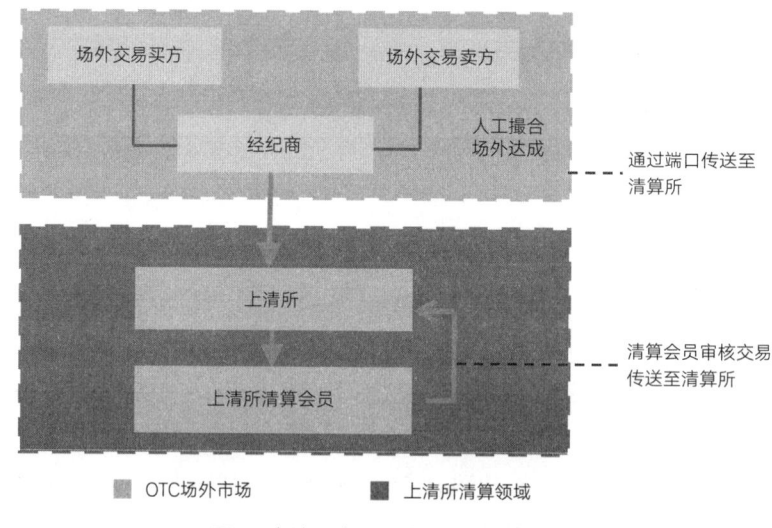

图1 上清所商品衍生品CCP清算流程

上清所商品衍生品清算业务中的OTC交易者与上清所清算会员可以是重合的，但清算会员涉及的清算合约须由其他清算会员开展清算，经纪商与交易双方则不允许重合。举例来说，2014年8月4日人民币铁矿石掉期完成的首单交易就是由上清所的综合清算会员交通银行和浦发银行共同清算完成的。在这笔交易中，河北敬业集团和厦门国贸集团共同买入铁矿石CISQ414合约，卖方为中信证券，交易由汇锝利和华泰长城两家经纪公司撮合达成。合约涉及的铁矿石单边总计3万吨，以当月铁矿石现货价格指数的算术均值作为结算价格，最终的单边清算金额为1905万元。

（四）上清所商品衍生品CCP清算风控体系

针对创新金融产品的风险特质，上清所围绕OTC市场CCP清算风险管理制度建立了一套接轨国际的风控体系，借鉴和采纳了海外成熟清算所的"瀑布式（Waterfall Structure）风险防范结构"模式[①]。其基本原则是"先使用保证金后使用清算基金、先使用违约清算会员交纳的资源后使用未违约清算会员交纳的资源、先由市场机构承担损失后由上海清算所承担损失"。该制度体系的建立可有效确保在市场正常波动情况与极端情况下，上清所有足够的风险准备资源覆盖CCP清算业务的潜在风险。主要风险管

---

① 张蕾. 中国场外商品衍生品中央对手清算发展研究 [D]. 上海：上海交通大学，2015.

理机制见附件2。

分层核算是"瀑布式风险防范结构"形成的前提，上清所核算清算会员，清算会员核算清算客户。因此，在上清所进行商品衍生品CCP清算，清算会员需与上清所签署中央对手方清算协议。非清算会员不具备清算会员资格的，需通过综合清算会员间接参与集中清算，与综合清算会员签订代理非清算会员清算协议，并向上清所登记备案①。因此，在发生市场主体违约的情况下，清算会员是第一责任主体，在清算会员不能承担风险的情况下，上清所才会出面参与违约风险处理。上清所的清算会员要求较高，特别是综合清算会员，因此市场违约风险基本不会传导至上清所。②

（五）上清所多层次集中清算介绍

除了CCP清算，上清所还在2015年推出了针对上海自贸区大宗商品现货的多层次集中清算业务。自上清所2013年推出人民币远期运费协议CCP清算以来，上清所作为具有公信力的清算机构介入商品衍生品清算赢得上海市地方政府认可。上海自贸区建立之后，上清所应邀参与上海自贸区建设的风险管理工作，推出针对自贸区现货交易的多层次集中清算业务。与CCP清算形式不同，上清所的多层次集中清算业务主要是针对上海自贸区现货贸易进行的代理全额逐笔或者轧差清算（净额清算），上清所不作为中央方介入交易，也不承担违约责任。

同样为了顺应人民币国际化趋势，多层次集中清算采用跨境人民币计价，主要面向自贸区内和境外主体。多层次集中清算的主要参与主体包括现货交易商、现货清算成员、第三方仓单公示机构和大宗商品现货市场经营者（上清所将其简称为"电子平台"）③。交易商通过上清所及其现货清算成员办理其通过电子平台达成的自贸区现货交易的资金清算结算④。截至目前，在上清所注册的多层次集中清算参与者名单如表2所示。

---

① 银行间市场集中清算业务指南（2018年1月2日修订版），上海清算所。
② 调研上海清算所。
③ 《自贸区大宗商品现货清算业务规则》，上海清算所。
④ 《自贸区大宗商品现货清算业务指南》，上海清算所。

表2　上清所多层次集中清算参与主体

现货清算成员	第三方仓单公示机构	大宗商品现货市场经营者（电子平台）
中国银行股份有限公司	自贸大宗（上海）信息服务有限公司	上海有色网金属交易中心有限公司
中国建设银行股份有限公司		上海钢联金属矿产国际交易中心有限责任公司
上海浦东发展银行股份有限公司		上海国际棉花交易中心股份有限公司
中国光大银行股份有限公司		上海自贸区化工品国际交易中心
民生银行股份有限公司		上海华通白银国际交易中心有限公司
华夏银行股份有限公司		上海矿石国际交易中心有限公司

与CCP清算一样，上清所推出的多层次集中清算也采用分层清算制度，上清所与现货清算成员进行资金结算，现货清算成员与交易商进行资金结算[1]。其流程是，首先交易商在电子平台自行达成交易，然后电子平台实时将交易信息发送至清算所，清算所根据清算种类（全额或净额）进行清算结算处理，之后生成资金结算清单（买方应付资金和支付卖方应收资金），从买方现货清算成员FT资金结算账户[2]中扣款，转账至卖方清算成员FT资金结算账户，然后通知现货清算成员完成与其交易商的资金结算。为保障多层次集中清算有序展开，上清所对电子平台、现货清算会员和交易商进行严格准入审核，并分别签订相关协议。此外，在清算过程中利用现货清算成员作为"中间商"进行分层清算，降低了违约风险传导至上清所的概率。

然而，由于多层次集中清算只能采取现金交易，而第三方清算流程较长，参与企业需要配备充足现金流；再加上采取跨境人民币的结算方式暂时还不符合交易者需求；以及自贸区建设还不完善，交易商不太适应FT资金阶段账户等原因，多层次集中清算目前业务量较小[3]。

---

[1] 《自贸区大宗商品现货清算业务指南》，上海清算所。

[2] FT资金结算账户是指银行等金融机构为客户在自贸区分账核算单元开立的规则统一的本外币账户。

[3] 调研上海清算所。

二、上清所商品衍生品CCP清算业务发展情况分析

2014—2016年，上清所商品衍生品CCP清算业务运行不断向好，2016年全年清算额近2900亿元，是迄今为止清算额最高的年份。但是，2017年清算规模出现断崖式下跌，全年清算额仅476.64亿元。

（一）上清所商品衍生品CCP清算业务概况

2014年至今，上清所大宗商品衍生品交易量、清算金额总量趋势呈"倒V字"形（图2）。2014—2016年，业务总体上扬。第一个大幅上扬出现在2015年，单边交易量由2015年初的7万手上升至年末的21万手左右。接下来的2016年上涨趋势更加明显，2016年8月上清所大宗商品衍生品总体单边业务量达历史最高值54万手，同比增长184%。然而，2017年以来的情况则截然相反。2017年1月交易手数由上月的50万手剧降至21万手，3月虽有小幅回调，但此后便一蹶不振，最低时甚至跌至2064手。2017年，上清所大宗商品CCP清算总额从2016年的2888.85亿元下降至476.63亿元，同比下降83.5%。

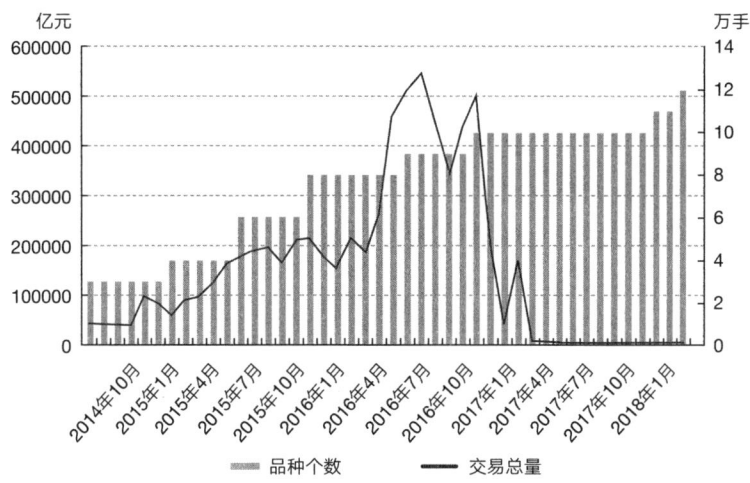

数据来源：上海清算所。

图2　2014—2017年上清所大宗商品衍生品上市交易量月度变化（单边/手数）

具体到各品种,人民币动力煤掉期、人民币铁矿石掉期、自贸区铜溢价掉期和人民币电解铜掉期是主力品种。2016年,上清所大宗商品衍生品单边交易总量428.7万手,其中上述4个品种达415.7万手,占比96.94%。而在2017年,上清所商品衍生品CCP清算业务全年单边交易量仅46.7万手,其中上述4个品种交易(43.9万手)占比仍高达93.99%。值得注意的是,2016年占比达22.44%的自贸区铜溢价掉期,在2017年占比锐减至8.69%。

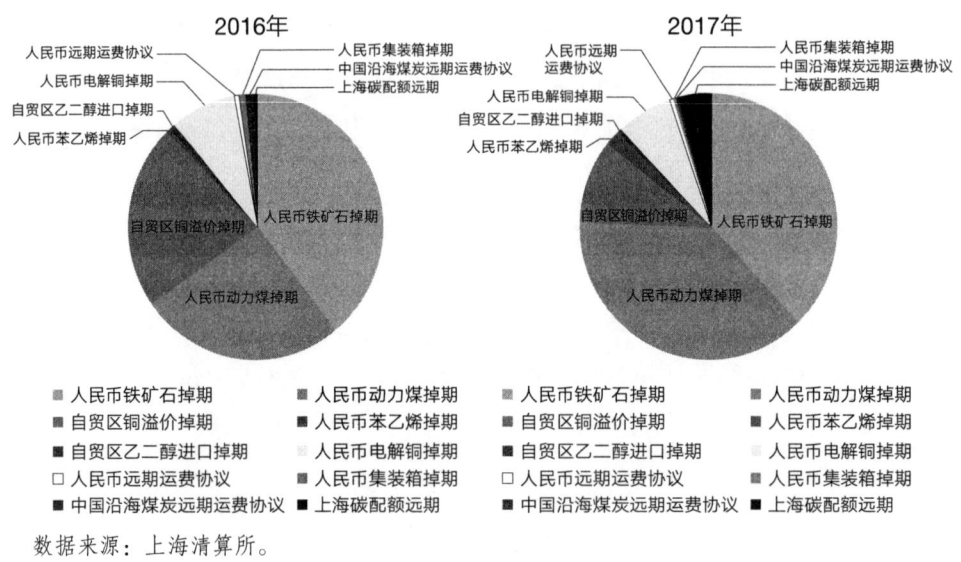

数据来源:上海清算所。

图3 上清所商品衍生品CCP清算交易量构成(2016年、2017年)

上清所的四大主要活跃品种交易量变化走势与上清所整体业务变化情况基本一致(图4)。人民币铁矿石掉期和人民币动力煤掉期是上清所最早推出的品种,其变化趋势与上清所整体业务"前期稳步攀升,2016年增长迅速,2017年交易量骤然下跌"的情况完全一致。自贸区铜溢价掉期和人民币电解铜掉期虽然上市时间略晚,但自推出之后清算量上升与下降的时间点也与总体趋势基本相同。

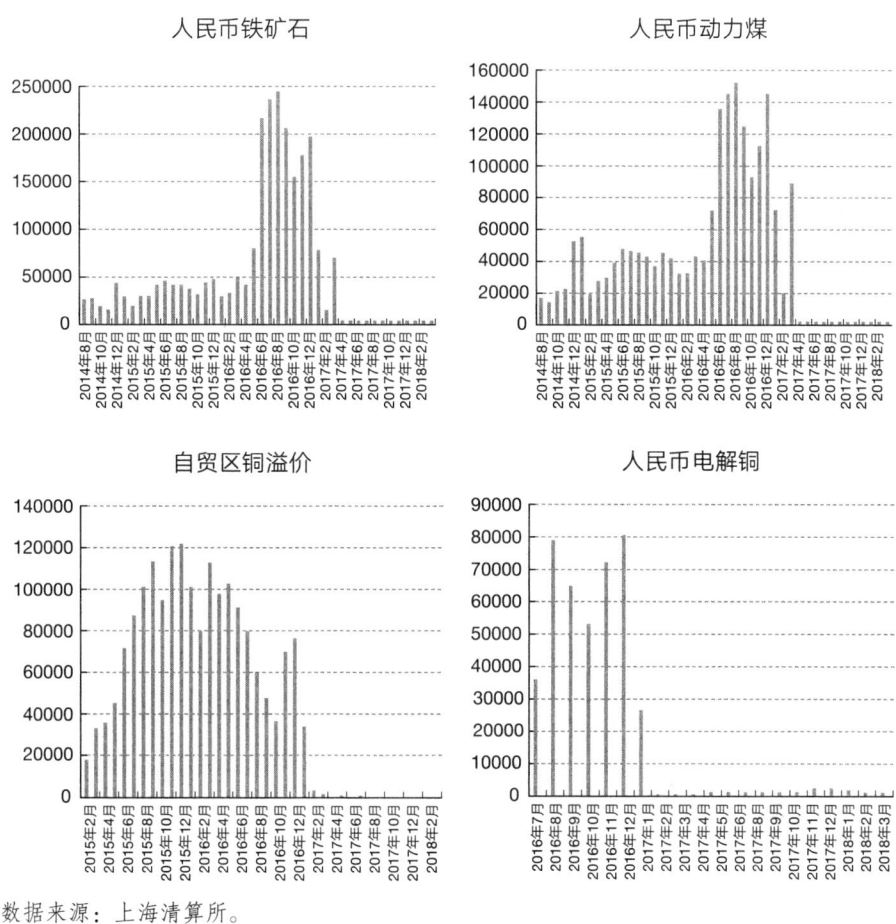

数据来源：上海清算所。

图4 2014—2017年上清所主力品种交易量变化（单边/手数）

其他早期上市品种也均在2017年以后呈现断崖式下跌。除2015年7月上市的人民币苯乙烯至今仍然有少量交易外，其他5个品种交易量均在2017年第1季度后期保持0交易（图5）。

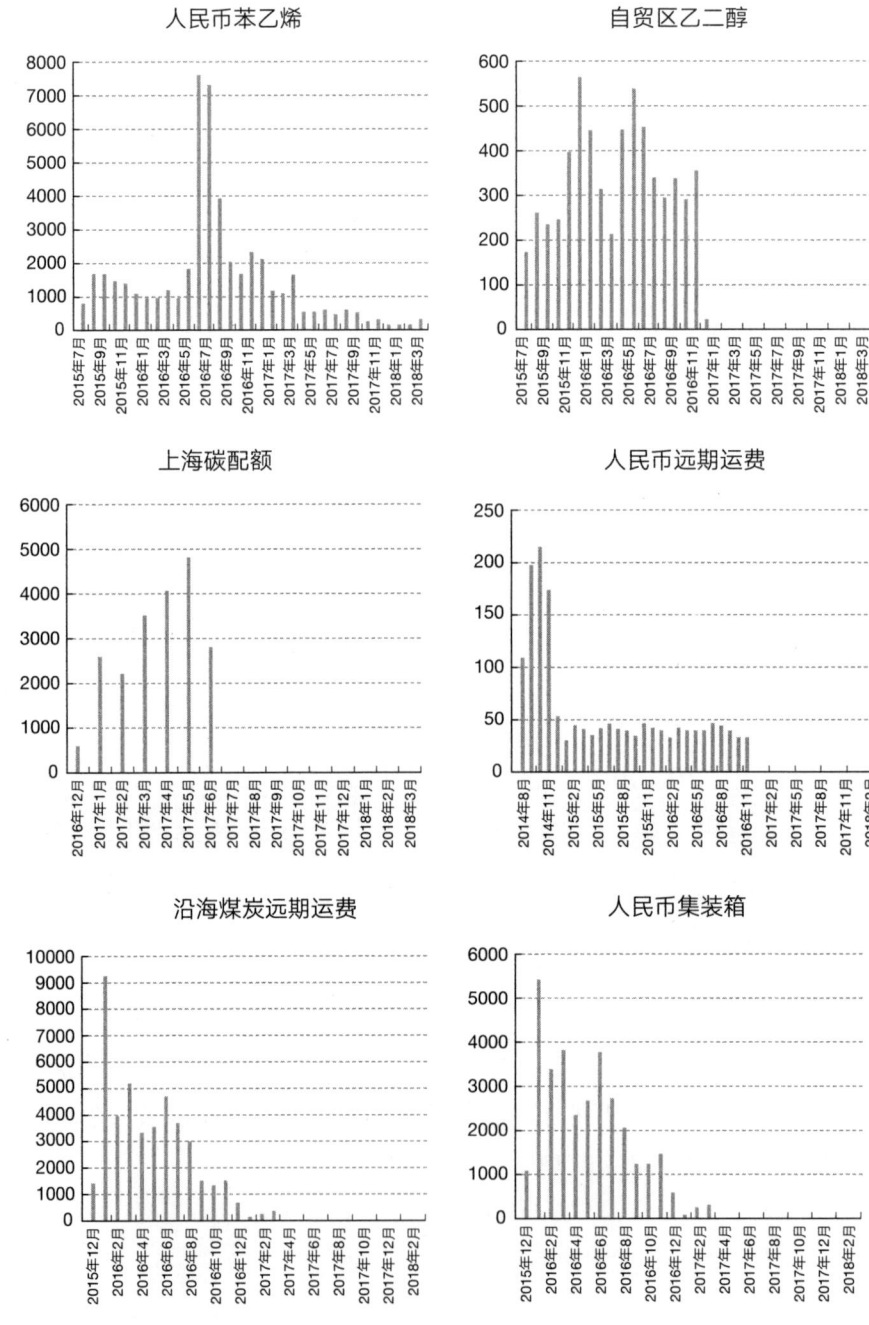

数据来源：上海清算所。

图5 2014—2017年上清所其他品种月度交易量变化（单边/手数）

（二）2017年上清所商品衍生品CCP清算量骤降的原因分析

在我国大宗商品OTC市场井喷式发展的大背景下，上清所商品衍生品CCP清算业务量在2017年出现的"断崖式"下跌值得关注（图6）。2017年我国期货风险管理业务场外衍生品业务进入"井喷期"。中国期货业协会数据显示，2017年场外商品期权和商品互换累计新增名义本金分别同比上涨20.31倍和111%，场外商品期权规模呈现全行业普遍上涨[1]。

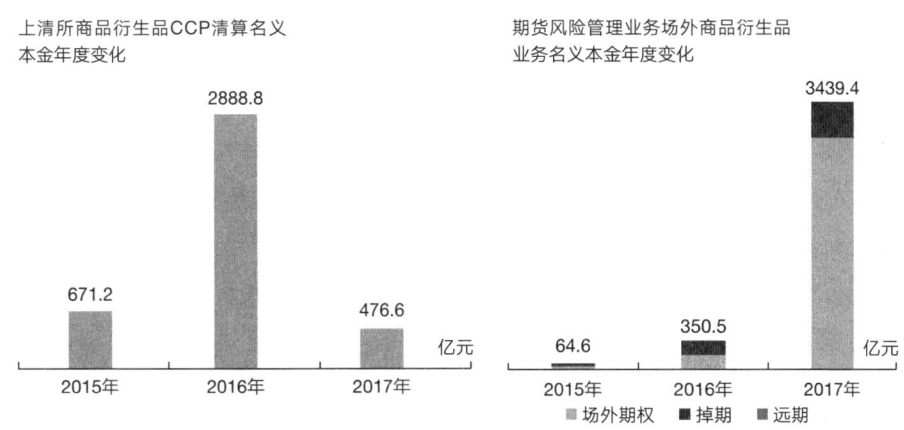

数据来源：上海清算所，中国期货业协会。

图6 上清所商品衍生品CCP清算量与期货风险管理业务场外交易量变化对比

对于大宗商品清算业务量锐减，上清所《2017年场外大宗商品衍生品中央对手清算业务运行情况分析》解释为："2017年，受宏观等多重因素影响，场外大宗商品衍生品总体业务量下滑。"仔细梳理来看，上清所商品衍生品清算业务的发展起伏或许都与我国大宗商品价格波动有关。2016年我国大宗商品价格波动剧烈，市场套期保值需求强烈，因此具有风险管理功能的上清所商品衍生品CCP清算业务也迎来了发展的高峰，而2017年国内现货价格指数调整则直接导致上清所业务量大幅下降。

通过调研和分析来看，上清所商品衍生品CCP清算业务在2017年骤降的主要原因是结算价格不符合现货市场需求[2]。上清所清算的交易合约是针对套期保值需求的交易主体，基于我国目前正建立全球定价中心的需

---

[1] 中国期货市场年鉴（2017年），中国期货业协会。

[2] 调研上海清算所结果。

求,上清所采用了国内指数作为清算结算基准价格。然而,经过几年的实践发现这种简单的国内指数加权平均与商品场外衍生品市场成交价格和现货市场成交价有一定差距,不能满足实体企业规避风险的需求。

比如,人民币铁矿石掉期的定价基准是根据北京中联钢电子商务有限公司发布的中联钢 CSI 铁矿石62进口粉矿现货价格指数、北京铁矿石交易中心股份有限公司发布的铁矿石现货交易基准价(62%)和上海钢联电子商务股份有限公司发布的 Mysteel 进口矿港口62澳粉现货价格指数三者的算术平均值来计算最终结算价格的。然而,自2003年开始我国已成为世界铁矿石进口第一大国,2010—2017年我国进口铁矿石量逐年增长,2017年进口依存度达89.29%①。因此,国内铁矿石交易定价大多以国际指数为依据。

此外,2017年一些国内价格指数开始采用长协定价,波动趋于平缓。比如,上清所人民币动力煤掉期是根据当月环渤海动力煤价格指数(5500K)的算数平均值计算结算价格,2017年这一指数开始采用长协定价。2017年初,发展改革委印发《关于平抑煤炭市场价格异常波动的备忘录的通知》,建立电煤钢煤中长期合作基准价格确定机制,以重点煤电煤钢企业中长期基准合同价为基础,建立价格异常波动预警机制。相较2016年,2017年环渤海动力煤价格指数波幅十分平稳,价格维持在575—605元/吨(图7)。而国际三大动力煤价格指数之一的澳大利亚纽卡斯尔港动力煤价格指数在2017年的全年价格波动超过32.73美元/吨②。

---

① 中国海关总署。
② 数据来源:Wind。

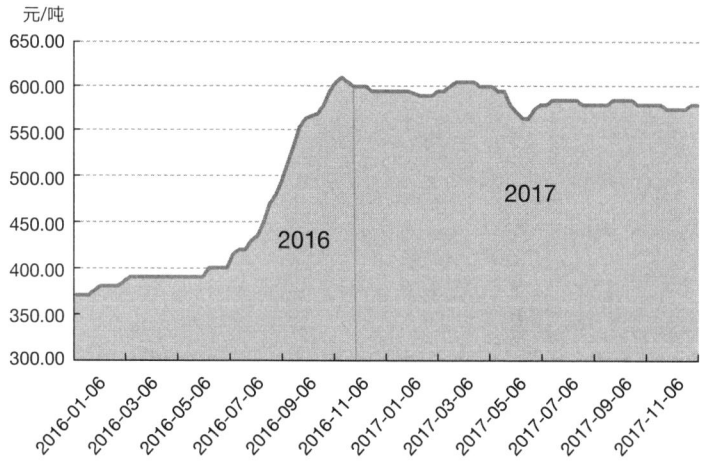

数据来源：Wind。

图7　环渤海动力煤价格指数（5500K）波动（2016—2017年）

除上述价格指数问题外，成本过高也是限制CCP清算业务发展的因素之一。CCP清算会给交易商与交易主体带来额外成本，IMF 2010年的报告显示，各类衍生品交易转向中央对手方清算会导致初始保证金和违约保证金基金增加150亿美元[①]。除保证金外，上清所还对大宗商品衍生品交易主体收取清算费和结算费（见附件3），这也给企业带来更多的额外支出。

（三）2018年上清所商品衍生品CCP清算业务新趋势

进入2018年，上清所通过调整铁矿石定价基准，上市乙二醇掉期、甲醇掉期等新品种，商品衍生品CCP清算业务迎来新的增长阶段。截至2018年8月末，上清所商品衍生品CCP清算总额414.28亿元，清算总量单边24.47万手，已经超过2015年的全年清算量。其中2018年6月当月清算额达105.02亿元，创2017年4月以来新高（图8）。

---

① IMF，Global Financial Stability Report, April 2010.

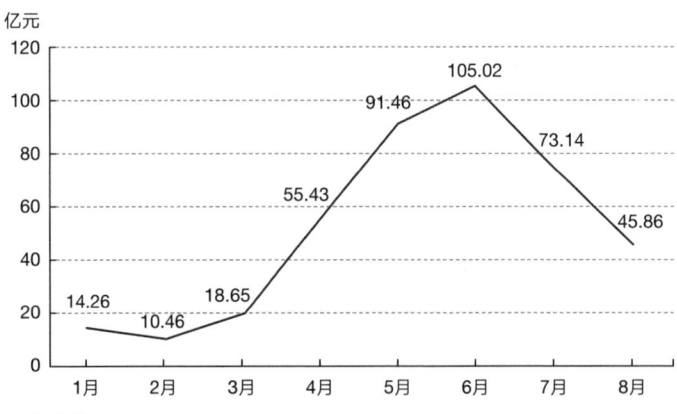

数据来源：上海清算所。

图8 2018年上清所商品衍生品CCP清算额月度变化

目前看来，上清所商品衍生品CCP清算业务2018年有2个新的发展趋势：

1. 调整定价基准

针对清算业务在2017年的骤降，上清所从2018年开始着手调整结算基准，采用国际通用的价格指数。2018年5月4日，上清所推出人民币普氏指数铁矿石掉期，根据每日普氏能源资讯发布的铁矿石（62%品位中国CFR）现货指数与当日人民币对美元中间价乘积的算术平均值作为最终结算价格。上市4个月以来，该品种总计双边成交量10.20万手，月均单边成交量2.55万手，远高于采用国内指数定价的人民币铁矿石掉期，后者月均单边成交量仅为8405手。

2. 铁矿石成为绝对主力品种

2018年，以铁矿石为标的的掉期产品CCP清算占比庞大。2018年1—8月，人民币铁矿石掉期和人民币普氏指数铁矿石掉期清算量占总清算量的70%（图9）。特别是人民币普氏指数铁矿石掉期，推出不足3个月，已经成为截至目前交易量最大的品种。此外，值得注意的是，化工品种也成为今年发展的主力之一。在2018年5月普氏指数铁矿石掉期未推出之前，两个分别于2018年1月和3月推出的化工品种一直是主要增长点。所以，可以说上清所2018年的交易量主要来自其在2018年上市的新品种，三个新品种交易量占比总交易量达64%。同时，航运衍生品、自贸区铜溢价掉期、自贸区乙二醇进口掉期、上海碳配额远期[①]自2018年初以来几乎无交易。

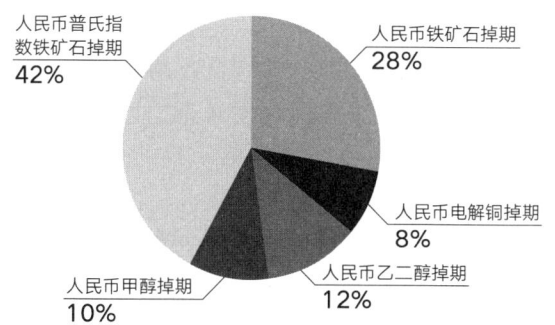

数据来源：上海清算所。

图9　上清所场外大宗商品衍生品交易量构成（2018年1—8月）

三、上清所参与商品场外市场清算经验总结与启示

上清所推出商品衍生品OTC市场CCP清算，是我国OTC市场风险管理机制的一大创新和突破。仔细梳理上清所参与OTC市场清算的情况，总结其发展经验，对上清所探索OTC市场有如下启示：

（一）探索推出场外CCP清算产品

我国目前由中央对手方推出的OTC清算合约只集中在上清所，不论在合约的种类覆盖还是合约层次设计上都无法满足我国日益扩大的场外市场需求。作为同样拥有中央对手方资格，并且更了解大宗商品领域的期货交易所，上清所也可以推出OTC清算产品。

具体来说，有两种可行的方式。一是推出与场内期货合约标的商品一致的OTC清算产品。从新加坡交易所经验来说，该交易所针对其多个期货品种推出了相应的掉期清算产品，比如中国铁矿石（62%铁粉）指数期货对应中国铁矿石（62%铁粉）掉期，中国优质JM25焦煤期货对应中国优质JM25焦煤掉期等。OTC合约有其固有的优势（如灵活性等），它脱离完全标准化的期货框架的约束，具备高度可协商的空间，在一定程度上是场内交易的补充市场，同为满足多元化的套保或投资需求而存在。因此，

[①] 上海碳配额远期在2018年5月有一笔单边200手的清算。

上清所可以考虑推出与场内期货标的商品一致的OTC清算产品，以满足市场对更加灵活的定价机制的需求。

二是推出与场内期货标的商品互补的OTC清算产品。除了推出与期货对应的OTC清算产品外，国际上各交易所还推出了一些与场内产品互补的掉期产品，以满足市场对不同品质产品的多元化需求。新加坡交易所就推出了中国铁矿石（58%铁粉）掉期和中国铁矿石（块矿溢价）掉期并提供集中清算。此外，芝加哥商业交易所集团以及洲际交易所也都根据自身产品情况推出与场内发展互补的清算产品。因此，上清所可以考虑利用OTC市场，在原有期货品种的基础上实现商品品质的扩充。比如，结合上清所铁矿石掉期在2018年成为绝对主力以及我国对高品位铁矿石需求量增加的实际国情，可考虑适时推出高品位的铁矿石掉期清算。

（二）从代理清算入手开展OTC市场清算业务

目前来说，由于CCP清算风险较高、资金占用量较大以及法律限制等问题，直接推出CCP清算产品还有障碍。因此，上清所应从帮助场外市场代理清算入手，逐步探索开展OTC市场清算业务。在代理清算过程中，清算机构不作为中央对手方参与交易清算，不对违约风险负责，可行性更高。推出OTC市场的代理清算，可以作为上清所探索OTC市场清算业务的第一步，为今后探索推出集中清算产品奠定基础、累积经验。虽然目前上清所推出的针对上海自贸区现货代理清算发展势头较弱，但仍可作为上清所探索场外市场清算的参考和借鉴。在制定代理清算业务规则的过程中，上清所可以借鉴其采用的分层清算制度，引入清算成员对接场外交易商，规避因交易违约带来的风险。

（三）参与OTC市场建设需顺应现货市场变化

从上清所商品衍生品CCP清算业务规模在2017年骤降以及2018年业务调整后呈现稳步回升趋势可以看出，当现货市场价格定价原则和宏观经济背景发生改变时，OTC市场的CCP清算定价基准也应适时调整。介于此，上清所探索OTC市场建设一定要坚持服务实体经济的原则，根据现货市场实际来制定和调整相关规则。目前，上清所正在开展创新性试点化工指数掉期业务，联合银行、期货公司、实体企业一同开始了具体的试点工作。接下来，在这一产品正式运行的过程中，上清所也应及时根据现货市场转变对场外业务规则做出调整，以实现服务实体经济的初衷。

附件1　上清所商品衍生品CCP清算品种简介

附件2　上清所商品衍生品CCP清算风险管理制度梳理

附件3　上清所商品衍生品CCP清算业务收费标准明细

附件1

上清所商品衍生品CCP清算品种简介

序号	品种	上市时间	交易标的	最终结算价格基准
1	人民币远期运费协议（人民币远期运费协议掉期）	2013年4月16日	1. 海峡型船平均期租远期运费协议 2. 巴拿马型船平均期租远期运费协议 3. 超灵便型船平均期租远期运费协议	波交所
2	人民币铁矿石掉期	2014年7月28日	铁矿石（62%品位）	1. 北京中联钢电子商务有限公司 2. 北京铁矿石交易中心股份有限公司 3. 上海钢联电子商务股份有限公司
3	人民币动力煤掉期	2014年7月28日	动力煤（5500K）	环渤海动力煤价格指数（5500K）
4	自贸区铜溢价掉期	2015年2月4日	洋山铜溢价指数	洋山铜溢价指数
5	人民币苯乙烯掉期	2015年7月6日	苯乙烯（华东）	安迅思中国
6	自贸区乙二醇进口掉期	2015年7月6日	乙二醇（华东）	安迅思中国
7	中国沿海煤炭远期运费协议	2015年12月8日	1. 秦皇岛至上海煤炭远期运费协议（4万—5万DWT） 2. 秦皇岛至广州煤炭远期运费协议（5万—6万DWT）	上海航运交易所
8	人民币集装箱掉期	2015年12月8日	1. 上海至欧洲集装箱掉期协议 2. 上海至美西集装箱掉期协议	上海航运交易所
9	人民币电解铜掉期	2016年7月11日	电解铜指数	上海有色网
10	上海碳配额远期	2016年12月15日	上海碳配额	上海环境能源交易所股份有限公司

续表

序号	品种	上市时间	交易标的	最终结算价格基准
11	人民币乙二醇掉期	2018年1月6日	乙二醇（华东）	安迅思
12	人民币甲醇掉期	2018年3月28日	甲醇掉期	安迅思
13	人民币普氏指数铁矿石掉期	2018年5月4日	铁矿石（62%品位CFR）	普氏能源资讯

数据来源：上海清算所。

附件2

上清所商品衍生品CCP清算风险管理制度梳理

制度名称	内容
分层清算	上清所与清算会员进行资金清算结算，清算会员与其客户进行资金清算结算并承担客户的资金交割风险。
头寸限额	清算会员清算头寸和客户交易头寸不得超过上清所规定的限额标准。
保证金	清算会员、客户交易前必须缴纳足额保证金。
实时盯市	实时浮亏超过规定幅度的，上清所实施征收特殊保证金，有必要时或要求客户主动减仓。
逐日结算	每日日终计算清算会员头寸的当日盈亏，并与清算会员进行资金结算。
强行平仓和强制结算	强制出售违约清算会员头寸以弥补违约损失。将无法强行平仓的头寸与持有反向头寸的对手方强行进行匹配并交割。
风险准备资源	包括保证金、清算基金和风险准备金。

附件3

上清所商品衍生品CCP清算业务收费标准明细　　单位：元/手

品种	清算费	结算费	保证金	备注
人民币铁矿石掉期	8	5	4100	
人民币动力煤掉期	6	5	4400	
人民币远期运费协议	50	5	16366	平均值
自贸区铜溢价掉期	0.3	0.1	250	
人民币苯乙烯掉期	80	40	69600	
自贸区乙二醇进口掉期	60	30	47000	
中国沿海煤炭远期运费协议	4	2	700	
人民币集装箱掉期	2.2	4.5	1050	平均值
人民币电解铜掉期	10	5	17900	
上海碳配额远期	1	1	750	
人民币乙二醇掉期	60	30	55900	
人民币甲醇掉期	20	10	27700	

数据来源：上海清算所。

美国丙烷现货价格剧烈波动时期的政府监管与期货市场作用

谢亚　刘佳颖

摘　要：美国丙烷价格基本由市场供需决定。本文选取两段美国丙烷现货价格剧烈波动的时间段（1996年10月至1997年2月，2013年10月至2014年2月），总结丙烷价格剧烈波动的驱动因素和后期回落过程中政府的作用。结果发现，1996—1997年丙烷价格波动是全国性波动，价格回落原因是靠原材料自身价格下降带动；而2013—2014年丙烷价格波动是区域性波动，价格回落原因是政府通过运输监管放松，促进区域调配，使得区域供需恢复平衡，而非直接限制终端价格上涨。此外，本文还利用AR（1）-GARCH模型探究丙烷现货价格波动中期货的作用，发现期货对促进现货价格波动影响不显著，即丙烷期货对现货价格并没有起到助涨助跌的作用。

关键词：丙烷　价格波动　政府监管　期货市场

在美国，丙烷是仅次于电力和天然气的第三大取暖能源。在自然情况下，丙烷以气体形式存在，加压下可以液化。它往往以压缩液体形式进行储存和运输，但在使用时通过阀门变成气体。丙烷主要用来家庭供暖、供暖水、烹饪、烘干衣服、燃气壁炉、作为汽车替代燃料，以及用于制造诸如塑料、酒精、纤维和化妆品等石化产品。丙烷的能源利用率高，丙烷壁炉的效率等级超过90%，而燃木壁炉的效率约为15%；丙烷的加热能力是电壁炉的5—6倍。因此，在美国和全球能源市场中，丙烷占有较为重要的地位。

一、美国丙烷现货价格与监管

（一）美国丙烷行业基本情况

丙烷产业链上游为石油精炼与天然气生产，下游为工业企业、居民为主的消费者。从生产至消费者包括如下环节：生产→初次储存→运输→二次储存→短途运输→消费（图1）。

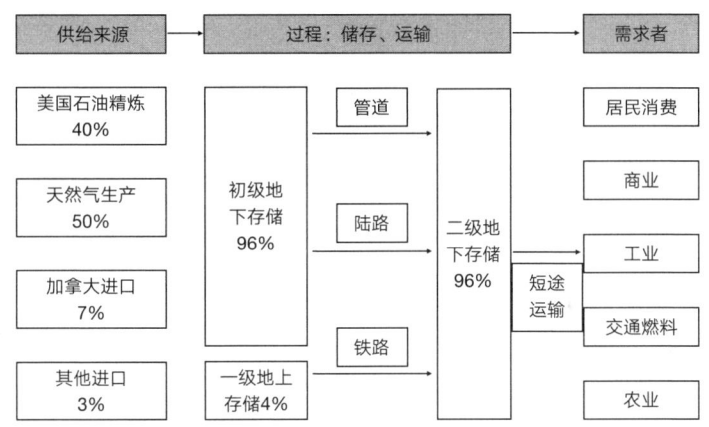

数据来源：Ferrell North America。

图1 美国丙烷产业链上下游整体结构

美国丙烷供给[①]完全可以满足国内消费需求。2015年，美国丙烷供给量为140.55亿加仑[②]，消费量为84.4亿加仑（表1）。

表1 美国丙烷的生产、消费、进口、出口情况一览

单位：百万加仑，%

时间 项目	2009年	2012年	2015年	2012—2015年的增长率
国内丙烷生产	12830	15154	21881	44.40
丙烷进口	1933	1303	1600	22.70
丙烷出口	1299	2625	9426	259.10

---

① 丙烷供给＝国内生产＋进口－出口。

② 1加仑（美）=3.785升。

续表

项目 \ 时间	2009年	2012年	2015年	2012—2015年的增长率
丙烷消费	9598	7739	8440	9.10
居民	5565	4074	4579	12.40
商业	1499	1482	1619	9.20
工业	501	508	469	−7.70
农业	484	615	623	1.30
内部燃烧	1188	809	866	7.10
二次售卖	361	251	284	13.00
采暖度日数	4423	3792	4111	8.40
Mont Belvieu丙烷现货价格	84.06	100.15	45.32	−54.80

数据来源：丙烷教育与研究委员会（Propane Education & Research Council, PERC），*Impact of the U.S. Consumer Propane Industry on U.S. and State Economies in 2015*。

1. 丙烷生产及特征

美国丙烷生产量稳健增长，从2009年的128.30亿加仑增长至2012年的151.54亿加仑和2015年的218.81亿加仑。此外，增长速度逐渐加快，增长率由2009—2012年的18.11%提高至2012—2015年的44.39%。

丙烷是天然气生产（Gas Well）和石油精炼（Oil Refinery）产生的副产品，提取后存放于储存中心，待冬季消耗量较高时使用。在天然气生产过程中，为防止丙烷、丁烷等副产品冷凝导致管道操作问题，往往将丙烷与丁烷从天然气中提取出来。同样，当油炼油厂生产汽油和取暖油等主要产品时，丙烷也作为副产品产生。由于丙烷以石油、天然气副产品的形式生产，其生产中的主要特征是供给弹性较小。美国通过石油精炼生产的丙烷占40%，通过天然气生产的丙烷占50%，其他的由进口进行补充。

2. 丙烷消费及特征

美国丙烷整体消费量基本稳定。美国石油产业协会（The American Petroleum Industry, API）报告称，2012年至2015年丙烷的销售量从77亿加仑增加至超过84亿加仑，增长了9.2%，其中，大约71%的增长归因于住宅消费增加。

丙烷作为燃料，主要用于以下五方面：石化产品使用占比47%，居民及商业使用占比39%，农业使用占比8%，工业使用占比4%，交通运输（燃料汽油）使用占比2%[①]。

丙烷消费具有较强的地区集中性，主要集中在中西部及东部海岸（图2），合计共占整体消费的78%，而西部海岸、墨西哥湾区、落基山脉消费占比较低。中西部和东部海岸使用比例较高；一方面是因为农业产业较大，干燥加热需求较高；另一方面是在居民可选择的加热替代能源（如电力）中，丙烷具有成本上的比较优势。根据全球咨询和技术服务公司（ICF International）的数据，中西部、西部及东北部地区的电力成本均为15—16美元/千瓦时，显著高于全国12.5美元/千瓦时的均价水平，而丙烷价格低廉，具有较强的比较优势。

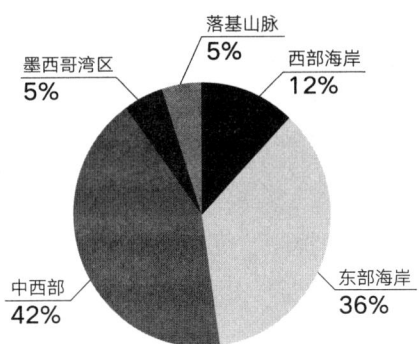

资料来源：IHS Markit Ltd。这是一家位于伦敦的全球信息提供商。

图2 美国2014年各区域丙烷消费占比图

丙烷消费具有明显的季节性，但不同消费领域表现存在差异。丙烷消费的季节性特征与天气密切相关，住宅/商业消费与农业消费易受天气影响，季节性明显，而石化产品消费受天气影响较小，季节性较弱，工业消费与交通运输消费的季节性居中（表2）。

住宅/商业消费具有最高的季节性和区域性。在美国的1.015亿个家庭中，有810万个家庭依赖丙烷进行一次或二次使用。这些家庭主要集中于中西部、东北部。

农业消费主要集中于中西部地区，并且具有较高季节性。在极寒天气或秋季雨量大的情况下，湿收成需要大量丙烷干燥，将推高对丙烷的需求。

[①] EIA, 2014, *PROPANE PRICES: What Consumers Should Know*, http://webapp1.dlib.indiana.edu/virtual_disk_library/index.cgi/4265704/FID1578/pdf/brochure/propbro.pdf.

石化消费存在较为明显的区域性特征，但季节性最弱。石化工厂高度集中于墨西哥湾沿岸地区，该地区的用量需求较高。丙烷是石化行业中用于制造塑料等的重要原材料，但当丙烷价格变得太高时，石化工业可以转向其他替代品，因此天气等因素对其消费影响较小。

工业用途和燃料汽油消费共仅占6%，且季节性不强，分布区域较为分散，季节因素对其消费影响较小。

表2 丙烷消费主要用途的季节性及分布区域

具体用途	季节性	分布区域
住宅/商业用途	强	集中于中西部、东北部
农业用途	较强	集中于中西部
石化产品用途	弱	集中于墨西哥湾沿岸
工业用途	一般	较为平均、分散
交通运输用途	一般	需求集中于中西部

3．丙烷进、出口情况

美国在2011年实现丙烷净出口，净出口规模逐年增加。根据国家丙烷气体协会（National Propane Gas Association，NPGA）的数据，2005年，美国丙烷进口量占总供应量的20%以上。随着美国天然气工厂的扩张及技术提高，国内生产增加，从而进口减少，出口增加，2011年，美国成为丙烷的净出口国。2015年，美国丙烷出口量增长至110亿加仑，净出口为90亿加仑，增长迅速。

4．库存

丙烷库存根据存储容量及交通区位，可分为一级、二级和三级。一级库存点包括炼油厂、天然气厂、管道和散货码头等，主要集中在Conway、Mont Belvieu的生产枢纽（图3）或者堪萨斯州、得克萨斯州等运输枢纽附近，是生产量不足以满足消费时的最大提取来源。二级存储主要包括大型加压地上储罐，这类存储也可满足丙烷跨州调配的需求，但所需时间较长。三级储存直接对接消费者，对象为住宅、农业和商业机构用户，储存容量较小，供应最及时。

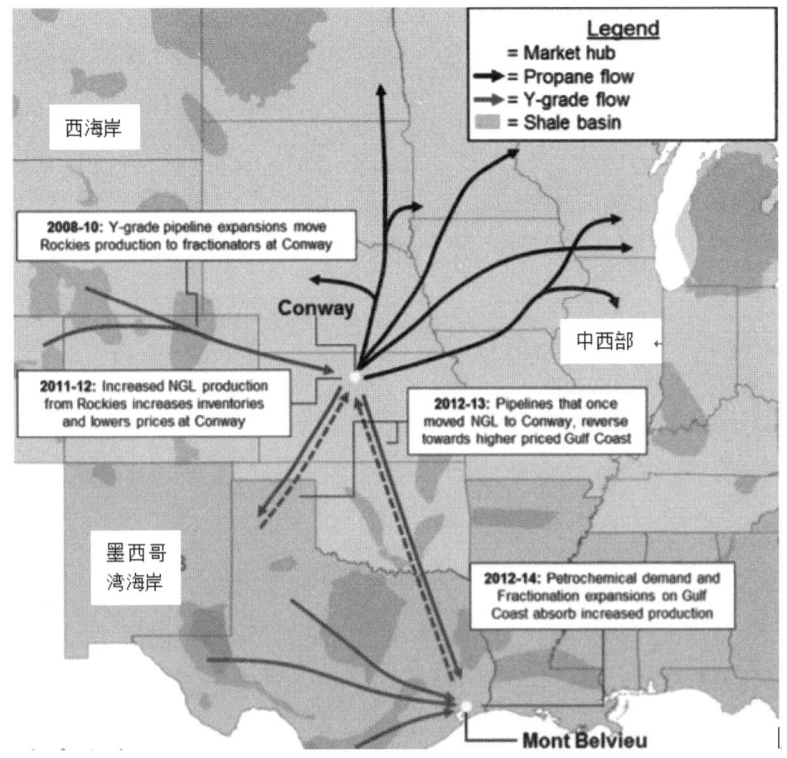

资料来源：美国能源信息管理局（Energy Information Administration，EIA）。

图3 美国Conway储存中心主要供应中西部地区需求

自2009年开始，美国丙烷库存充足，但区域间存在较大差距。2009年、2012年、2015年库存量[①]分别为38.66亿加仑、60.93亿加仑和56.15亿加仑，呈现波动增长。但是，美国丙烷库存充裕程度在区域间存在差异，中西部地区常年偏低，墨西哥湾地区则较为充裕。

（二）丙烷现货价格影响因素

丙烷现货价格由供求关系决定，供不应求，价格上升，供过于求，则价格下降。考虑到丙烷供给（副产品特质）弹性小，供给相对稳定，而需求端受天气等外生冲击影响较大，因此短期内丙烷价格主要由需求端决定。同时，进口、出口和库存在价格形成与变动中可以发挥调节作用。

---

① 库存 = 生产 + 进口 − 出口 − 消费。根据表1数据计算而得。

1. 丙烷国内生产

丙烷生产是最重要的供给来源，由于副产品及预定生产的特性，生产量基本保持稳定水平，因此短期因素对丙烷生产影响不大。中长期方面，丙烷生产受生产线规模、技术水平影响，即生产线扩张，提炼技术进步等因素将提高丙烷供给，从而起到缓解价格上升的作用。

2. 丙烷国内消费

丙烷消费需求上升，将引致该丙烷价格急剧上升。因为美国丙烷消费需求存在显著区域性及季节性，所以区域间丙烷价格差异显著的现象较为常见，尤其在冬季需求较高的时期。

影响丙烷消费因素可分为整体性和区域性（对美国部分地区产生影响）两个角度：整体性因素主要有季节因素、原油价格变动；区域性因素主要有区域性极端天气、区域性灾害、区域性运输障碍等。整体性因素方面，冬季取暖、原油价格上升、库存降低等因素均将引致丙烷需求上升，从而拉高丙烷价格。区域性因素方面，区域性极端严寒天气、长时间降雨引致湿收及运输管道关闭等，均将造成需求抬升，致使丙烷价格上升。

3. 丙烷进出口

丙烷进口利于增加供给，缓解价格上升，出口利于增加消费，缓解价格下降。随着美国自2011年变为净出口国，净出口规模扩张将加大国内的丙烷供应压力，增加价格的波动。

影响丙烷进出口的因素主要为国外需求及关税等进出口政策。国外订单量往往提前一年决定，短期突然变动可能性较小。此外，贸易对手国的关税政策及竞争价格变动将影响美国丙烷的进出口意愿，但这些政策的影响具有时滞性，因此整体出口量相对可预测，对市场冲击相对较小。

4. 丙烷库存

库存在大宗商品交易中作为生产的重要补充，对缓冲丙烷价格波动起到重要作用。库存可在生产相对消费充裕时存储，减少市场供给，而在生产相对消费短缺时，增加供给，起到缓解价格的剧烈波动的目的。从区域性特征看，往往库存高的区域，其价格波动较小，一级库存占比越高的地区，丙烷价格的波动性越低。典型的是，离一级库存点较远的爱荷华州，其价格波动较大，而离之较近的堪萨斯州价格波动则较小，这是因为一级库存可储容量最高，且供应调配最方便。从季节性特征看，夏天库存量较高，价格变动小，冬天库存低，价格变动大。

丙烷的库存高低由距离存储中心远近程度与消费需求高低决定，其中消费需求的稳定性决定库存的稳定性。距离存储中心越近，其库存越充足，价格波动性越小，这往往由区位决定，相对稳定。但消费需求波动性较大的地区，库存往往波动性较大，该地区丙烷价格波动可能性也较大。

5．其他因素：原油价格、天气、运输

原油价格抬升拉动丙烷价格上升，原因一方面是原材料成本上升传导至终端产品价格上升，另一方面是作为油基燃料替代品而增加需求。

极端天气和灾害如区域性暴雨等通过影响住宅/商业及农业消费，从而导致丙烷价格波动。因此，在丙烷高需求的冬季，倘若叠加遇到极端天气，将会给丙烷价格带来额外的压力，在此期间，丙烷可能会面临库存大于正常量提取的问题，价格趋于上涨。

运输方式决定供给补给的速度及供给量上限，是分析丙烷价格的重要因素。运输方式主要分为铁路、公路、管道、海运四种方式，中西部地区主要为管道运输，东部地区为铁路、公路与管道运输搭配，墨西哥湾地区海运较多。速度方面，管道运输较快，公路、铁路、海运依次递减。管道运输存在设备运输上限，铁路、公路则存在政策运输上限（路上时长限制），但政策运输上限在价格剧烈波动时期可变，因此价格调整时期主要靠公路运输。

（三）丙烷现货价格监管

价格波动形成后，美国丙烷产业链上的监管机构主要通过储存、运输环节施加即时影响，以法规及行政手段引导市场调整内部供需，通过消费者端的垄断监控，在中长期阶段抑制厂商对价格的控制行为。

1．**丙烷现货监管法律**

丙烷行业的监管主要分为联邦、州和地方各层级，主要涉及丙烷管道系统的操作安全监管和垄断监管层面。美国法令一方面在运输领域，通过降低运输门槛或降低运输成本，促进区域调配，缓解区域价格上涨，涉及法令为联邦规章典章（Code of Federal Regulations，CFR）第49篇《联邦危险品法》（US Dangerous Goods Regulations）和联邦能源监管委员会法令（Federal Energy Regulatory Commission Orders & Notices）第153篇《规范及复审的法令》。另一方面通过价格垄断调查，抑制私企对丙烷价格的操控行为，主要法案为《2005年能源政策法案》（表3）。

表3 美国对丙烷价格具有间接影响的监管法律总结

时间	条令	名称	与丙烷相关内容	间接影响丙烷价格的方式
1988年10月31日	49 App. U.S.C. §1（15）	《交通法案》(Transportation Act)	授权FERC有权在国家紧急情况期间对交通，禁运或交通流量的优先权作出指示。	强制运输行政指令→影响区域库存→影响区域供给→影响价格
2005年8月8日	US003	《能源政策法案》US Energy Policy Act	授权对操控天然气市场的实体处以罚款。	对垄断及操控价格实体罚款→影响价格操控成本→抑制价格操控行为
2012年1月12日	49 CFR	《联邦危险品法》US Dangerous Goods Regulations	1. 对丙烷的跨区域陆运有要求；2. 员工背景调查，美国运输部要求公司对驾驶员资格进行备案和报告；3. 对商用汽车上路驾驶有一定要求；4. 规定丙烷大量泄漏紧急预案，制定安全使用及贮存要求；5. 规定驾驶员陆路运输的最高时长；6. 要求定期检修运输车辆及设施；7. 对运输危险品的路线、车辆数目等做出限制；8. 对移民劳动者的资质做出要求；9. 对驾驶员的个人资质做出要求。	影响运输门槛→影响公路运输的上限→影响区域库存分配→影响区域供给→影响现货价格
2015年12月31日	153 FERC 61383	《税费接受令》Order Accepting Tariffs	定向降低丙烷运输税负成本（在紧急情况下进行供应补充的运输商）。	降低运输成本→促进区域运输调配→影响区域供给→影响价格
2017年9月11日	49 CFR 390.23	《法规豁免》Relief from regulations	政府及部分管理机构有权在丙烷库存紧急情况下对区域运输能力进行重新调配。	强制运输行政指令→影响区域库存→影响区域供给→影响价格

资料来源：CFR、FERC官网。

2．丙烷现货价格监管执行机构

丙烷监管机构并不直接监管价格，但通过制定、执行、调整丙烷运输的运营门槛政策及执行垄断调查、诉讼的方式，对丙烷价格波动进行监管。进行一般性垄断调查机构为美国司法部（U.S. Department of Justice,

DOJ），执行、调整丙烷运输门槛政策的机构包括联邦及各州[①]的能源监管委员会（FERC）、汽车运输安全管理局（Federal Motor Carrier Safety Administration，FMCSA），对丙烷垄断机构和期货投机个人实施诉讼、惩罚的机构分别为能源监管委员会及商品期货交易委员会（Commodity Futures Trading Commission，CFTC）（表4）。其中，司法部（DOJ）对厂商负责价格调查及起诉，商品期货交易委员会（CFTC）负责对期货从业人员违规操控现货的调查及起诉。联邦汽车运输安全管理局（FMCSA）、能源监管委员会（FERC）分别由交通运输部、能源部建立，作为独立监管部门主要负责法规执行。

丙烷价格波动形成后，调整运输门槛政策可立即对市场产生影响，而垄断调查对丙烷市场影响更趋长期性。制定运输门槛政策效力时效性强，会直接影响私人企业运输的行为，从而对市场供求与价格产生影响；而执行垄断调查涉及证据提取、责任判定和惩罚制定的环节，需要经过较长的时间，因此，对当时的价格不能直接起到遏制作用，但对价格的影响具有长期性。

表4　对美国丙烷进行监管的机构一览

监管机构简称	机构名称	与丙烷监管相关职责	涉及丙烷产业链环节
United States Congress	国会	发布《能源政策法案》，发布强制性运输指令法令，影响区域调配	运输、终端价格（消费）
DOJ	美国司法部	调查丙烷价格波动原因，对涉及操控价格企业提出民事、刑事诉讼	终端价格（消费）
FERC	联邦能源监管委员会和各州执行监管委员会	接受市场主体丙烷业务申请和举报投诉处理，监管厂商是否存在垄断行为，对违法企业罚款	终端价格（消费）
FMCSA	联邦汽车运输安全管理局和各州执行监管委员会	对丙烷运输者、工具提出要求，影响丙烷运输上限及区域调配	运输
States	州、当地政府	发布区域性能源法令，促进州际运输合作	运输
CFTC	商品期货交易委员会	对涉嫌利用期货交易操控丙烷现货价格的交易员提出民事、刑事诉讼	终端价格（消费）

资料来源：各大机构官网。

[①] 联邦能源监管委员会、汽车运输安全管理局等在各州设立执行监管委员会。

二、丙烷价格剧烈波动时期的美国政府监管

美国对丙烷价格形成并没有过多监管,但是当丙烷价格出现大幅波动时,是否施加特殊的监管措施来平抑价格?同时,CME集团旗下的纽约商品交易所(NYMEX)在1987年上市了丙烷期货,那么在现货价格出现剧烈波动时,是否存在期货市场对现货价格的助涨助跌效果?这将是本文的主要研究议题。

(一) 波动时间区段筛选

通过在美国能源信息管理局(EIA)获取的丙烷的现货价格(Mont Belvieu居民丙烷现货价格的周度数据的四周平滑值),找出两个波动较大的时间点,筛选判断方法如下:(1)根据当地新闻确认为典型的价格剧烈变动的区间①;(2)根据画出的趋势线,选择距离趋势线偏离较大的点。依照上述方法得到两个时间段进行分析,一个阶段是1996年11月11日—1997年1月20日②,另一个阶段为2013年10月14日—2014年2月3日(图4、图5)。

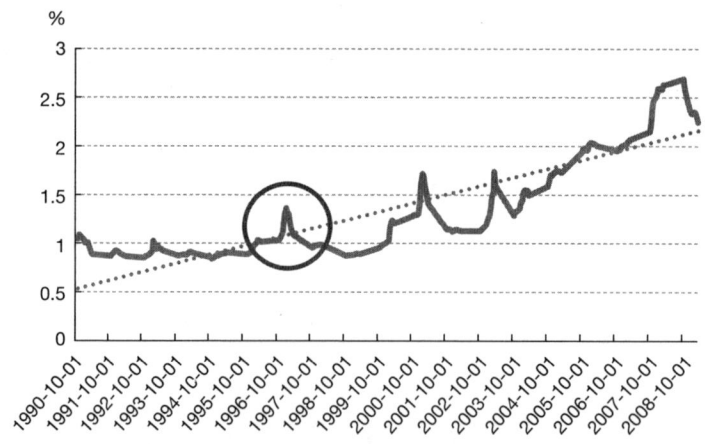

数据来源:EIA。

图4　1990年10月至2008年10月的丙烷现货波动

---

① 所用关键词为"SOAR""SPIKE"等。

② 其中,2007年10月至2008年10月阶段,丙烷价格亦出现较大波动。但从波动的幅度看,丙烷价格从阶段性最低值到阶段性最高值,增长率为28.91%,但前后时长为385天。而1996年11月—1997年1月20日阶段内的上涨为19.56%,前后时长为70天,其波动程度更高。因此选择1996—1997年阶段进行分析。

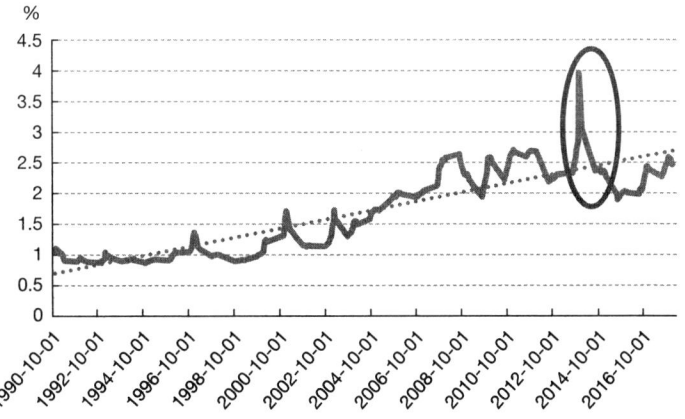

数据来源：EIA。

图5　1990年10月至2017年10月的丙烷现货波动

（二）价格剧烈波动及原因分析

整体来看，由于丙烷的供给弹性较小，丙烷现货市场会短时期内出现价格飙升的情况。一般而言，由于意外增加的需求，可通过释放库存、增加进口加以缓冲，而且石化行业等主要消费者也会通过减少使用的方式缓和供需不平衡的情况。

1. 1996年10月—1997年1月价格上升的分析

1996年秋季，丙烷价格大幅上扬，是过去10年中第四次在短期内的价格剧烈变动。在丙烷的主要存储和分配中心Mont Belvieu（得克萨斯州）和Conway（堪萨斯州），当地价格从8月初的0.36美元/加仑上升至9月末的0.5美元/加仑，为1990年以来的最高取暖季前价格。Conway的丙烷价格在11月继续猛升，在12月16日达到1.075美元/加仑的最高点。Mont Belvieu的价格最高为12月3日的0.703美元/加仑。随后，全国丙烷价格持续上涨，根据美国能源信息管理局（EIA）数据，12月23日，住宅丙烷的平均全国成本为2.76美元/加仑。到1月27日，价格飙涨至4.14美元/加仑。

EIA认为，此次价格的上升主要归因于三个原因：原油价格的上升、中西部地区的农业需求及年初低库存量。首先，原油价格驱动价格波动。原油作为丙烷生产的原材料，其价格升高不可避免对丙烷价格有推动作用。世界需求的增长、伊拉克原油出口下降和持续低库存水平，推动原油价格在1996年第四季度上涨幅度达近5美元/桶。1996年末，西得克萨斯中质油（WTI）的现货价格达到顶峰，为每桶26.55美元，是自1991年海湾战争以来的最高水平。其次，过度湿润季节致使中西部地区丙烷需求高涨。在粮食收获季节，农民要使用丙烷来驱动灌溉田地的机器，并用丙烷燃烧的热量干燥湿小麦和其他谷物。大面积的湿收成抬高农民对丙烷使用的需求，提前消耗大量丙烷供应。再次，库存量偏低。前一年较低的消费量使得1996—1997年生产及库存量偏低，因此加剧丙烷供给短缺形成。最后，上述因素叠加心理恐慌，导致丙烷价格波动扩大。虽然实际上丙烷供给的短缺并不严重，但出于对丙烷几乎没有短期再供应能力的担忧，导致囤积性购买增加，促使丙烷现货价格螺旋上升。

2. 2013年10月—2014年2月价格上升的分析

美国丙烷价格剧烈上涨，中西部影响最为严重。根据美国能源信息管理局（EIA）的数据，美国丙烷价格由2013年10月的2.370美元/加仑快速攀升至2014年2月的3.692美元/加仑，涨幅为55%。尤其，2月的丙烷价格是自该机构于1991年开始调查以来的价格最高点。虽然一般情况下，冬季丙烷价格上涨是正常现象，但其价格波动通常为0.7—0.8美元/加仑，2013年冬季的波动则远超以往。此次丙烷价格上升主要集中于爱荷华州等中西部地区，2013年10月至隔年2月的价格波动幅度达到1.58美元/加仑，涨幅超出全国水平[①]。2014年1—2月，Conway存储中心所供应的中部地区丙烷价格出现剧烈波动，而Mont Belvieu存储中心供应的美国墨西哥海湾丙烷价格则较为平稳，体现出此次丙烷现货价格波动的区域差异（图6）。

---

① 堪萨斯州、肯塔基州、缅因州、密歇根州、明尼苏达州、密苏里州、新泽西州、纽约州、俄克拉荷马州、宾夕法尼亚州、南达科他州、佛蒙特州和威斯康星州受到影响。

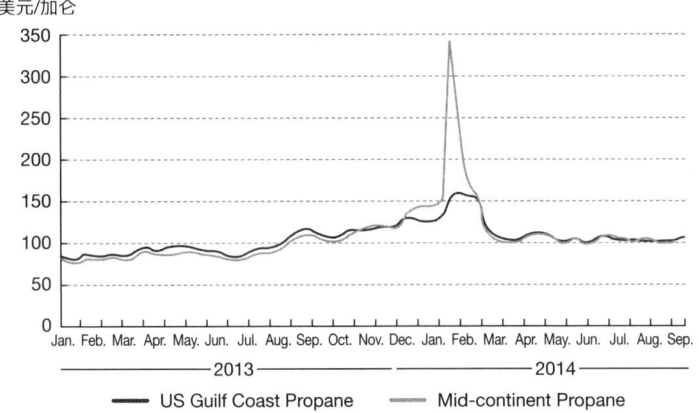

数据来源：油价信息服务公司（Oil Price Information Service，OPIS）。

图6 中西部（Conway）及墨西哥湾地区（Mont Belvieu）的丙烷现货价格

此次价格飙涨，具有区域性特征（中西部最严重），成因系早期丙烷历史低库存叠加湿收成致使库存创新低，而后面临极端天气需求抬升及出口增加进一步打击库存所致，而受石油波动影响小。一是秋季谷物收获时间较晚且收获量较大，丙烷用于作物干燥需求较为强烈。由于12月非常寒冷，大量玉米必须通过气体干燥进行人工干燥，因此需求量大增。二是美国天气在1月10日—1月31日持续三周的严寒。这导致住户/商业需求增加，致使丙烷供给量急剧下降至较低水平。三是丙烷出口增加。其中，丙烷2013年第二季度出口量为上年同期的2倍，致使中西部库存下降。四是历史低库存。2013年10月末，全美丙烷现货存货显著低于2012年水平，相比于2007—2012年，提早在10月便出现急剧下跌，库存突破2007—2012年历史低点。尤其是中西部地区，面临库存可能耗尽的困境。1月初，中西部丙烷库存仅为1152万桶，若按照每周平均137万桶的消耗速度[1]，最多仅可支撑9周，然而离冬季供暖结束仍有13周（按1月第一周至4月第一周计算），情势十分严峻。五是交通运输限制。最重要的供应管道——科钦管道[2]（见图7）在丙烷需求高峰期[3]关闭进行维护，叠加铁路、卡车运输容量受限，

---

[1] 2014年1月平均消耗速度为137万桶/周。其实若考虑到2—3月为冬天最为寒冷，该消耗速度仍存在一定低估。

[2] "受灾严重"的爱荷华州是能源消费州而非生产州，主要供应来源为堪萨斯州，运输手段主要为管道运输。因此，若需求量超过其运输可承受峰值，便出现供应量短缺。

[3] 2013年11月27日至2013年12月17日连续三周时间内，科钦管道关闭维修。

限制了补充库存的能力；同时紧张的交付系统使得运输成本急剧上升，最终也传导至丙烷现货价格。

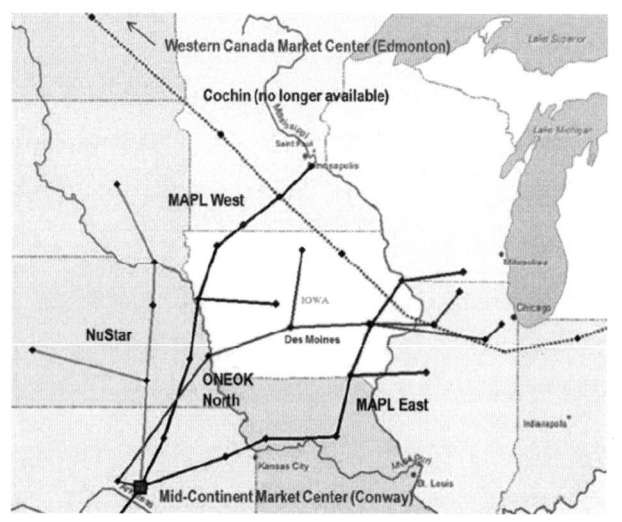

资料来源：爱荷华州交通局（Iowa Department of Transportation，Iowa DOT）。

图7　中西部地区丙烷一级库存情况

（三）后期价格回调的原因及政府作用

整体来看，根据美国能源信息管理局（EIA）的报告[①]，丙烷价格与石油和汽油价格一样，基本不受政府监管，随市场需求变动。但是，在价格剧烈波动紧急情况下，政府是否会对价格进行干预以维护市场稳定呢？下面将从两个时间区间，探究在价格回落过程中，政府起到何种作用，什么是价格回落的主要因素。

1．1997年1月后的价格回调

（1）价格回调的原因

整体来看，价格回落一是由于石油价格的回落。1月，由于伊拉克原油供给增加，加上美国（和欧洲）的天气温和，允许炼油厂进行秋季延迟的维护，原油的需求降低，价格再次开始走低。WTI原油现货从年终高峰到3月底，价格每桶下跌超过6美元，4月初继续下降。二是对丙烷的需求替代

---

① *Propane pricing 101-a consumer's guide*, 2017, https://digitalmaine.com/cgi/viewcontent.cgi?referer=https://www.google.co.jp/&httpsredir=1&article=1030&context=energy_docs.

和供给增长也缓和了供求不均衡的态势。一方面，消费者尝试采用其他替代燃料。例如，在内布拉斯加州东北部的消费者将倾向于采用砍伐、烧木头以达到燃料替代的目的；另一方面，生产厂商尝试改变运输管道，以达到分配不均的地区间供应的均衡。例如，公司Oneok Inc.应国家丙烷气体协会（NPGA）呼吁，管道优先运输丙烷，且优先运输受灾严重的中西部与东北部。部分管道巨头还通过俄克拉荷马州的供应来扭转丙烷管道的流量，从而增加堪萨斯州储存中心的供应，以使得迫切需要丙烷的地区能获得帮助。

（2）政府的行动及对价格的影响

在1997年初价格面临剧烈上涨的阶段，政府采取放松部分丙烷相关条例，通过市场或非市场性的指导，稳定消费者预期，达到驱离恐慌情绪的作用。联邦政府虽然没有直接管控价格，但采取了一些措施来帮助美国公众了解丙烷市场的变化，以缓解其焦虑、恐慌情绪，防止价格进一步飙升。除了更加及时地发布数据，政府还通过出版物、传真以及互联网，发布系列研究报告来增强市场信息的透明度（表5）。这些举动缓解了市场的恐慌作用，对价格回落起到了重要作用。

表5 针对价格剧烈波动，各监管机构推出的支持政策

机构	政府应对丙烷价格波动执行的计划	具体内容
EIA	提高价格监测频度	国家能源办公室在冬季供暖季节收集住宅丙烷和取暖油价格数据，星期一收集的信息将被传送到美国能源信息管理局（EIA），并在每周五发布出版物和通过互联网公布。调查每月进行两次，然而，在1996/1997年采暖季节间，采集周期改为每周监测波动性住宅丙烷和取暖油价格。
DOE、EIA	建立能源紧急通信协议	建立紧急情况期间的能源通信协议，通过使用电子能源信息邮箱和传真机，美国能源部（DOE, Department of Energy）、美国能源信息管理局（EIA）能够接收和向国家能源和应急管理部门提供有关运输物流信息，电机相关的任何问题、承运人司机豁免限制、炼油厂问题和加热燃料短缺。
能源部与各联邦机构	联邦机构协调工作	美国能源信息管理局（EIA）向HHS提供取暖油、丙烷住宅和天然气价格信息，以帮助他们确定释放紧急应急资金的拨款。北部和南部批准了500万美元的紧急住房能源基金，后来，克林顿总统又拨款2.1亿美元，以满足美国的总需求。

续表

机构	政府应对丙烷价格波动执行的计划	具体内容
DOE、EIA	联邦机构的跨州协调工作	美国能源部（DOE）、美国能源信息管理局（EIA）还与国家州级能源官员协会（National Association of State Energy Officials，NASEO）和丙烷气体国家协会（NPGA）等密切合作。美国能源部（DOE）、美国能源信息管理局（EIA）参加了各州位于中西部和东北部许多电话会议，目的是帮助国家机构沟通有关丙烷和取暖油价格变动的信息。

资料来源：网上信息整理。

2．2014年2月后的价格回调

（1）价格回调的原因分析

进出口与库存的调整可以改变市场供求态势，从而影响市场价格。往往出口订单提前确定，即使丙烷价格飙涨，也无法临时撤销订单，因此主要通过增加进口补充。2014年1—3月，美国共进口1495万桶，相较于上一年同期719.6万桶，增长了108%，远超前五年的水平（见图8）。尤其，1月中旬进口量便开始出现大幅增长。居民/商业丙烷消费需求高低由天气严寒程度及长度决定，因此可用冬季取暖指数（HDD）[①]指代。指数越高代表取暖需求越强。而冬季取暖指数（HDD）在每年1—3月较高，每年2月中旬或下旬到达最高点，之后出现下滑回落。根据图9，2014年1—2月的平均冬季取暖指数（HDD）为230.63，3月冬季取暖指数（HDD）为170.33，下降26.15%，因此3月初居民/商业丙烷取暖需求的下滑也促进丙烷价格回落。在这两个因素作用下，丙烷库存出现逆周期变动，出现整体库存回升现象。往年美国丙烷库存从每年10月至次年3月持续走低，在3月中旬或4月中旬达到年度最低点。但在2014年2月初，丙烷价格便开始出现止跌波动，3月初甚至出现回升，并维持库存整体稳定。

---

① 计算公式为 HDD=Max（65——以华氏度统计的平均气温，0）。

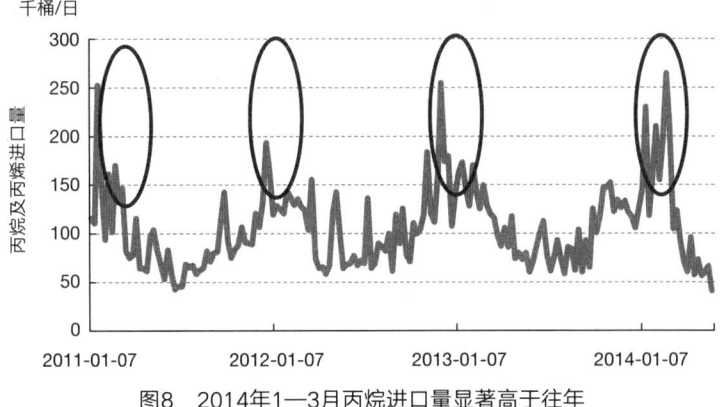

图8 2014年1—3月丙烷进口量显著高于往年

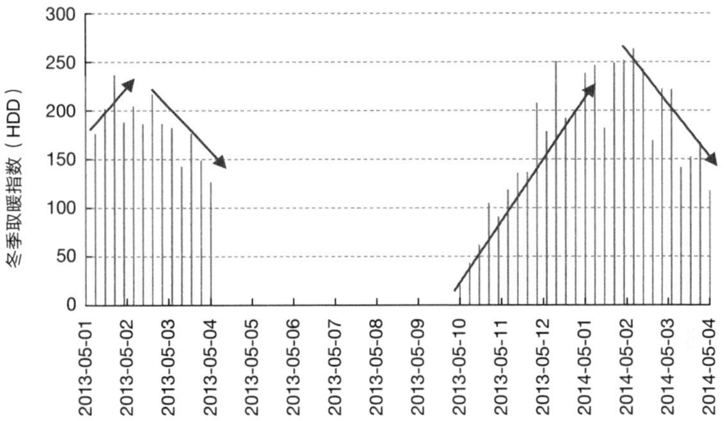

资料来源：Wind 数据库。

图9 2014年3月初，冬季取暖指数（HDD）开始下跌

（2）联邦及州政府的行动及其作用

除进口、严寒天气减少对美国整体丙烷价格有向下作用外，政府调控对区域价格回落起到重要作用。因为进口增加、严寒天气减少是造成全美国丙烷价格无差异变动因素，区域间库存不均只能通过运输调配的方式实现。但由于管道、铁路、公路、海运存在设备运输上限及政策监管的限制，运输力无法较好满足大量州级运输调配的需求。而政府的作用恰在于扩大向受灾严重区域增加丙烷运输量，增加其库存供给，从而助丙烷价格回落。

为使中西部飙涨的丙烷价格在短时间内回落，政府应对措施的思路并非直接限制终端价格上涨，而是一方面通过放松运输监管条例，对相关生产商、供应商企业直接进行窗口性指导，促进区域间调配，缓解"重灾区"的低库存问题；另一方面通过补贴、信贷支持等方式定向对受影响较大的消费者进行支持。

但针对终端消费者的补贴并不能改变供求关系，使得价格回落，而运输监管放松则是造成丙烷后续价格回落的关键。具体来看，政府的抓手一方面在于行政性指导管道优先运送丙烷；另一方面在于降低铁路、公路、海运运输的门槛要求，增加丙烷运输量，实现对中西部的库存补充。区域调配逐渐产生效力，2014年3月，中西部丙烷价格下跌23.94%，相比于前三年平均1.23%的价格偏离，变动十分显著。

政府政策可总结为两方面的五种举措（表6）。首先，在交通运输监管方面：一是放松对运输方面法规的禁止[1]。例如，美国运输部豁免对包括爱荷华州在内的几个中西部州的丙烷运营商运输车的限制，包括放宽丙烷运输司机可以留在路上的时间[2]。

二是州政府、监管机构、协会合作，通过跨地区的调配指导以应对危机。例如，得克萨斯州2月4日发布天然气紧急令，将更多的丙烷供应运往有需要的州。国家丙烷气体协会（NPGA）致信联邦能源监管委员会（FERC）要求管道运输公司如TEPPCO扩大丙烷的供应，优先每日运送75000桶丙烷至中西部及东北部，获得TEPPCO积极响应。

三是联邦能源监管委员会运用商业紧急令强制要求私人企业向受灾地区调配资源。联邦能源监管委员会（FERC）2月8日首次发布紧急令，直接使用运输优先权，指定能源巨头Enterprise Products Partners LP公司的管道优先解决中西部、东北部的运输。

其次，在终端消费者方面：一是检查终端价格上升是否存在供应商欺诈的作用。州政府申请让美国司法部确认价格上升的根源，如密苏里州寻求联邦调查价格上涨的原因。

二是适当的税收优惠。印第安纳州允许消费者在价格超过每加仑2.50美元时免除购买散装丙烷的销售税，采取降低终端购买税费的方法。

---

[1] 根据发布的 P. O. Box 12428 Capitol Station . Austin, Texas 78711 整理。
[2] 美国延长了紧急声明的状态，美国交通部联邦汽车运输安全管理局于2014年2月5日宣布，由于极端寒冷天气导致丙烷和其他家用取暖燃料供应短缺，EIA发布国家延期该国中西部，西部，南部和东部地区的紧急声明。这些区域声明将为商用车辆运营提供救济，同时在紧急情况期间提供支持丙烷运输的援助。声明有效期至2014年3月1日。

三是政府向部分受损消费者提供定向能源费用信贷。例如，美国卫生与公众服务部（The U.S. Department of Health and Human Services, HHS）的儿童和家庭管理局提供4.54亿美元用于支持低收入家庭能源援助计划（Low Income Home Energy Assistance Program, LIHEAP），缓解价格上升对他们造成的不良影响。

表6 政府应对丙烷价格飙涨的相关政策总结

机构	政府应对丙烷价格波动执行的计划	具体内容
各州政府	检查供应商是否存在丙烷价格欺诈行为	州政府申请让美国司法部确认价格上升的根源，如密苏里州寻求联邦调查价格上涨的原因。
各州政府	州政府及行业协会通过跨地区的调配以应对危机	爱荷华州州长致信奥巴马促进州级的合作，放松对得克萨斯州运输的限制，允许更多的丙烷供应运往有需要的国家；要求能源和运输行业在最严重的寒冷期间，扩大管道公司的供应，限制了私人经销商购买的丙烷数量不超过其合同金额。
美国运输部	放松对运输方面法规的禁止	美国交通部（US Department of Transportation，DOT）豁免对包括爱荷华在内的几个中西部州的丙烷运营商运输车的限制，包括放宽丙烷运输司机可以留在路上的时间。
美国卫生与公众服务部（HHS）	政府定向向部分受损消费者提供能源费用信贷	美国卫生与公众服务部（HHS）的儿童和家庭管理局提供4.54亿美元用于支持低收入家庭能源援助计划（LIHEAP），缓解冲击。
联邦能源监管委员会（FERC）	执行州际商业法（ICA）	FERC采取历史性措施，使用运输优先权，下令管道所有者优先从得克萨斯州向东北和中西部市场交付丙烷；国家丙烷气体协会（NPGA）要求FERC指示企业停止运输稀释剂，而是使用该管道每天输送约75000桶丙烷。

资料来源：网上信息整理。

特别地，爱荷华州政府作为本次受影响最为严重的州，其在促进联邦执行紧急令、各州协同合作及帮助调节丙烷价格的过程中起到关键的推动作用。爱荷华州政府的快速响应、积极主动地联系联邦政府及监管机构并推进州级合作的行为，均大幅加快政府对丙烷价格回落的作用力。爱荷华州政府政策推进的时间线具体见附件。

此次丙烷急剧波动后，政府并未直接干预市场价格，例如，没有限制供应商涨价，也没有对丙烷产业链中涉及价格形成的环节实施干预（如要求原材料价格上限、要求降低交通相关费用等），去降低消费终端价格，而是采取行动对运输配送环节进行直接干预和对终端受损消费者提供能源信贷和税费减免支持，以缓解价格上升影响。实质上，两种做法中，一种跨区域运输调配指示对丙烷价格下降更具效力，因为这是从增加供给角度，让价格依照市场规律回落；另一种方法仅起到补偿部分消费者福利损失的作用，对价格并无影响。

三、现货价格波动与期货市场作用

（一）期货市场与现货价格波动

价格发现和套期保值是期货市场的两大基本功能。期货市场的交易情况反映了微观经济主体对未来供需的预期，能够发现未来现货价格的变动。正因为期货市场具有价格发现的功能，从而能够引导企业通过套期保值规避风险，促进企业稳健经营。当现货市场面临较大的价格波动时，期货作为一种工具，给实体企业提供了规避价格波动风险的手段，有力地降低了行业风险。期货市场促进了价格的发现，提高了市场效率，提升了市场的信息化程度，最终有利于稳定现货市场。因此，期货交易可以降低现货价格的波动性。[①]

而对于期货市场参与者中除套期保值外的投机者，则因其所带来的投机因素而被指责需要为加剧了现货价格的剧烈波动负责。对于期货市场中的投机会造成现货商品市场的不稳定这一假说，学者、政界人士、监管机构与媒体等的看法不一。持赞同观点的认为，现货价格通过套利渠道与期货价格相关[②]，消息不灵通的投机交易者受较低的交易成本和较高的杠杆率驱使，参与市场后所导致的反馈交易和羊群效应[③]，加大了期货市场的波动，然后转移到现货市场上。而持反对观点的则认为，投机者完全依赖于衍生品市场，而根本不会影响商品的实物供给和需求，从而不会影响现货价格。基于此，本文从投机角度出发，同样地，对期货市场作用于现货价格波动的影响情况进行探究。

---

① Stoll, H.R., and R.E. Whaley. "Volatility and Futures: Message versus Messenger." Journal of Portfolio Management 14（1988）: 20–22.

② Hamilton, J.D. "Understanding Crude Oil Prices." The Energy Journal（Cambridge, Mass.）30（2009）: 179–206.

③ DeLong, J.B., A. Shleifer, L.H. Summers, and R.J. Waldmann. "Noise Trader Risk in Financial Markets." Journal of Political Economy 98（1990）: 703–739.

（二）GARCH模型在探究现货价格波动中的应用

广义的自回归条件异方差（Generalized AutoRegressive Conditional Heteroskedasticity，GARCH）模型因其能够准确模拟时间序列变量波动性的变化，而被广泛地应用于金融领域的实证研究中。探究期货市场对现货市场的影响，主要是从商品现货价格的波动角度出发，对其进行模拟进而探究价格波动所遵循的形式，并探究期货市场中影响现货价格波动的相关因素。作为对价格波动的研究，GARCH模型非常适用，现有文献对此问题的探究也大多使用GARCH族模型。

Christian和Laura（1998）[1]使用SWARCH模型对波动率进行了描述，并探究了墨西哥比索、巴西雷亚尔和匈牙利福林期货合约对各自现货市场的影响，发现了各自期货市场与现货市场之间很强的线性依赖关系，但期货市场的波动并没有显著解释现货市场波动的产生。Martin和Patrick（2013）[2]使用AR（1）-GARCH（1,1）模型分析了玉米、原油、天然气、大豆、白糖、小麦六种期货品种的现货价格波动情况，选取总成交量、商业用户持仓量、非商业用户持仓量作为探究波动率的影响因素，最终发现原材料市场的金融化不会干扰现货市场的价格波动。Ali、Shafiqur、Maosen（2002）[3]使用EGARCH模型，研究了指数期货在现货市场波动中的作用，发现指数期货并不是现货市场波动的罪魁祸首；相反，动荡的现货市场反而对期货市场具有波动溢出的效应。Sathya（2009）[4]使用GARCH模型探究了Nifty指数的股指期货对印度现货市场波动性的影响，结果表明，引入期货前后，现货市场没有结构性的变化。

---

[1] Jochum C, Kodres L. Does the Introduction of Futures on Emerging Market Currencies Destabilize the Underlying Currencies?[J]. Staff Papers, 1998, 45（3）：486–521.

[2] Bohl M T, Stephan P M. Does Futures Speculation Destabilize Spot Prices? New Evidence for Commodity Markets[J]. Journal of Agricultural & Applied Economics, 2013, 45（4）：595–616.

[3] Darrat A F, Rahman S, Zhong M. On the Role of Futures Trading in Spot Market Fluctuations: Perpetrator of Volatility or Victim of Regret?[J]. Journal of Financial Research, 2002, 25（3）：431–444.

[4] Debasish S S. Effect of futures trading on spot - price volatility: evidence for NSE Nifty using GARCH[J]. Journal of Risk Finance, 2009, 1（1）：140–150.

（三）以丙烷为例探究期货市场对现货价格波动的影响

本文使用GARCH模型对现货价格的波动进行建模，使用的期货合约为纽约商业交易所上市的蒙特贝尔乌（Mont Belvieu）LDH丙烷（OPIS）期货合约，现货价格为蒙特贝尔乌的丙烷FOB价格。为探究现货价格的波动情况，选取期货合约的成交量与非商业用户的持仓占比[①]作为研究变量加入GARCH模型的方差方程中，探究其对价格波动的直接影响。选择成交量变量是因为交易活跃的时间段内，价格变动频繁且幅度较大；选择非商业用户的持仓占比，是因为其在一定程度上可以反映期货交易中的投机成分。期货数据来源于汤森路透数据库，现货数据来源于美国能源信息管理局（EIA），持仓数据来源于美国商品期货委员会（CFTC）。

为了研究现货价格的波动水平，我们计算了现货价格的波动率（变化率），即为收益率$return$。为了探究收益率所遵循的数据形式，我们观察其自相关图与偏自相关图（图10），可以看到，收益率明显具有的AR（1）的因素。建立GARCH模型前，我们需要对收益率序列进行ARCH效应的LM检验，检验结果如表7所示，可以看到，原假设为不存在ARCH效应，而检验结果显示P值为0.00179，显著拒绝原假设，认为存在ARCH效应，故可综合建立AR（1）-GARCH模型。

表7 ARCH效应检验

卡方	自由度	P值
31.272	12	0.0018

[①] 美国商品期货委员会（U.S. Commodity Futures Trading Comission，CFTC）在其周度公布的交易者持仓报告（COT）中将期货交易者分为商业用户与非商业用户，并报告其持仓金额，非商业用户的持仓占比由此数据计算得到。

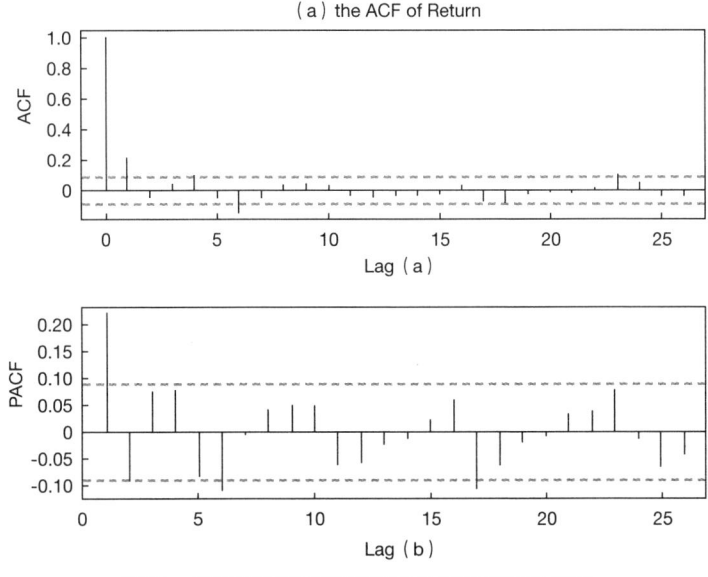

图10 丙烷期货收益率的自相关图与偏自相关图

所建立的AR（1）-GARCH（1,1）模型如下：

$$return_t = \alpha_0 + \alpha_1 return_{t-1} + u_t$$
$$h_t = \beta_0 + \beta_1 u^2_{t-1} + \beta_2 h_{t-1} + \delta DLTV + \gamma OIR$$

其中，$DLTV$为总成交量对数值的差分，OIR为非商业用户的持仓占比，上面的式子为均值方程，下面的式子为方差方程。模型使用极大似然估计方法，估计结果如表8所示。均值方程和方差方程中的AR项、ARCH项、GARCH项系数均显著，说明了建立GARCH模型的合理与适用。从方差方程则可看到，非商业用户的持仓占比对现货价格的波动不存在显著影响，也就意味着，期货市场的投机因素并不能成为扰乱现货市场的原因。

相反，从现实情况来看，对于现货价格波动剧烈的情况，期货市场通过公开、公正、高效、竞争的交易运行机制，形成具有预期性、连续性、公开性和权威性的期货价格，通过引导企业套期保值可以规避风险，促进企业稳健经营；同时也可以为相关金融机构提供风险对冲的工具，促进金融市场的稳定。

表8 GARCH模型估计结果

变量	系数	标准误	Z值	P值
均值方程				
AR（1）	0.2002	0.04616	4.3365	0.0000***
方差方程				
常数项	8.76e（−5）	4.35e（−5）	2.0164	0.0438*
ARCH项	0.0971	0.0276	3.5182	0.0004***
GARCH项	0.8367	0.0390	21.4055	0.0000***
DLTV	0.0003	8.02e（−5）	3.4500	0.0006***
OIR	0.0011	0.0007	1.4135	0.1575

注：*、**、*** 分别表示在5%、1%、0.1%的显著性水平下系数显著。

四、结论

丙烷是美国最重要的能源之一，出口量也位居世界第一。但是，美国政府并没有对丙烷现货价格进行直接监管控制，其价格的涨跌基本由市场供求因素决定。虽然，美国政府不直接控制价格涨跌，但在丙烷现货价格剧烈波动时期，会通过政策调整，发挥稳定价格的积极作用。

以本文选取的两个波动剧烈的时段（1996—1997年、2013—2014年）为例，美国联邦政府和州政府通过以下三种方式，促进丙烷供需结构的调整，使其价格回归平稳：一是放松运输监管，促进区域间库存调配；二是充分披露丙烷价格信息，防止市场恐慌情绪累积；三是调查厂商是否对丙烷终端价格进行不当操作，抑制厂商投机行为。

最后，本文通过建立ARCH(1)-GARCH(1,1)模型，证实了丙烷期货对其现货价格并未起到显著的助涨助跌作用。

附件

政府针对爱荷华丙烷价格飙升所采取的行动一览

时间	政府所做的努力
2013年10月25日	州长布兰斯塔德于2013年10月25日发布紧急声明,在爱荷华州内放宽丙烷运输,该声明已经并将根据需要进一步延长。
2014年1月20日	总督办公室要求中西部州长协会推动各州的合作。
2014年1月20日	爱荷华国土安全部应急管理部门与当地应急管理人员保持联系,积极监测全州各县,特别是爱荷华州农村地区的情况。
2014年1月20日	布兰斯塔德州州长亲自致电美国能源部的莫尼兹部长和美国交通部的福克斯部长,以减少丙烷的服务时间和州际重量运输法规,直到价格和供应稳定为止。
2014年1月22日	州长布兰斯塔德和州长雷诺兹致电德克萨斯州官员,并要求于2014年1月22日批准监管运输救济。
2014年1月22日	爱荷华州农业和土地管理部门和总督办公室继续积极监测丙烷供应和价格。
2014年1月27日	州长布兰斯塔德和州长雷诺兹致函奥巴马总统,要求联邦政府在低收入家庭能源援助计划(LIHEAP)中提供灵活性,并放宽州运输法规。
2014年1月30日	州长布兰斯塔德与佩里州长和其他西太平洋省长组织了一次电话会议,讨论正在进行的丙烷挑战,并讨论可能的其他行动。
2014年1月30日	指示国家机构和部门减少丙烷的使用。
2014年1月30日	其他六位中西部州长布兰斯塔德致函奥巴马总统,敦促采取行动减轻丙烷短缺的负担。
2014年2月4日	得克萨斯州①政府发布紧急令,宣布放松对得克萨斯液化石油气运输车辆的证照、许可证和相关人员资格证的要求限制。
2014年2月7日	联邦能源监管委员会(FERC)利用其根据州际商业法案的紧急权力,指示相关丙烷企业为爱荷华等相关受损州提供优先运输服务。
2014年2月25日	美国交通部(DOT)发布指令,要求放松49CFR 390—399法令中对运输时间、运输速度上限等的相关限制。

资料来源:根据网上资料整理。

---

① 为Mont Belvieu储存中心所在州,是爱荷华州丙烷紧急供应的来源。

产业篇

上市公司利用衍生品工具情况研究

孟祥怡

引　言： 党的十九大报告指出应"深化金融体制改革，增强金融服务实体经济能力"。习近平总书记在2017年的全国金融工作会议上明确提出，将服务实体经济作为我国当前和今后金融工作的三项重要任务之一。衍生品市场作为金融体系的重要组成部分，在服务实体经济方面具有不可替代的作用，而上市公司作为各行业的龙头企业，在实体经济中的重要作用不言而喻。近年来，随着衍生品市场体系的逐步完善和企业风险管理意识的提高，上市公司利用衍生品的比例稳步提高，特别是外汇远期以及豆粕、黄金、玉米、铜和棉花等期货品种，均成为上市公司利用较为广泛的衍生品。为进一步明确衍生品市场服务实体经济的方向，提高服务质量和效率，本文特别以上市公司作为研究样本，对国内沪深两市3365家上市公司2007—2017年的衍生品交易情况进行了梳理，从概况、品种间差异、板块行业分布以及地域分布等多个维度较为立体地研究了上市公司利用衍生品的现状和历史变化情况，深入分析了其背后的变化原因并在此基础上提出相关建议，以供参考。

一、研究范围及研究思路

衍生品是指其价值取决于一个或多个基础资产或指数的金融合约，合约的基本种类包括远期、期货、掉期（互换）、期权以及具有前四类合约中一种或多种特征的结构化金融工具。本文所指的衍生品工具仅指以实物商品和金融资产为基础资产的衍生工具。

本文按照证监会行业分类标准（详见附件1）对19个板块，90个子行业，沪深两市共计3365家（包含创业板和中小板）上市公司2007—2017年的年报逐一进行了梳理统计，通过"衍生品""期货""远期""掉期""互换"等关键字检索来判断企业是否利用了衍生品工具，并将相关统计数据作为全文的基础研究数据。其中，2017年沪深两市共有上市公司3365家，2007—2017年累计共有上市公司3552家，上述数据均未包括2018年新上市的公司。在实证检验部分，本文在上述研究数据的基础上剔除了数据严重缺失的样本，最终选取来自3329家上市公司的23960个有效样本，其中利用过衍生品的上市公司共396家，有效样本1710个。

全文按照先描述现状及历史变化，再分析原因，最后提出相关建议的总体思路进行分析。在第二部分对上市公司利用衍生品工具现状及历史变化情况进行分析时，按照先介绍2017年现状，再对2007—2017年历史变化情况进行分析的逻辑顺序进行论述。

二、上市公司利用衍生品工具现状及历史变化情况

（一）8.47%的上市公司利用衍生品，十年间利用衍生品的公司数量增长448.08%

2017年，利用衍生品工具的上市公司共285家，占研究样本总量（3365家）的8.47%。2007—2017年，利用衍生品的公司数量从52家增加至285家，增长448.08%，占同年上市公司总数的比重从2.81%增加至8.47%。十年间，3552家上市公司中，累计共有396家利用过衍生品工具，占比约为11.15%，包括沪市190家以及深市206家。

从利用衍生品的持续时间来看，38家企业利用时间达到十年及十年以上（详见附件2），占十年间利用过衍生品企业总数的9.6%，包括19家制造

业企业、10家金融业企业、4家批发和零售业企业、4家采矿业企业和1家农林牧渔业企业。189家企业连续利用三年以上，占十年间利用过衍生品工具公司总量的比例约为47.72%。其中，排名前四的板块为制造业板块（124家）、金融业板块（23家）、批发和零售业板块（12家）以及采矿业板块（11家），其余各板块公司数量均少于10家（图1—图3）。

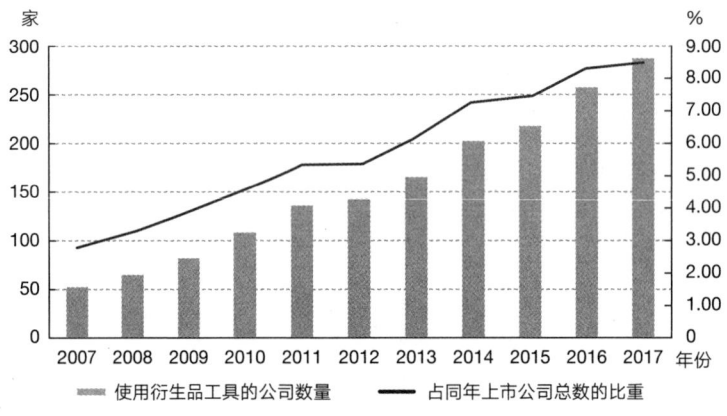

图1 利用衍生品工具的公司数量变化情况

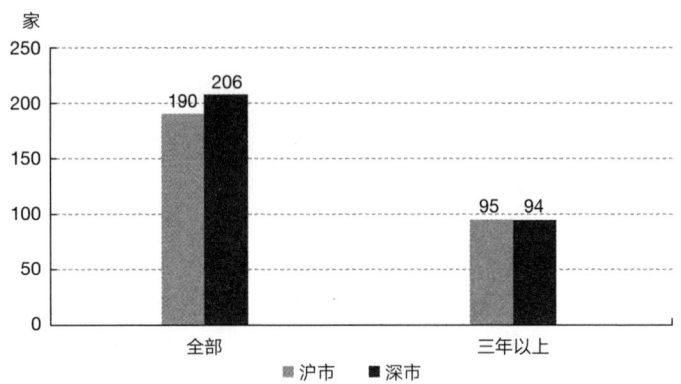

图2 沪深两市利用衍生品工具公司数量对比

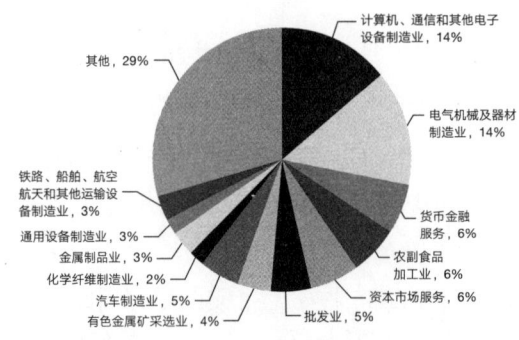

图3 利用三年以上上市公司行业分布情况

（二）利用商品类衍生品的公司数量增幅较大，豆粕、黄金、玉米、铜和棉花为利用最多的品种

利用金融类衍生品的上市公司总量较多，但利用商品类衍生品的上市公司增幅较大。2017年，参与衍生品市场交易的285家公司中，174家企业利用外汇、利率、国债及股指等金融衍生品进行风险管理，占比约为61.05%；102家公司利用商品衍生品对其生产经营过程中的原材料或产品进行风险管理，占比约为35.79%。

2007—2017年，沪深两市全部上市公司中，共有396家公司参与过衍生品交易，其中利用金融衍生品的公司有234家，占比约为59.09%[①]；利用商品衍生品的公司有180家，占比约为45.45%，其余公司并未在年报中列示其衍生品交易品种，无法分类统计。从增长幅度来看，利用商品衍生品的公司数量增幅较大，从12家增长至102家，增长了750%；利用金融衍生品公司的数量从22家增长至174家，增长了690.91%（图4）。

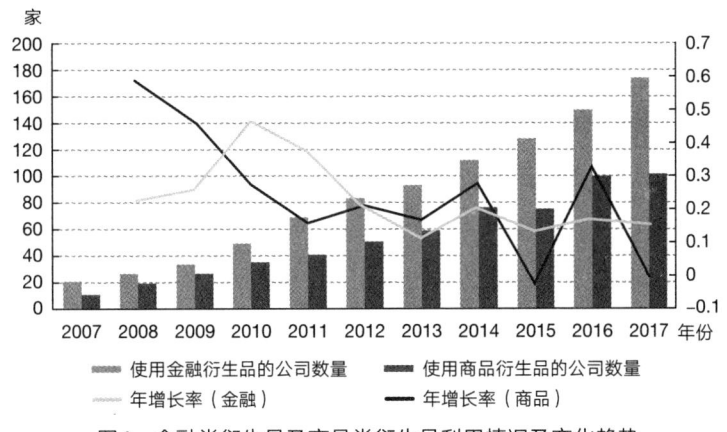

图4　金融类衍生品及商品类衍生品利用情况及变化趋势

金融衍生品中，外汇衍生品是上市公司利用最多的品种。2017年，利用外汇衍生品的公司数量最多，共164家，占同年利用金融衍生品公司总数的94.25%[②]；其次是利率衍生品，共49家，占同年利用金融衍生品公司总数的28.16%；利用国债和股指衍生品工具的公司数量相对较少，分别为7家和10家，占同年利用金融衍生品公司总数的4.02%和5.75%。2007—2017

---

① 若上市公司同时利用金融衍生品工具和商品衍生品工具，则分别计入。
② 若上市公司同时利用多种衍生品工具，则被分别计入各衍生品工具中。

年,参与过金融衍生品工具交易的234家公司中,利用外汇衍生品的公司有223家,占比最大,占十年间利用过金融衍生品上市公司总数的95.3%;利用利率衍生品的公司有53家,占比为22.65%;利用国债及股指衍生品的公司分别有8家和11家,占比分别为3.42%和4.7%(图5)。

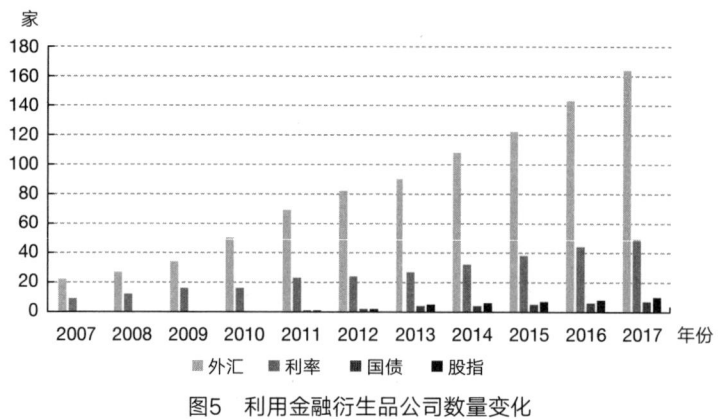

图5 利用金融衍生品公司数量变化

商品衍生品中,上市公司利用最多的为豆粕、黄金、玉米、铜和棉花期货。2017年,利用豆粕期货的公司数量最多,共11家,占同年利用商品期货公司总数的10.78%;其次为黄金期货,共8家,占比为7.84%;第三位是玉米、铜和棉花,均有6家,占比均为5.88%。2007—2017年参与过商品期货市场交易的180家公司中,利用过豆粕期货的公司有17家,占比最大,占十年间利用商品期货公司总数的9.44%,在能统计到的上市公司年末合约金额中,未能找到单独利用豆粕的上市公司,单品种年末平均合约金额无法统计;利用过铜期货的公司有15家,占比为8.33%,其中贤丰控股年末平均合约金额最大,为143.7万元,利用年限为2年;利用过黄金期货的公司有13家,占比为7.22%,其中潮宏基年末平均合约金额最大,为1.73亿元,利用年限达3年;利用过螺纹钢、锌、棉花、铝期货的公司均有11家,占比均为6.11%,三个品种中只有螺纹钢能统计到单独利用该品种的上市公司,其中物产中拓年末平均合约金额最大,为5.72亿元,利用年限达2年(详见图6、附件3和附件4)。

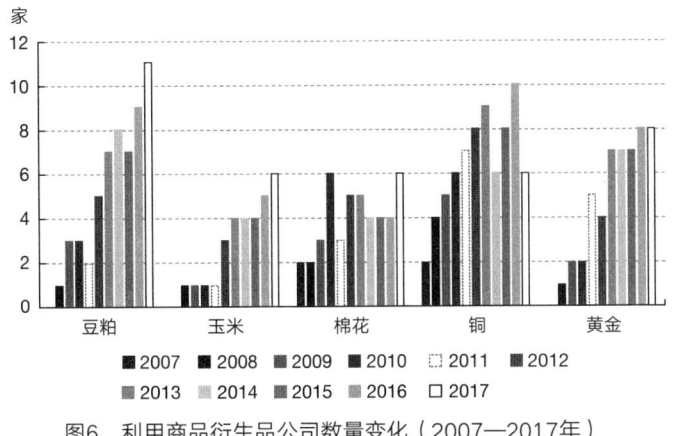

图6 利用商品衍生品公司数量变化（2007—2017年）

（三）金融业、采矿业、农林牧渔业为板块内利用衍生品上市公司占比最高的三大板块，且十年间占比快速增长

2017年，金融业、采矿业、农林牧渔业为板块内利用衍生品上市公司占比最高的三大板块。从利用衍生品的上市公司绝对数量看，制造业板块共有196家企业利用衍生品工具，占所有利用衍生品工具的上市公司总量的比例最高，达到68.77%；金融业板块共有37家企业利用衍生品工具，占比达到12.98%；采矿业板块共有18家企业利用衍生品工具，占比达到6.32%；批发和零售业板块共有14家企业利用衍生品工具，占比达到4.91%；其他7.02%包括7个板块的20家企业。从利用衍生品上市公司数量占板块内上市公司总数的比例来看，金融业板块有35家公司利用过衍生品，占板块内上市公司总数的43.75%，比重最高；农林牧渔业板块有14家公司利用过衍生品工具，占比为33.33%。采矿业板块有17家公司利用过衍生品工具，占比为23.61%，而制造业板块作为沪深上市公司的第一大板块，拥有2188家企业，板块内利用衍生品企业数量为196家，却仅占板块内上市公司总数的8.96%（图7、图8）。

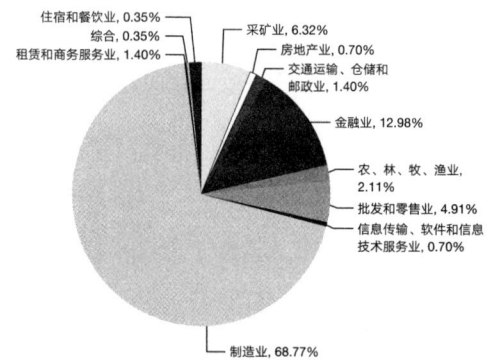

图7 2017年利用衍生品工具上市公司绝对数量比例情况

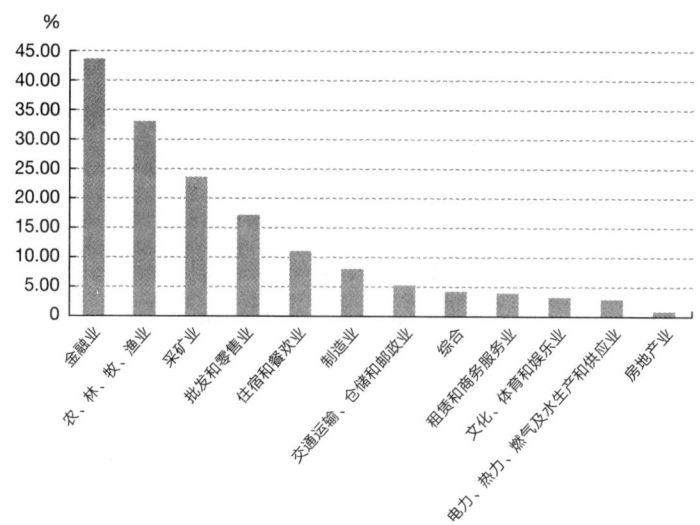

图8 各板块利用衍生品工具公司数量占板块内公司总数情况

2007—2017年,19大板块间利用衍生品的上市公司占比相对稳定,制造业板块占比最大、增幅最快。从各板块比例变化趋势来看,占比增幅最大的为制造业板块,占同年所有利用衍生品公司的比重从51.92%增至68.77%;占比降幅最大的为批发和零售业板块,批发和零售业板块占同年所有利用衍生品工具公司的比重从9.62%降至4.91%;其余各板块占比波动均不超过4%(图9、图10)。

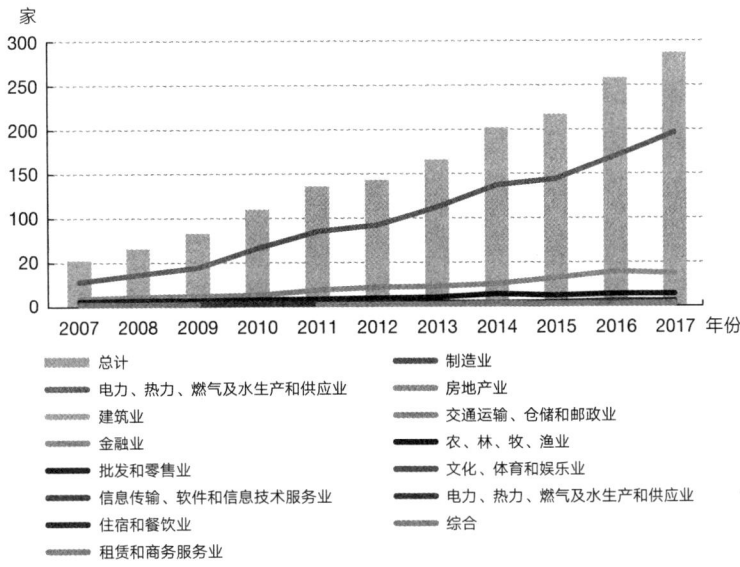

图9 利用衍生品工具的公司数量及板块分布变化

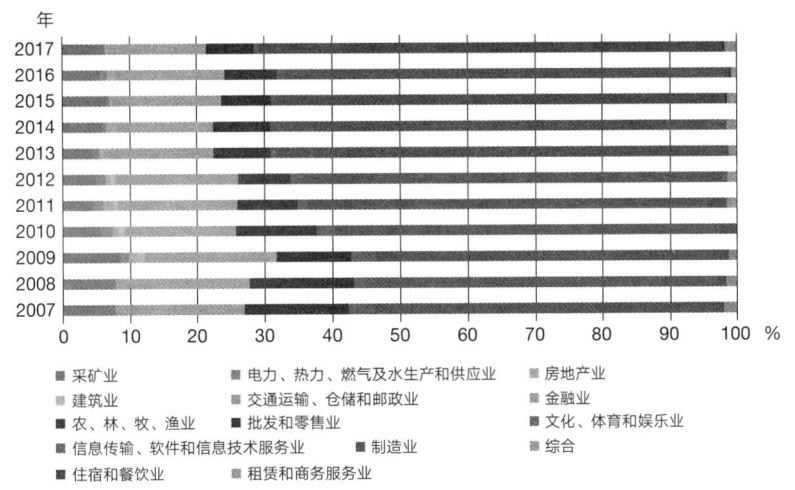

图10 利用衍生品工具的上市公司板块占比情况

2007—2017年,金融业、农林牧渔业和采矿业板块内利用衍生品工具的上市公司占比增幅明显。其中,占比增幅最大的为金融业板块,该板块利用衍生品的公司数量占板块内上市公司总数的比重从12.9%增至43.75%,增加了30.85个百分点;其次是农林牧渔业板块,占比从5%增至33.33%,增加了28.33个百分点;再次是采矿业板块,占比从0%增至23.61%,增加了23.61个百分点;其余各板块占比增幅均不超过16%(图11)。

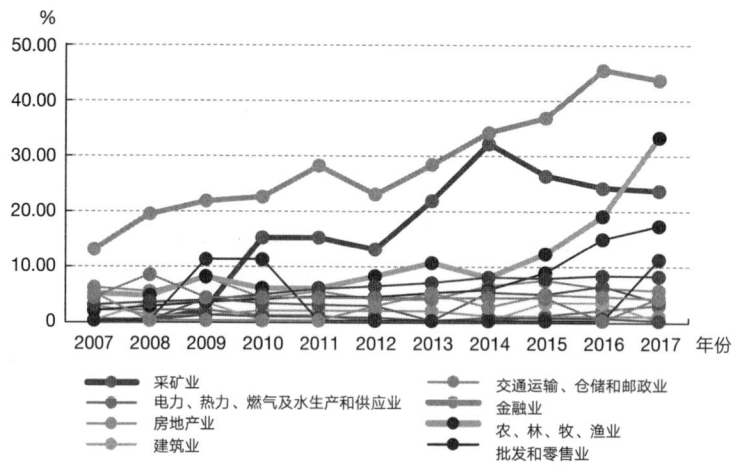

图11 各板块衍生品工具公司数量占板块内公司总数比例变化情况

（四）电气机械及器材制造业，计算机、通信和其他电子设备制造业以及资本市场服务业位居利用衍生品上市公司数量前三

2017年，电气机械及器材制造业，计算机、通信和其他电子设备制造业以及资本市场服务业是上市公司利用衍生品公司数量前三的行业。电气机械及器材制造业和计算机、通信和其他电子设备制造业均有42家企业利用衍生品工具，占利用衍生品工具公司总数的比重最高，均为14.74%；资本市场服务业有20家企业利用衍生品工具，占比为7.02%（各主要行业相关情况见附件5）。从行业内占比来看，上市公司利用衍生品数量占行业内公司总数的比重超过25%的共有9个行业，分别是保险业、货币金融服务业、石油和天然气开采业、有色金属矿采选业、农业、畜牧业、黑色金属冶炼及压延加工、资本市场服务、批发业、农副食品加工业，这些行业大多是农业及工业企业。此外，共有46个行业目前尚未利用衍生品工具，涉及的具体行业包括居民服务业、公共设置管理业、专业技术服务业等（图12、图13）。

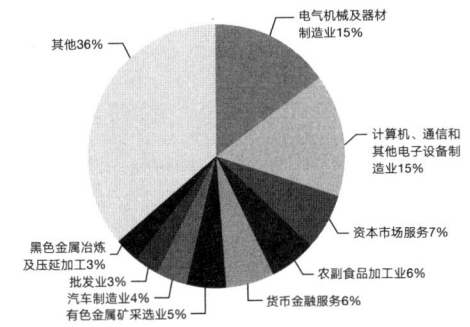

图12 2017年利用衍生品工具上市公司行业分布情况

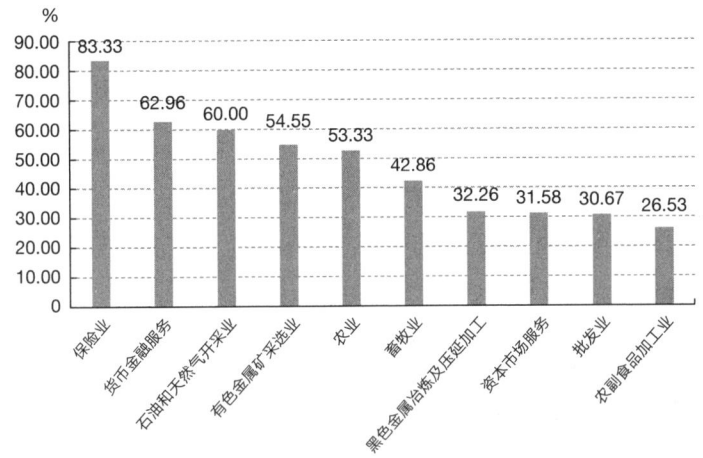

图13 10大行业利用衍生品工具公司数量占行业内公司总数情况

2007—2017年,电气机械及器材制造业利用衍生品工具企业数量增加最多。其中,电气机械及器材制造业企业数量由3家变为42家,增加39家;其次为计算机、通信和其他电子设备制造业,由4家变为42家,增加38家;而新闻和出版业、广播、电视、电影和影视录音制作业以及邮政业十年间有所下降,均从1家减至0家。其余47个行业,企业增加数量均少于20家,变幅相对较小。

(五)华东地区利用衍生品的公司数量最多,且十年间数量增长最多

2017年,华东地区利用衍生品的公司数量最多,东北地区数量最少。2017年,利用衍生品工具的公司分布情况如下:华东地区最多,共

136家，占比为47.72%；其次为华南地区65家，占比为22.81%；华北地区23家，占比为8.07%；华中地区20家，占比为7.02%；西北地区18家，占比为6.32%；西南地区18家，占比为6.32%；而东北地区仅有5家，占比为1.75%（图14）。

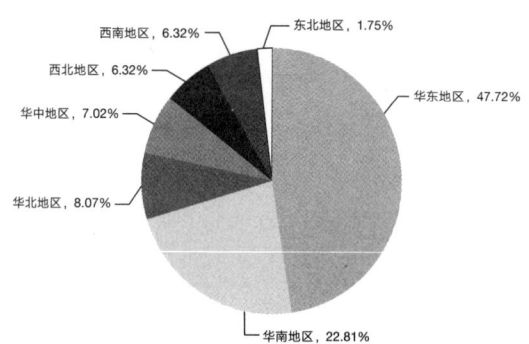

图14　2017年利用衍生品工具上市公司地区分布情况

2017年，广东省、浙江省、江苏省为利用衍生品上市公司数量最多的省份，主要以制造业板块公司为主。从各地区具体情况来看，华东地区利用衍生品工具公司数量最多的省份为浙江省，共有41家，其中35家为制造业；华中地区数量最多的省份为湖南省，共有9家，其中7家为制造业；华南地区数量最多的省份为广东省，共有57家，其中46家为制造业；华北地区数量最多的省市为北京市，共有16家企业，其中7家为金融业、4家为制造业、4家为采矿业；西北地区数量最多的省份为新疆维吾尔自治区，共有7家企业，其中3家为制造业；西南地区数量最多的省份是四川省，共有8家，其中7家为制造业；东北地区5家企业中，其中4家为制造业。

2007—2017年，各地区利用衍生品工具的公司数量均有所增加，其中华东地区增加最多。华东地区从2007年的28家增至2017年的136家；其次为华南地区，从11家增至65家；再次为华中从1家增至20家；华北地区，从7家增至23家；西南从2家增至18家；西北地区从3家增至18家；东北地区增加数量相对较少，从0家增至5家。

2007—2017年，广东省、浙江省、江苏省利用衍生品的公司数量增加最多，天津市有所减少。增加数量最多的是广东省，增加48家；其次为浙江省，32家；再次为江苏省，增加26家；而河北省2007—2017年没有增加，天津市减少1家；其余各省增加数量较少，均在20家以内。

（六）实证检验结果显示上市公司利用衍生品能够有效提升公司业绩

为研究上市公司利用衍生品对公司业绩的影响，本文利用非平衡面板进行混合回归，模型设定如下：

$$Eps_{it}=\beta_{10}+\beta_{11}\times Derivative_{it}+\beta_{1j}\times \sum_{j=2}^{n}Control_{jit}+\varepsilon_{it}$$

其中，Eps为每股收益；$Control$为控制变量，包括企业年龄（Age）、资产周转率（Sale）、总资产净利率（Roa）、净资产负债率（Dna）。ε_{it}为随机扰动项，各变量具体含义详见附件6。研究中利用stata14对模型进行实证检验，由回归结果可知，本研究对模型进行了较好的拟合。Derivative项系数为0.135，表示企业业绩对利用衍生品的弹性为0.135，并且系数在1%的水平上显著，得出结论上市公司利用衍生品能够有效提升企业业绩。此外，本文还利用各板块数据对模型进行了检验，但分板块检验结果并不显著，在此不再赘述。

三、上市公司利用衍生品变化特点及原因分析

（一）利用衍生品的公司数量呈现稳步增长趋势，多因素导致总体利用比例偏低

尽管近年来利用衍生品的公司数量和比例均呈现稳步增长趋势，但整体利用比例仍然偏低，相对于全球500强企业94%[1]的衍生品利用比例还有一定差距。究其原因，首先，与我国衍生品市场起步晚，市场影响力相对较弱有关。国际市场中，商品衍生品的发展历史可以追溯至100多年前，金融衍生品也经历了近50年的快速发展，而国内衍生品市场仅经历了30年的发展，市场影响力还有进一步提升的空间。其次，衍生品市场整体服务的广度与深度还有待加强。从国内期货中介机构的业务结构来看，仍以经纪

---

[1] 2009年，国际互换和衍生品协会（ISDA）曾对全球500强企业（美国《财富》杂志评出）利用衍生品管理价格风险的情况进行了调查，500强企业中94%的企业利用衍生品工具管理或规避所面对的商业和金融风险。

业务为主，投资咨询、资产管理等深层次服务占比较低[①]，整体服务能力还有待加强；最后，与上市公司对于期货市场的理解程度有关。目前，国内企业仍存在重生产经营、轻风险管理的特点，企业在抓生产销售的同时往往忽略风险管理的重要性，此外，上市公司追求报表数据平滑性，担心衍生品交易会造成公司利润波动进而影响股东权益，这也是阻碍上市公司利用衍生品工具的重要因素。

（二）上市公司利用衍生品的持续时间与企业规模和人才基础有关

从持续利用衍生品的情况来看，制造业板块、金融业板块、批发和零售业板块以及采矿业板块具有较为明显的优势。根据统计分析，在上市公司所涵盖的19大板块中，上述四大板块的企业规模普遍较大，从板块内企业的平均总资产规模（详见附件7）来看，制造业板块、金融业板块、批发和零售业板块以及采矿业板块分别排在19大板块的第八位、第一位、第七位和第二位，其余排名较高的板块受到业务范围、企业性质以及可利用的衍生品工具有限的限制，利用衍生品工具的持续性较差。所以，庞大的资产规模是推动企业持续利用衍生品规避风险，稳定经营的重要动力。

此外，衍生品市场是金融领域内专业性较强、门槛相对较高的市场，对于参与公司的领导、员工综合素质具有较高要求。企业需要从上到下对于衍生品市场具有准确和深刻的认识，并建立较为完备的衍生品交易和风险管理部门，形成系统的审批决策机制才能够系统、持续地利用衍生品工具进行风险管理，而上述相关工作的展开要求企业拥有综合素质较高、对衍生品市场具有深刻理解的人才。计算机、通信和其他电子设备制造业是智力密集型行业，行业内集中储备了较多高素质人才，开展衍生品交易的人才基础相对成熟，能够持续利用衍生品进行风险管理；而交通运输、仓储和邮政业以及住宿和餐饮业等行业，由于行业内高端人才相对较少，衍生品利用比例不高，持续性也较差。

---

① 2016年，上海国泰君安以3186.60万元的投资咨询业务收入位列期货公司第一，占所有期货公司投资咨询业务收入总和的13.45%；同年，上海海通以4576.23万元的资产管理业务收入位列期货公司第一，占所有期货公司资产管理业务收入总额的8.10%。

（三）外汇衍生品利用比例较高主要与我国国际贸易总量增长和汇率市场化改革进程相关

据统计，2017年利用外汇衍生品的企业涉及14个行业的149家企业，利用范围和企业数量在所有衍生品中居于首位。一方面，我国国际贸易总量逐年提高，企业进出口业务不断拓展，外汇风险逐步暴露，企业利用外汇衍生品规避风险，稳定经营的迫切性较高。2007—2017年，我国进出口贸易总额从21765.7亿美元增长至41044.75亿美元，年均增长幅度为8.86%，这与我国上市企业利用外汇衍生品企业数量增幅基本保持一致。另一方面，我国汇率市场化改革逐步推进，人民币汇率单边波动趋势已经发生变化，企业进行趋势预测和汇率投机的难度显著增加。同时随着企业财务管理制度改革的深入，包括国企在内的企业对汇率风险管理的意识明显提升。在汇率波动加剧的情况下，坚持外汇套保的企业已经尝到了甜头。例如，工商银行作为总市值最高的上市公司，通过外汇衍生品的操作，对外汇敞口进行套期保值，套期工具产生的累计净收益共计人民币7.08亿元，对于稳定利润起到了重要作用，所以企业有动力也能够持续参与外汇衍生品交易。

（四）商品衍生品利用数量快速增长与衍生品市场体系逐步完善密切相关

2007—2017年，我国商品衍生品数量由18个增加至49个，衍生品种类由单一的商品期货拓展至期货、期权并存，商品衍生品市场体系不断完善。随着商品衍生品的逐渐丰富，可参与衍生品交易的上市公司板块和数量也逐步增加，上市公司对衍生品的利用呈现稳步上升趋势。在此基础上，衍生品市场相关制度的不断修订完善也为上市公司更好地利用衍生品打下了坚实基础。以上市公司利用最多的豆粕期货为例，自2000年上市以来，交割制度持续优化，促使豆粕期现货基差呈现缩小趋势。2003年，大商所在豆粕期货上采取滚动交割方式，允许买卖双方在进入交割月后就可以申请交割，而非到最后交割日才交割，这样可以降低双方的资金占用，减少交割成本。2004年，大商所在豆粕期货上推行厂库交割方式，并将豆粕交割地点扩大至主要生产贸易区域，方便不同区域的企业参与交割套利。2013年，为解决饲料企业接货不便利问题，大商所推出豆粕集团内厂库仓单串换业务，进一步增强企业交割便利性。规则的不断调整是商品衍生品市场不断适应现货产业变化，增强服务实体经济能力的重要表现，也是吸引上市公司参与商品衍生品交易的重要因素。

（五）各板块、各行业利用衍生品的数量差异主要与各板块产业链地位以及国际化、市场化程度有关

不同板块企业数量差异是造成各板块利用衍生品企业数量不一致的直接原因[①]，但是从更深层次的原因来看，产业链地位、国际化和市场化水平是造成各板块利用衍生品数量差异的根本原因。制造业板块作为利用衍生品数量最多的板块，主要由于其处于产业链中游，日常生产面临原料和产品价格波动的双重风险，具有较为迫切的风险管理需求。以华菱钢铁[②]为例，2015年我国钢铁行业经历寒冬，消费和产量双降，全行业出现亏损，华菱钢铁也未能幸免，当年亏损29.59亿元。2016年，华菱钢铁通过加大期货套期保值、原材料贸易等方式对大宗原材料进行风险管理，购入螺纹钢、铁矿石、冶金焦炭等期货品种总计1.04亿元，较2015年增长了25.54%，获利1752.97万元，较2015年增长了371.12%。在华菱钢铁积极对经营风险进行管理及国家大力化解产能的背景下，2016年公司亏损降至10.55亿元，亏损减少了64.34%。

从具体行业来看，计算机、通信和其他电子设备制造业作为利用衍生品比例最高的行业，除5家利用商品期货外，其余均为金融期货。由于技术更新速度加快和市场需求范围扩大，行业内公司逐步拓展国际业务，因此越来越多地运用外汇远期及货币掉期等衍生品进行风险管理。以中兴通讯为例，随着国际业务实现的营业收入不断上升，企业开始利用利率掉期、远期外汇合约对冲风险，2013—2017年，公司累计期末合约金额为327.85亿元，衍生品交易累计收益为3.60亿元。此外，有色金属矿采选业自20世

---

① 制造业板块作为沪深上市公司的第一大板块，拥有2227家企业，占上市企业总量的63.24%，板块内利用衍生品企业数量为275家，而交通运输、仓储和邮政业板块共有上市公司83家，占上市企业总量的2.36%，上市企业总数相对较少，板块内利用衍生品企业数量仅为8家。

② 2018年华菱钢铁以766.564亿元营业收入列《财富》500强榜单第99名，在上榜的22家钢铁冶金企业中排名第4位。

纪80年代中期以后开始市场化改革，至90年代初期市场化机制初步建立，也为衍生品交易提供了良好的市场基础。

（六）利用衍生品工具的上市公司区域分布主要受区域总体经济发展水平和产业布局影响

通过对比研究，我们发现经济总量较高的地区利用衍生品的企业越多，东南沿海地区在衍生品工具利用方面明显领先一步。而具体到各省来看，利用衍生品工具上市企业数量与各省市GDP排序基本一致（详见附件8）。利用衍生品数量最多的省份依次为浙江、广东、江苏，其2017年GDP全国排名分别为第四位、第一位和第二位。此外，区域产业布局也是重要影响因素，制造业较为发达的华东地区上市公司对于衍生品利用的比例相对较高，其他地区区域特点并不明显。除去与当地企业所处的行业类别有关之外，从数量绝对值来看，华东、华南及华中地区持续利用衍生品工具的比例较高，西北、西南等内陆地区相对较低，这也与其对衍生品工具的了解水平和接受程度相关。

四、相关建议

（一）加强衍生品市场总体建设，提高实体经济服务能力

我国衍生品市场在近30年间经历了从无到有、从小到大的发展过程，目前市场品种体系逐步完善，交易规模不断增长，实体经济服务能力日益增强。与此同时，衍生品市场总体还有较大发展空间，特别是在衍生品工具多样性、国际化水平和场外市场建设方面，还与欧美国家存在较大差距。建议监管机构和交易所加强对衍生品市场的总体规划，针对实体企业的诉求，提供更加多元化、多层次的衍生品产品，增强对实体经济的服务能力。

（二）引导上市公司利用衍生品工具，不断提高公司业绩水平

上市公司作为各行业的龙头企业，对实体经济的发展起着重要作用。从资本市场发展的角度来看，上市公司整体业绩与股东权益密切相关，也进一步关系到资本市场的稳定运行。建议交易所联合上市公司协会、期货

业协会合作举办多种形式的衍生品推广活动，鼓励上市公司从更加长远的角度看待衍生品价值，提高公司风险管理水平，保障股东权益。同时，建议交易所联合各地证监机构举办以衍生品实践操作为主题的上市公司培训，通过不同行业的案例分析，增强上市公司对期货等衍生品的了解，引导上市公司积极利用衍生品工具。

（三）提高中介机构服务能力，保障上市公司衍生品利用效率

目前，部分上市公司对于衍生品的认识和理解并不充分，需要专业指导辅助企业进行衍生品操作。而期货公司作为衍生品市场的重要中介机构，对上市公司的服务水平仍有较大的提升空间，在投资咨询、套期保值方案订制方面很难提供一条龙的持续性服务。建议衍生品中介机构不断增强自身的综合服务能力，提高服务的延续性和稳定性，从更加专业的角度帮助上市公司理解衍生品市场的作用，在实践中不断拓展对上市公司的服务深度。

（四）加强衍生品专业人才培养，促进衍生品市场健康发展

具有衍生品知识的专业人才队伍是上市公司实现从理论到实践的关键因素。很多企业虽然了解衍生品工具的风险管理作用，但是苦于没有人才进行操作执行，难以顺利开展衍生品交易。建议交易所联合期货业协会加大人才培养力度，通过与高校、企业、期货公司联合培养等方式，实现人才输送和持续培养，为上市公司进行衍生品交易提供人才保障，同时促进国内衍生品市场积极健康发展。

附件1　证监会行业分类标准
附件2　利用衍生品十年以上上市公司相关品种及平均合约金额
附件3　部分上市公司商品期货交易持续时间及平均合约金额
附件4　利用各商品期货上市公司名单
附件5　排名前三板块内主要利用衍生品行业及相关情况
附件6　关于上市公司利用衍生品对企业业绩和系统性风险影响的实证检验
附件7　2017年各板块上市公司平均总资产规模
附件8　各省利用衍生品工具企业数量与GDP排名情况

附件1

证监会行业分类标准

代码		类别名称	代码		类别名称
门类	大类		门类	大类	
A		农、林、牧、渔业	F		批发和零售业
	1	农业		51	批发业
	2	林业		52	零售业
	3	畜牧业	G		交通运输、仓储和邮政业
	4	渔业		53	铁路运输业
	5	农、林、牧、渔服务业		54	道路运输业
B		采矿业		55	水上运输业
	6	煤炭开采和洗选业		56	航空运输业
	7	石油和天然气开采业		57	管道运输业
	8	黑色金属矿采选业		58	装卸搬运和运输代理业
	9	有色金属矿采选业		59	仓储业
	10	非金属矿采选业		60	邮政业
	11	开采辅助活动	H		住宿和餐饮业
	12	其他采矿业		61	住宿业
C		制造业		62	餐饮业
	13	农副食品加工业	I		信息传输、软件和信息技术服务业
	14	食品制造业		63	电信、广播电视和卫星传输服务
	15	酒、饮料和精制茶制造业		64	互联网和相关服务
	16	烟草制品业		65	软件和信息技术服务业
	17	纺织业	J		金融业
	18	纺织服装、服饰业		66	货币金融服务
	19	皮革、毛皮、羽毛及其制品和制鞋业		67	资本市场服务
	20	木材加工和木、竹、藤、棕、草制品业		68	保险业
	21	家具制造业		69	其他金融业

续表

代码		类别名称	代码		类别名称
门类	大类		门类	大类	
	22	造纸和纸制品业	K		房地产业
	23	印刷和记录媒介复制业		70	房地产业
	24	文教、工美、体育和娱乐用品制造业	L		租赁和商务服务业
	25	石油加工、炼焦和核燃料加工业		71	租赁业
	26	化学原料和化学制品制造业		72	商务服务业
	27	医药制造业	M		科学研究和技术服务业
	28	化学纤维制造业		73	研究和试验发展
	29	橡胶和塑料制品业		74	专业技术服务业
	30	非金属矿物制品业		75	科技推广和应用服务业
	31	黑色金属冶炼和压延加工业	N		水利、环境和公共设施管理业
	32	有色金属冶炼和压延加工业		76	水利管理业
	33	金属制品业		77	生态保护和环境治理业
	34	通用设备制造业		78	公共设施管理业
	35	专用设备制造业	O		居民服务、修理和其他服务业
	36	汽车制造业		79	居民服务业
	37	铁路、船舶、航空航天和其他运输设备制造业		80	机动车、电子产品和日用产品修理业
	38	电气机械和器材制造业		81	其他服务业
	39	计算机、通信和其他电子设备制造业	P		教育
	40	仪器仪表制造业		82	教育
	41	其他制造业	Q		卫生和社会工作
	42	废弃资源综合利用业		83	卫生
	43	金属制品、机械和设备修理业		84	社会工作
D		电力、热力、燃气及水生产和供应业	R		文化、体育和娱乐业
	44	电力、热力生产和供应业		85	新闻和出版业
	45	燃气生产和供应业		86	广播、电视、电影和影视录音制作业
	46	水的生产和供应业		87	文化艺术业
E		建筑业		88	体育
	47	房屋建筑业		89	娱乐业

续表

代码		类别名称	代码		类别名称
门类	大类		门类	大类	
	48	土木工程建筑业	S		综合
	49	建筑安装业		90	综合
	50	建筑装饰和其他建筑业			

附件2

利用衍生品十年以上上市公司期货品种及平均合约金额

公司	期货品种	板块	平均合约金额（元）
中信证券	利率、外汇	金融业	—
远大控股	商品期货、外汇	批发和零售业	12035371525.00
物产中大	棉花、聚乙烯、橡胶	批发和零售业	—
厦门国贸	—	批发和零售业	—
敦煌种业	—	农、林、牧、渔业	—
通威股份	豆粕、菜粕	制造业	—
*ST东凌	—	制造业	—
豫园股份	黄金	批发和零售业	—
兴业银行	利率、汇率、贵金属	金融业	1303206773400.00
北京银行	汇率、利率	金融业	17770931181.82
交通银行	外汇、商品、利率	金融业	1450909090909.09
宁波银行	外汇、贵金属	金融业	1229980091000.00
民生银行	外汇、利率、贵金属	金融业	—
华夏银行	外汇、利率	金融业	—
恒逸石化	PTA	制造业	—
中国平安	外汇、利率、黄金、股指	金融业	840556090909.09
海立股份	外汇	制造业	—
上海电气	外汇	制造业	—
西藏珠峰	锌	采矿业	—
西部矿业	锌、铅、金、银、铜	采矿业	—
三一重工	外汇	制造业	—
海通证券	利率	金融业	239330417169.17
法拉电子	外汇	制造业	—
海信科龙	外汇	制造业	1340718583.33
横店东磁	外汇	制造业	—
信隆健康	外汇	制造业	—
*ST船舶	外汇	制造业	7966420443.77

续表

公司	期货品种	板块	平均合约金额（元）
万丰奥威	外汇	制造业	—
东阳光科	—	制造业	6519150.00
中兴通讯	外汇	制造业	5812977533.33
TCL集团	外汇、利率	制造业	19237617655.56
康强电子	—	制造业	6011968.82
招商银行	外汇、利率	金融业	—
三力士	—	制造业	2581080.00
山东黄金	黄金	采矿业	—
紫金矿业	—	采矿业	—
四川长虹	外汇	制造业	—
宝胜股份	铜	制造业	—

附件3

部分上市公司期货品种交易年限及平均合约金额

公司	板块	品种	年限	平均合约金额（元）
东方集团	批发和零售业	大豆	1年	1967190
佛塑科技	制造业	聚乙烯	3年	77615181
国电电力	电力、热力、燃气及水生产和供应业	聚氯乙烯	1年	78053400
中粮糖业	制造业	白糖	1年	246851798
荣盛石化	制造业	PTA	5年	85339706
金晶科技	制造业	玻璃	2年	1624691
贤丰控股	制造业	铜	2年	1436952
物产中拓	批发和零售业	螺纹钢	2年	571931000
潮宏基	制造业	黄金	3年	173044180
华闻传媒	文化、体育和娱乐业	橡胶	3年	110239450

附件4

利用各商品期货上市公司名单

交易所名称	品种	公司	使用年限	板块
大商所	豆粕（17家）	辉隆股份	6	批发和零售业
		海大集团	9	制造业
		正虹科技	5	制造业
		大北农	4	制造业
		华英农业	2	农、林、牧、渔业
		正邦科技	1	制造业
		万家乐	1	制造业
		通威股份	9	制造业
		圣农发展	4	农、林、牧、渔业
		东凌粮油	3	制造业
		唐人神	3	制造业
		金新农	3	制造业
		天邦股份	3	制造业
		温氏股份	2	农、林、牧、渔业
		新希望	1	制造业
		京粮控股	1	制造业
		道道全	1	制造业
	大豆（8家）	京粮控股	1	制造业
		道道全	1	制造业
		唐人神	6	制造业
		东凌粮油	11	制造业
		天邦股份	3	制造业
		海大集团	9	制造业
		东方集团	2	批发和零售业
		北大荒	1	农、林、牧、渔业

续表

交易所名称	品种	公司	使用年限	板块
大商所	玉米（7家）	正虹科技	5	制造业
		大北农	4	制造业
		华英农业	2	农、林、牧、渔业
		正邦科技	1	制造业
		保龄宝	3	制造业
		辉隆股份	6	批发和零售业
		海大集团	9	制造业
	PVC（5家）	辉隆股份	6	批发和零售业
		国电电力	1	电力、热力、燃气及水生产和供应业
		华立股份	2	制造业
		佛塑科技	3	制造业
		永高股份	1	制造业
	焦炭（5家）	浙商中拓	7	批发和零售业
		物产中拓	7	批发和零售业
		兖州煤业	3	采矿业
		华菱钢铁	8	制造业
		云维股份	1	制造业
	铁矿石（5家）	五矿发展	4	批发和零售业
		太钢不锈	3	制造业
		华菱钢铁	8	制造业
		酒钢宏兴	1	制造业
		美都能源	4	综合
	焦煤（2家）	兖州煤业	3	采矿业
		云维股份	1	制造业
	棕榈油（2家）	金新农	3	制造业
		维维股份	2	制造业
	纤维板（1家）	吉林森工	2	制造业

续表

交易所名称	品种	公司	使用年限	板块
上期所	铜（15家）	西部矿业	9	采矿业
		海鸥住工	2	制造业
		雷科防务	6	制造业
		春兴精工	1	制造业
		康强电子	6	制造业
		紫金矿业	6	采矿业
		湖南黄金	4	采矿业
		宝胜股份	10	制造业
		万马股份	7	制造业
		卧龙电气	7	制造业
		贤丰控股	5	制造业
		TCL集团	4	制造业
		中金黄金	3	采矿业
		苏州固锝	1	制造业
		鑫新股份	1	文化、体育和娱乐业
	黄金（12家）	山东黄金	9	采矿业
		豫园股份	5	批发和零售业
		中国平安	5	金融业
		刚泰控股	5	制造业
		潮宏基	3	制造业
		东方证券	3	金融业
		新华百货	2	批发和零售业
		西部黄金	2	采矿业
		西部矿业	1	采矿业
		华天科技	1	制造业
		康强电子	6	制造业
		紫金矿业	6	采矿业
		湖南黄金	4	采矿业

续表

交易所名称	品种	公司	使用年限	板块
上期所	螺纹钢（11家）	物产中拓	7	批发和零售业
		南方建材	7	批发和零售业
		兖州煤业	3	采矿业
		上海钢联	2	信息传输、软件和信息技术服务业
		韶钢松山	2	制造业
		华菱钢铁	8	制造业
		酒钢宏兴	1	制造业
		安阳钢铁	2	制造业
		云维股份	1	制造业
		杭萧钢构	2	建筑业
		马钢股份	5	制造业
	锌（11家）	兴业矿业	2	采矿业
		西藏珠峰	7	采矿业
		驰宏锌锗	3	采矿业
		华闻传媒	1	文化、体育和娱乐业
		中色股份	1	采矿业
		银泰资源	1	采矿业
		华钰矿业	1	采矿业
		西部矿业	9	采矿业
		海鸥住工	2	制造业
		康强电子	6	制造业
		紫金矿业	6	采矿业
	铝（11家）	方大集团	8	制造业
		上海能源	6	采矿业
		*ST嘉瑞	4	文化、体育和娱乐业
		苏泊尔	3	制造业
		新钢股份	2	制造业
		万丰奥威	2	制造业
		爱仕达	1	制造业
		兴业矿业	2	采矿业
		雷科防务	6	制造业
		春兴精工	1	制造业
		西部矿业	6	采选业

续表

交易所名称	品种	公司	使用年限	板块
上期所	天然橡胶（9家）	浙江东方	2	批发和零售业
		物产中大	2	批发和零售业
		海南橡胶	8	农、林、牧、渔业
		深南股份	1	制造业
		三力士	7	制造业
		通用股份	2	制造业
		玲珑轮胎	2	制造业
		华闻传媒	5	文化、体育和娱乐业
		万家乐	1	制造业
	银（7家）	西部矿业	9	采矿业
		紫金矿业	6	采矿业
		康强电子	6	制造业
		银泰资源	1	采矿业
		湖南黄金	4	采矿业
		赤峰黄金	4	采矿业
		浙江东方	2	批发和零售业
	镍（3家）	太钢不锈	3	制造业
		酒钢宏兴	1	制造业
		银泰资源	1	采矿业
	热卷（2家）	本钢板材	1	制造业
		酒钢宏兴	1	制造业
	燃料油（2家）	龙宇燃油	1	批发和零售业
		华闻传媒	5	文化、体育和娱乐业
	沥青（1家）	国创高新	1	房地产业
	锡（1家）	银泰资源	3	采矿业
郑商所	棉花（11家）	华孚时尚	9	制造业
		常山股份	7	制造业
		辉隆股份	6	批发和零售业
		百隆东方	6	制造业
		敦煌种业	4	农、林、牧、渔业
		凤竹纺织	4	制造业
		新赛股份	3	农、林、牧、渔业
		物产中大	2	批发和零售业
		孚日股份	2	制造业

续表

交易所名称	品种	公司	使用年限	板块
郑商所	棉花（11家）	联发股份	1	制造业
		万家乐	1	制造业
	白糖（8家）	冠农股份	2	制造业
		金新农	3	制造业
		黑芝麻	1	制造业
		量子高科	4	制造业
		贵糖股份	4	制造业
		浙江东方	2	批发和零售业
		南宁糖业	2	制造业
		中粮糖业	9	制造业
	PTA（7家）	佛塑科技	3	制造业
		海利得	2	制造业
		尤夫股份	2	制造业
		浙江东方	1	批发和零售业
		恒逸石化	7	制造业
		华西股份	6	制造业
		荣盛石化	5	制造业
	菜籽油（3家）	金新农	3	制造业
		维维股份	2	制造业
		道道全	1	制造业
	动力煤（3家）	兖州煤业	3	采矿业
		中国神华	2	采矿业
		云维股份	1	制造业
郑商所	甲醇（3家）	冀中能源	2	采矿业
		兖州煤业	3	采矿业
		云维股份	1	制造业
	玻璃（2家）	金晶科技	2	制造业
		物产中拓	7	批发和零售业
	早籼稻（1家）	万福生科	1	制造业

附件5

排名前三板块内主要利用衍生品行业及相关情况

板块名称	行业名称	利用衍生品工具公司数量	占板块内利用衍生品工具公司数量的比重	占所有利用衍生品工具公司数量的比重	所利用的期货品种
制造业板块	计算机、通信和其他电子设备制造业	42家	21.42%	14.74%	货币、利率等
	电气机械及器材制造业	42家	21.42%	14.74%	货币、利率等
	农副食品加工业	18家	9.18%	6.32%	豆粕、玉米、白糖等
金融业板块	资本市场服务业	20家	54.05%	7.02%	利率、国债、股指、黄金等
	货币金融服务业	16家	43.24%	5.61%	货币、利率等
	保险业	1家	2.70%	0.35%	货币、利率、股指等
采矿业板块	有色金属矿采选业	13家	72.20%	4.56%	铜、黄金等
	煤炭开采和洗选业	3家	16.67%	1.05%	动力煤等

附件6
关于上市公司利用衍生品对企业业绩和系统性风险影响的实证检验

一、假设提出

上市公司利用衍生品在理论上可以对冲、投机和套利,能够帮助企业走出财务困境,管控企业面临的风险,因此提出以下两点假设:

H_1:利用衍生品有利于提升企业业绩。

H_2:利用衍生品能够降低企业系统性风险。

二、数据来源与样本选择

本研究选取2007—2017年上市公司的经验数据为研究样本,数据来源为Wind数据库和CSMAR数据库。本研究通过手工搜集全部上市公司年报,从中筛选带有"期货""期权""衍生品""套期保值""远期"等字样的上市公司,视为利用衍生品的上市公司。本研究在整理数据过程中剔除了数据严重缺失的样本,最终选取来自3329家上市公司的23960个有效样本,其中利用过衍生品的上市公司共148家,有效样本1670个。

三、模型设定和变量定义

本研究利用非平衡面板进行混合回归,并分别研究上市公司利用衍生品对企业业绩和企业系统性风险的影响,模型设定如下:

$$Eps_{it}=\beta_{10}+\beta_{11}\times Derivative_{it}+\beta_{1j}\times \sum\nolimits_{j=2}^{n}Control_{jit}+\varepsilon_{it}$$

其中，Eps为每股收益。$Control$为控制变量，包括企业年龄（Age）、资产周转率（Sale）、总资产净利率（Roa）、净资产负债率（Dna）。ε_{it}为随机扰动项，各变量具体含义见附表6.1。

附表6.1　各变量定义描述

变量名	变量含义
EPS_{it}	普通股东当年净利润/当年发行在外普通股加权平均数
$Derivative_{it}$	虚拟变量，1代表企业当年利用衍生品，0代表未利用
Age_{it}	企业年龄的自然对数
$Sale_{it}$	经营能力，企业当年营业总收入/平均资产总额
Roa_{it}	盈利能力，企业当年净利润/平均资产总额
Dna_{it}	债偿能力，企业当年负债总额/归属母公司股东权益

从变量描述性统计可知，Derivative均值为0.0697，表示我国上市公司运用衍生品的比例相对较低。其他变量描述性统计见附表6.2。

附表6.2　变量描述性统计

变量	平均值	标准差	最小值	最大值
Eps	0.3635	0.6422	−21.8600	21.5600
$Derivative$	0.0697	0.2546	0	1
Age	2.7247	0.3535	0	4.0604
$Sale$	0.6868	0.6161	−0.9190	22.2359
Roa	0.0454	0.6387	−64.8192	64.7546
Dna	1.7410	12.1529	−262.2199	1302.361

四、实证研究和结果分析

本研究利用stata14分别对模型进行实证检验，实证检验结果如附表6.3所示。

附表6.3 利用衍生品对企业业绩和系统性风险的影响

变量	系数
$Derivative$	0.1350*** (0.0405)
Age	−0.1110*** (0.0196)
$Sale$	0.0864*** (0.0200)
Roa	0.1200* (0.0716)
Dna	−0.0011* (0.0006)
_cons	0.5930*** (0.0571)

注：*、**、***分别表示系数估计值在10%、5%、1%水平上显著；回归系数下面一行括号内为对应的标准误。

由回归结果可知，本研究对模型进行了较好的拟合。Derivative项系数为0.135，表示企业业绩对利用衍生品的弹性为0.135，并且系数在1%的水平上显著，得出结论：上市公司利用衍生品能够有效提升企业业绩。

附件7

各板块上市公司平均总资产规模

单位：元

排名	行业	企业规模（企业当年期末总资产）
1	金融业	2188681395777
2	采矿业	90629805101
3	房地产业	69029069041
4	电力、热力、燃气及水生产和供应业	35822342060
5	交通运输、仓储和邮政业	29920166647
6	租赁和商务服务业	15909539805
7	批发和零售业	15190606945
8	制造业	9208489610
9	住宿和餐饮业	8907222443
10	建筑业	8740564226
11	文化、体育和娱乐业	7466709098
12	综合	7197791145
13	信息传输、软件和信息技术服务业	6851157242
14	农、林、牧、渔业	6229364722
15	水利、环境和公共设施管理业	6154338506
16	卫生和社会工作	6026727370
17	教育	3301038611
18	科学研究和技术服务业	2925731384
19	居民服务、修理和其他服务业	274470198

附件8

各省利用衍生品工具企业数量与GDP排名情况　　　　　单位：家，位

GDP排名	省份名称	利用衍生品工具上市公司数量	GDP排名	省份名称	利用衍生品工具上市公司数量
1	广东省	58	17	广西壮族自治区	3
2	江苏省	30	18	重庆	4
3	山东省	9	19	天津	0
4	浙江省	41	20	云南省	4
5	河南省	5	21	黑龙江省	2
6	四川省	8	22	内蒙古自治区	3
7	湖北省	6	23	吉林省	1
8	河北省	1	24	山西省	3
9	湖南省	9	25	新疆维吾尔自治区	7
10	福建省	15	26	贵州省	0
11	上海	27	27	甘肃省	4
12	北京	16	28	海南省	5
13	安徽省	11	29	宁夏回族自治区	1
14	辽宁省	2	30	青海省	2
15	陕西省	4	31	西藏自治区	2
16	江西省	2		总计	285

我国上市公司使用衍生品的效果研究

谢亚 赵亮 等[①]

摘　要： 国际经验表明，企业使用衍生品有助于规避市场风险，稳定生产经营，进而提升经营业绩。近年来，我国各个行业上市公司利用衍生品的比重不断提高。通过对数据进行面板分析，研究发现上市公司利用衍生品有助于提高企业经营效益。本文选取厦门国贸集团股份有限公司、宁夏英力特化工股份有限公司、厦门象屿股份有限公司、山西太钢不锈钢股份有限公司、广东海大集团有限公司和酒钢集团宏兴钢铁股份有限公司六家上市公司进行典型案例分析，总结其利用衍生品的实践和效果，发现上市公司利用衍生品在提升企业经营稳定性、扩大经营规模和提高经营效率等方面发挥了积极作用。

关键词： 上市公司　衍生品　面板分析　案例分析

国际经验表明，企业使用衍生品有助于规避市场风险，稳定生产经营，进而提升经营业绩。据统计，世界500强企业中超过90%的企业参与衍生品市场。我国衍生品市场发展起步较晚，但发展较快，近年来，一些上市公司通过衍生品市场提升经营管理水平，管理风险，进而提升经营绩效，取得不错的效果。本文首先通过对上市公司大样本进行实证分析，比较不同行业利用衍生品市场对企业经营业绩的影响效果，进而选取六家上市公司进行典型案例分析，分别从企业经营稳定性、经营规模和经营效率等方面论证企业利用衍生品的实际效果，最后得出结论。

---

① 参与本报告编写的人员还有鲁娟、孟祥怡、纪晓云、刘硕、王曦、宋欣然。

一、研究综述

（一）境外企业使用衍生品情况的研究

Bartram（2017）进行过一项调查[①]，详细分析了47个国家非金融企业使用衍生品的情况，但是没有分析企业进行套期保值的效果。该研究选取来自47个国家（包括美国）的6896家非金融公司2000—2001年的年度数据为样本，所有47个国家的GDP占全球GDP的99%，样本中的公司市值占全球总市值的60.6%或非金融公司全球市值的76.8%。根据公司年度报告搜索有关衍生品使用的信息，将其划分为衍生品的使用者和非使用者。研究表明，在世界范围内，衍生品市场较为发达的地区，企业使用衍生品（仅看商品衍生品）较为频繁。并且，根据调查结果，商品期货领域内，各行业表现出不同程度的衍生品使用情况，其中，原油类行业利用商品期货进行套期保值的程度最高，占该行业企业所使用的所有衍生品的50.6%；其次是贵金属和公用事业，分别为45.7%和44.5%；再次是钢铁行业和采矿业，分别为31.3%和27.8%；食品制造、化工和轮船制造业，商品期货使用比率也高于20%。

Hany等（2014）[②]对英国非金融企业衍生品使用情况及其对企业价值的影响进行了探究，针对2005—2012年英国股票交易所（LSE）上市的288家公司衍生品使用情况，以公司是否使用金融衍生工具（例如，期货、远期、期权和掉期合约）进行套期保值（例如，对冲外汇、利率或商品价格风险）为标准，将样本分为套期保值者和非套期保值者。研究发现，套期保值者占比为82.5%，其中，使用衍生工具对冲外汇、利率和商品价格风险的公司比例分别为68.1%、63.8%和14.0%。这一比例明显高于土耳其和非洲的发展中国家。研究表明，商品衍生品套期保值与公司价值的关系是积极和正向的，在商品衍生品使用中，企业更偏向于使用远期合约和互换合约，期货合约的使用率偏小。

[①] Söhnke M. Bartram, 2017, Corporate Hedging and Speculation with Derivatives.

[②] Ahmed H, Azevedo A, Guney Y. The effect of hedging on firm value and performance: Evidence from the nonfinancial UK firms[J]. European Financial Management Association, 2014, 44.

Pear（2014）[1]以美国航空业为例，以美国的36家航空公司在1992—2013年衍生品使用情况为样本，研究发现航空公司的套期保值行为与其公司价值呈正相关关系，套期保值溢价在5%—10%，使用喷气燃料衍生品进行套期保值的航空公司的企业价值（用托宾Q度量）比不使用喷气燃料衍生品进行套期保值的航空公司高出26.41%。研究结果表明，套期保值每增加1%将使企业价值增加约0.21%，但这种公司价值的增加并不是完全线性和可持续的，套期保值数量的增长应当控制在一定程度内，超出后公司价值将不再有明显的增长。研究还表明，航空公司套期保值较为活跃的时期为其燃料油价格剧烈波动时期，并且主动的套期保值策略将对公司价值提高更为有利。

Yusuf等（2016）[2]对土耳其非金融企业衍生品使用及其对企业价值的影响进行了探究。结果显示，2007—2013年中，1428家非金融公司有520家（36.41%）使用衍生工具对冲风险。按照对冲目的，衍生品的使用可以分为货币衍生品、利率衍生品和商品衍生品，分别占比32.98%、13.59%和3.29%。土耳其企业中使用商品衍生品对冲商品价格风险的多集中于能源行业（30.95%），其次是交通运输业（16.67%），再次是公用事业（8.57%）。研究表明，通过托宾Q度量的企业价值与衍生品的使用呈正向关系，即企业使用衍生品进行套期保值将有利于企业价值的提升。但是，36.41%的套期保值公司，其套期保值溢价[3]只有0.53%，这一结果与发达国家相比非常低。原因主要有两个，一是企业信息报告的不对称性，投资者不能有效识别套保信息及其质量；二是土耳其上市公司的股权集中度非常高，投资者保护体系也很薄弱，投资者可能不会公平地看待土耳其公司的套期保值政策，认为其使用衍生品并不是基于风险管理和价值最大化，而是出于大股东利益或其他动机。

---

[1] Mohammad K P. Value of Hedging in US Airline Industry: A Perspective on Firm Value & Accounting Performance[J]. International Journal of Business Management, 2014, 1(1): 35-51.

[2] Ayturk Y, Gurbuz A O, Yanik S. Corporate derivatives use and firm value: Evidence from Turkey[J]. Borsa Istanbul Review, 2016, 16(2): 108-120.

[3] 在这里指由于企业采取衍生品套期保值策略而提高的公司价值。

John等（2015）①对非洲非金融企业衍生品使用情况及其对企业价值的影响进行了探究。通过对17个非洲国家的760家非金融公司的调查显示，非洲非金融公司的衍生品使用率非常低，只有38.5%，但大型企业中使用衍生品的比率为54%，并且67%的公司正在增加衍生品的使用。调查发现，大多数非洲公司不使用衍生品的主要原因是缺乏衍生品知识，缺乏有组织的衍生品市场以及缺乏衍生品专业人员。但调查结果显示，使用衍生品的公司拥有较强的公司治理能力，可以减轻可能损害公司利益的衍生品滥用风险。其中，公司采用的衍生工具类型为远期（18.49%）、期货（3.77%）、期权（包括场外）（7.55%）及互换（5.66%），并以场外衍生品作为套期保值主要品种，这一结果源于大多数非洲国家没有有组织的衍生品交易所。在使用商品衍生品管理商品价格波动风险的非金融企业中，94.1%的企业认为使用商品衍生品能够有效管理商品价格风险，这一比例要高于使用汇率、利率衍生品。

（二）国内企业商品衍生品使用对企业价值影响的研究

由于国内衍生品市场起步较晚，发展尚不完善，国内对企业衍生品使用与企业价值间关系的研究较少，得出的结论也存在差异。

陈炜和王弢（2006）②以深沪两市39家有色金属加工及生产企业作为研究样本，通过分析2004年的财务数据发现运用商品期货进行套期保值未能提高企业价值。

赵旭（2011）③以我国有色金属行业的28家上市公司为研究对象，以2004—2008年作为观测期间，通过实证分析发现，使用衍生品对公司价值有显著的正向影响。

---

① Osuoha J, Samy M, Osuoha O. The Impact of Corporate Governance on Derivatives Usage—Empirical Evidence from African Non-Financial Firms[J]. British Journal of Economics, Management & Trade, 2015, 8(1): 19-31.

② 陈炜，王弢. 衍生产品使用对公司价值和业绩影响的实证检验[J]. 证券市场导报，2006（3）：56-61.

③ 赵旭. 金融衍生品使用与企业价值、风险：来自中国有色金属类上市公司的经验证据[J]. 经济管理，2011（1）：121-130.

郭飞（2012）[①]对我国上市非金融跨国公司2007—2009年共计968组观测值进行实证分析后得出结论，利用外汇衍生品管理汇率风险给企业带来了平均约10%的价值溢价。

斯文（2013）[②]以我国制造业上市公司2007—2011年共计4623组观测数据为样本，通过非平衡面板数据模型进行实证分析，发现使用衍生品对企业价值产生了正效应，但显著性水平存在不确定性，进一步的研究显示，对于不同类型的衍生品合约，企业价值效应存在着明显的异质性，其中，商品衍生品发挥了显著的折价效应。

二、上市公司利用衍生品的实证研究

（一）数据来源与样本选择

本文选取2012—2017年上市公司数据为研究样本[③]，数据来源为Wind数据库和CSMAR数据库。其中，上市公司的财务数据来源于Wind数据库，而托宾Q值的数据来源于CSMAR数据库[④]。本文借助虚拟变量的定义思想，对上市公司使用衍生品的情况进行描述。通过手工搜集全部上市公司年报，从中筛选带有"期货""期权""衍生品""套期保值""远期"等字样，年报中出现这些字样，就视为该上市公司当年使用了衍生品。经过整理，发现在中国证监会的19个行业分类下，使用过衍生品的上市公司涉及9个一级行业，其中，采矿业的使用占比最高，为21.6%，交通运输、仓储和邮政业以及农林牧渔业的占比分别为13.3%和10.5%（表1）。

[①] 郭飞. 外汇风险对冲和公司价值：基于中国跨国公司的实证研究[J]. 经济研究，2012，9：18–31.

[②] 斯文. 金融衍生品与企业风险承担——基于我国制造业上市公司的经验证据[J]. 会计与经济研究，2014（5）：87–102.

[③] 本文对沪深全部上市公司的行业划分依据证监会《上市公司行业分类指引（2012年修订）》，故为保持数据分类的一致性，选择2012—2017年作为研究的样本期。其中，CSRC的一级行业分类包括19类，二级分类包括90类。需要指出的是，本文的研究剔除了金融业。

[④] CSMAR数据库提供了多种方法计算所得的托宾Q值，本文选取托宾Q值A作为数据样本，其计算方法为：市值A/资产总计；当分母未公布或为零或小于零时，以NULL表示。

表1 所选样本涉及行业

使用衍生品的一级行业及占比（9个）	大商所品种相关二级行业及占比（15个）
采矿业（21.6%）；房地产业（2.5%）；交通运输、仓储和邮政业（13.3%）；农、林、牧、渔业（10.5%）；批发和零售业（8.5%）；制造业（8.3%）；住宿和餐饮业（5.6%）；综合（6.7%）；租赁和商务服务业（4.7%）	畜牧业（14.5%）；电气机械及器材制造业（16.2%）；黑色金属冶炼及压延加工（25.1%）；化学原料及化学制品制造业（0.6%）；酒、饮料和精制茶制造业（2.6%）；零售业（3.9%）；煤炭开采和洗选业（7.6%）；木材加工及木、竹、藤、棕、草制品（6.1%）；农副食品加工业（28.7%）；农业（16.8%）；批发业（13.7%）；其他制造业（10.8%）；石油加工、炼焦及核燃料加工业（12.3%）；橡胶和塑料制品业（7.5%）；综合（6.7%）

注：括号中为该行业中使用衍生品的上市公司占该行业所有上市公司的比重，数据区间为2012—2017年。

本文选取OLS回归对各行业内部所有上市公司使用衍生品的情况进行分析，同时选取了面板数据模型对大商所上市品种相关行业的上市公司使用衍生品的情况进行了分析。之所以采取两种不同的模型设定方法，是基于模型的拟合结果以及所面临的数据量的不同综合进行选择的，对于模型中变量的选取在两个维度的研究中也有所差异。

（二）分行业分析上市公司使用衍生品的效果

1. 不同行业使用衍生品的情况描述

使用衍生品比重最高的5个行业分别是采矿业、交通运输、仓储和邮政业、农林牧渔业、批发和零售业、制造业。从表2可以看出，上述5大行业使用衍生品的上市公司数目及占比都有上升的趋势，这说明上市公司越来越多地利用衍生品来套期保值、规避风险。具体而言，采矿业使用衍生品的意愿最为强烈，在2012—2017年，采矿业使用衍生品的公司比重明显上升，目前稳定在25%左右。在绝对数目上，制造业中使用衍生品的上市公司最多，且在过去6年内，使用衍生品的公司占比也小幅增长，2017年已达8.9%。交通运输、仓储和邮政业的使用衍生品比重也很高，在19个行业中仅次于采矿业，但这是由于该行业整体上市公司数量较少，自2012年以来只有6家上市公司，其中有1家使用衍生品，占比为16.6%。农林牧渔业的上市公司数和使用衍生品的公司数也都较少，2017年占比为14.8%。批发和零售业使用衍生品的上市公司数目比农林牧渔业多，但是由于其上市公司总数较多，因此其比重反而较低，2017年为8.6%。具体分析结果见附表1、附表2，其中，交通运输、仓储和邮政业的样本数过少，未对其进行估计。

表2 各行业上市公司使用衍生品情况（一级行业）

年份	总数目（家）	使用衍生品数（种）	占比（%）	年份	总数目（家）	使用衍生品数（种）	占比（%）
采矿业（21.6%①）				交通运输、仓储和邮政业（16.6%）			
2012	47	7	14.89	2012	6	1	16.6
2013	49	7	14.28	2013	6	1	16.6
2014	53	12	22.64	2014	6	1	16.6
2015	55	14	25.45	2015	6	1	16.6
2016	57	14	24.56	2016	5	0	16.6
2017	72	18	25.00	2017	—②	—	—
农、林、牧、渔业（10.5%）				批发和零售业（8.5%）			
2012	37	2	5.40	2012	133	9	6.76
2013	37	4	10.81	2013	134	10	7.46
2014	38	3	7.89	2014	136	14	10.29
2015	41	4	9.75	2015	143	12	8.39
2016	42	6	14.28	2016	154	14	9.09
2017	42	6	14.28	2017	162	14	8.64
制造业（8.3%）							
2012	1379	89	6.45				
2013	1389	108	7.77				
2014	1482	133	8.97				
2015	1652	142	8.59				
2016	1822	159	8.72				
2017	2165	193	8.91				

注：①根据6年上市公司使用衍生品比重计算的均值，下同。
②Wind数据库所提供的该年份交通运输、仓储和邮政业的公司数量为1，考虑到数据存在偏误，未采用。

2．实证分析结果

从分行业的大样本的实证结果可以看出：

（1）制造业样本数据的估计效果最好，各变量均显著，其中Future_use变量的系数显著为正，值为0.1729，显示出制造业中上市公司使用衍生品有助于公司提高其资产收益率（ROA）。

（2）采矿业、批发和零售业虽有部分控制变量的系数估计不显著，但同样都显示出Future_use变量对ROA的正向影响作用，但整体估计效果稍逊色于制造业，这有可能是因为样本量过少导致的。

（3）农林牧渔业的估计效果与前三个行业略有不同，Future_use变量对ROA为负向影响，但其估计系数并不显著，综合农林牧渔业的上市公司总数过少的情况，这样的估计结果，并不能作为样本数据的真实反映。

综合来看，依据统计角度的检验显著性，可以看出，Future_use变量对ROA的影响方向倾向于为正向，尤其对制造业来讲，Future_use变量的估计系数为0.1729，显示出使用衍生品和未使用衍生品的公司所带来的ROA值的平均差异为0.1729，值得注意的是，这一结论也因制造业丰富的样本而更为真实可靠。

（三）大商所上市品种相关行业上市公司使用衍生品效果分析

1. 大商所上市品种相关行业上市公司使用衍生品的情况描述

在与大商所上市品种相关的二级行业中，我们看到，上市公司使用衍生品的比重最高且都高于10%的8个行业分别为农副食品加工业、黑色金属冶炼及压延加工、农业、电气机械及器材制造业、畜牧业、批发业、石油加工、炼焦及核燃料加工业、其他制造业。

从表3可以看出，在上述八大二级行业中，使用衍生品的上市公司数目及占比都有上升的趋势。具体而言，农副食品加工业使用衍生品的意愿最为强烈，在2012—2017年，农副食品加工业使用衍生品的公司比重明显上升，目前稳定在35%左右。黑色金属冶炼及压延加工业的使用比重也非常高，2016年达到峰值，为41.9%，其在2012—2017年的增长速度甚至优于农副食品加工业，使用比重虽然在2017年有所降低，但总体来说，黑色金属冶炼及压延加工业使用比重依旧在25%左右。在绝对数目上，电气机械及器材制造业中使用衍生品的上市公司最多，且在过去6年内，使用衍生品的公司占比也逐渐增长，2017年已达19.3%。除此之外农业、畜牧业、石油加工、炼焦及核燃料加工业、其他制造业使用衍生品的比重也较高，但这可能是由于这些行业整体上市公司数量较少。批发业的使用情况基本属于中等水平，目前稳定在13%左右。

表3 各行业上市公司使用衍生品情况（大商所品种相关二级行业）

年份	总数目（家）	使用衍生品数（种）	占比（%）	年份	总数目（家）	使用衍生品数（种）	占比（%）
农副食品加工业（28.7）				黑色金属冶炼及压延加工业（25.1）			
2012	34	6	17.6	2012	29	3	10.3
2013	34	8	23.5	2013	37	5	13.
2014	36	10	27.8	2014	29	4	13.8
2015	36	11	30.6	2015	30	10	33.3
2016	38	13	34.2	2016	31	13	41.9
2017	48	17	35.4	2017	31	10	32.2
农业（16.8）				电气机械及器材制造业（16.2）			
2012	13	2	15.4	2012	151	18	11.9
2013	13	2	15.4	2013	160	21	13.1
2014	13	2	15.4	2014	162	28	17.3
2015	14	2	14.3	2015	178	30	16.9
2016	15	3	20	2016	190	31	16.3
2017	15	3	20	2017	218	42	19.3
畜牧业（14.5）				批发业（13.7）			
2012	11	0	0	2012	61	7	11.5
2013	19	2	10.5	2013	62	8	12.9
2014	12	1	8.3	2014	63	11	17.5
2015	14	2	14.3	2015	66	9	13.6
2016	14	3	21.4	2016	73	10	13.7
2017	14	3	21.4	2017	75	10	13.3
石油加工、炼焦及核燃料加工业（12.3）				其他制造业（10.8）			
2012	12	0	0	2012	8	1	12.5
2013	12	1	8.3	2013	8	2	25
2014	13	2	15.4	2014	11	1	9.1
2015	13	3	23.1	2015	12	1	8.3
2016	15	1	6.7	2016	15	1	6.7
2017	16	3	18.7	2017	20	2	10

2. 模型设定与变量说明

对于大商所上市品种相关行业上市公司利用衍生品的情况分析，本文选取使用面板（Panel）数据模型。面板数据既可以看成是多个个体时间序列数据的合并，也可以看成是多个时点横截面数据的合并，面板数据的基本特征就是其数据结构的二维性。使用面板数据进行分析，可以扩大信息量，增加估计和检验统计量的自由度，并反映经济体的结构性特征。面板数据模型的设定如下：

  对于面板模型的估计，有面板混合OLS估计、固定效应估计和随机效应估计。对于估计方法的选择，混合OLS估计因其无法将面板数据的个体效应和时间效应体现出来，而很少被使用。现有文献大多使用的是固定效应模型，且对固定效应模型和随机效应模型的选取可以借助豪斯曼检验的结果进行综合考量。值得注意的是，在本文中，由于研究对象为上市公司，而选取的样本期为2012—2017年，对于在2012年之后的年份上市的公司，其数据会存在于2012年等其他年份数据缺省的情况，故本文的数据对象其实为非平衡面板数据，但估计方法仍然可以参考平衡面板数据。

  对于大商所上市品种相关行业上市公司利用衍生品的情况分析所涉及的变量选取，本文选择托宾Q的差分序列作为被解释变量，选择表征上市公司是否使用了衍生品的虚拟变量作为核心解释变量，同时选择了控制变量以消除公司自身特征对估计结果的影响，所涉及的具体变量定义如表4所示。

表4 面板数据模型变量定义表

变量	定义	变量含义
因变量		
Dtbq	托宾Q的变化	本期托宾Q—上一期托宾Q
解释变量		
Future_use	企业是否使用衍生品	使用则为1；未使用则为0
控制变量		
Assets	总资产	资产总计
Debt_assets	资产负债率	总负债/总资产
Quick	速动比率	速动资产/流动负债
Bps	每股收益	税后利润/股本总数
L_capital	资本支出与折旧比率（对数）	资本支出/折旧额

  同时，对于固定效应模型和随机效应模型的选取，豪斯曼检验的如附表3所示。豪斯曼检验的原假设为随机效应模型，附表4显示P值为0.0000，

表示拒绝原假设，即为应选择固定效应模型，固定效应模型的估计结果如附表4所示。

3．实证结果

从大商所相关品种所涉行业的实证结果可以看出，虚拟变量Future_use的系数为0.3555，且在5%的置信水平下显著，表示对托宾Q增加值的影响为正，说明使用衍生品的上市公司，其托宾Q值的增加值倾向于大于未使用衍生品的上市公司。由于托宾Q值被定义为资产的市场价值与重置价值之比，可以用来衡量一项资产的市场价值是否被高估或低估。所以托宾Q值越高，则意味着高产业投资回报率，意味着较优的公司绩效。综合来看，这在一定程度上说明了与大商所上市品种相关的行业使用衍生品对公司绩效有着正向的影响作用。

三、上市公司利用衍生品案例分析

运用计量模型进行定量研究的前提条件非常苛刻，要求被研究企业披露的信息充分、真实、准确，而且模型选择的解释变量能够完全代表企业特征。但是，目前企业披露的财务信息仍然无法完全满足这些条件，比如，在本文实证研究中，大部分企业都没有在年度报告中披露衍生金融工具的头寸，而只是披露了公允价值和运用衍生金融工具交割收益，无法准确揭示企业所持衍生金融工具头寸。这就需要通过案例分析补充大样本分析存在的不足。因此，下面将选择黑色金属、化工和农产品行业中的上市公司，以其在大商所的期货交易数据为基础，分析利用期货套期保值对企业经营效果的影响。

（一）案例分析的理论基础

在充分听取调研的上市公司、期货行业和高校科研机构的专家学者意见和建议的基础上，认为上市公司利用期货可以从以下三个方面提高企业经营绩效：

1．规避原材料、产成品价格波动风险，稳定企业经营。企业选择在原材料或产成品的相应期货品种上进行套期保值操作，以期货市场的盈利来弥补现货市场的亏损，从而规避由于现货价格的波动所产生的风险，推动企业的稳步经营。

2. 建立虚拟库存，缓解企业仓储成本和资金占用成本，提高企业经营效率。企业通过在期货市场上建立虚拟库存，不但规避了价格波动风险，而且获得了释放现货占有资金的成本压力以及节约仓储成本等益处。

3. 经营稳定和效率提高有助于企业扩大经营规模，提高市场占有率。而经营规模的扩大有助于进一步提升企业经营效率，提高竞争力，实现良性循环。

因此，衍生品市场在上市公司从生存到发展，再到壮大过程中发挥积极有效的作用。

（二）指标体系构建

根据上述理论基础，从三个维度构建评价指标体系，即经营稳定性、经营效率和经营规模。

经营稳定性主要体现在企业原材料成本或营业收入的波动率；经营效率主要由原材料库存、产成品库存周转率、营业周期等指标体现；经营规模主要表现为企业生产或贸易规模、营业收入、利润等指标。不同行业、不同类型的上市公司，在这三个维度的侧重点有所不同，贸易类企业在经营效率和经营规模上的变化相对更明显，而生产类的工业企业，其成本和收益波动率的变化相对明显，因此在研究中，不同类型的企业侧重点略有差异。评价指标体系如表5所示。

表5　企业利用期货套期保值效果评价与指标选择

评价维度	指标选择[①]
经营稳定性	营业利润、净利润、销售毛利率、原材料成本等指标波动率
经营效率	存货周转率、库存周转天数、营业周期等
经营规模	营业利润、净利润、营业收入等指标增长率

注：①具体指标说明和计算方法见附表5。

（三）研究方法

企业经营绩效受多重因素交织影响，很难完全剔除其他因素对评价指标体系的影响，因此根据调研企业和专家学者的建议，通过比较分析，多指标相互印证以尽可能使研究过程更加严谨，让指标数值客观、真实地反映利用衍生品的实际效果。

具体而言，一是对比上市公司在利用衍生品前后两个阶段的财务指标变化，以及对比上市公司与行业内其他未使用衍生品上市公司的财务指标情况，来确定使用衍生品对企业经营效益的影响。二是对不同指标进行交叉印证，以期尽量提炼出期货的作用。如对比存货绝对额和库存周转率，如果存货绝对额未发生变化，而库存周转率上升，即近似认为利用衍生品有助于提升企业库存管理效率；再如对比企业收入波动率和主营产品价格波动率变化，若前者明显小于后者，可以认为企业利用衍生品有助于稳定生产经营。

综上，利用上述方法分别对厦门国贸集团股份有限公司、宁夏英力特化工股份有限公司、厦门象屿股份有限公司、山西太钢不锈钢股份有限公司、广东海大集团有限公司和酒钢集团宏兴钢铁股份有限公司六家上市公司进行案例分析。

四、案例分析

（一）厦门国贸集团股份有限公司利用衍生品效果评价

1. 厦门国贸集团股份有限公司简介

厦门国贸集团股份有限公司（简称厦门国贸，下同）是一家国有控股上市公司，始创于1980年，1996年在上海证券交易所上市。经过三十多年发展，公司已形成供应链管理、房地产经营和金融服务三大核心业务。作为贸易型上市公司，面对大宗商品价格和汇率的波动风险，以及传统贸易行业日趋激烈的竞争环境，厦门国贸深度参与国内期货市场，通过产业研判、期现结合、物流服务、金融衍生品工具管理等多样化手段，整合产业链上下游资源。

2. 厦门国贸利用期货的规模与历史变化

厦门国贸从2008年开始参与大商所期货交易，品种的选择基本与上市轨迹一致。成交量从2008年的3616手增加至2016年的53.95万手，又下降至2017年的26.97万手，成交量的变化反映了公司灵活的期货操作策略。近两年，厦门国贸减少了套利操作的频次，将更多的精力投放在常规套期保值和提升公司整体服务能力上（图1）。

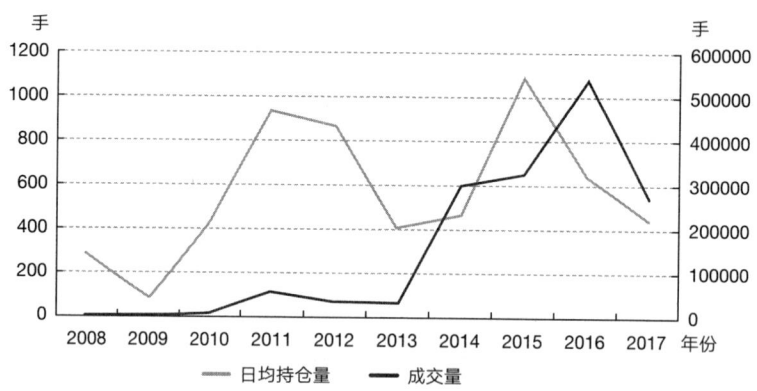

图1　2008—2017年厦门国贸成交量及日均持仓量变化

数据来源：大连商品交易所。

3．厦门国贸利用期货工具的效果评价

（1）有效提升公司经营稳定性

2008—2017年，厦门国贸开展常规套期保值操作对冲现货价格的上涨或下跌风险，结合公司的投资收益[①]后的利润波动率明显降低（图2、图3）。尤其是2015年之后，随着越来越多的期货品种上市，公司对期货市场的参与程度不断加深，2015—2017年净利润和净利率的波动率分别较剔除投资收益影响后的波动率降低100.95%和259.98%，期货工具的利用起到熨平公司利润指标的作用，提升了经营的稳定性。

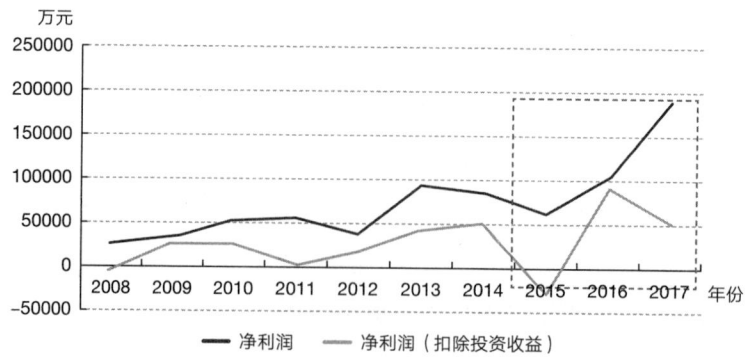

数据来源：厦门国贸年报。

图2　2008—2017年厦门国贸剔除投资收益后的净利润变化

---

① 期货盈亏计入利润表中的投资收益，且根据厦门国贸年报披露，其投资收益主要由报告期内大宗商品套期保值期货合约处置所致。

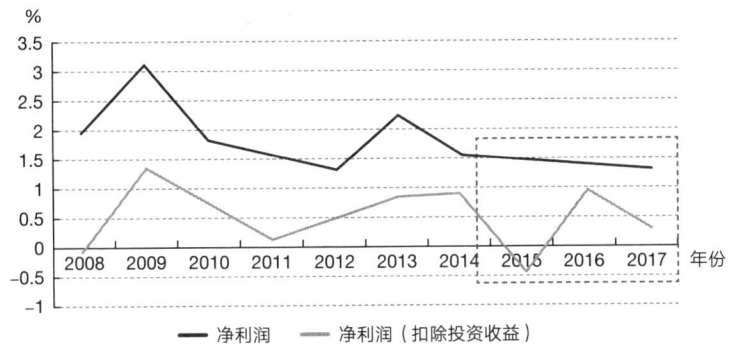

数据来源：厦门国贸年报。

图3　2008—2017年厦门国贸剔除投资收益后的净利率变化

（2）实现核心品种业务规模逆势扩张

2008年以来，厦门国贸的风险管理意识逐步增强，在铁矿石、钢材和PTA等核心经营品种上均进行常规的套期保值操作，实现业务规模的逆势扩张。以铁矿石品种为例，2013年之前，厦门国贸铁矿石贸易量仅为2000万吨左右，随着国内铁矿石期货的上市和市场功能的逐步有效发挥，厦门国贸利用期货工具实现铁矿石贸易的稳步增长。近两年，铁矿石价格波动加大且国内外价格长期倒挂，传统低买高卖的贸易经营方式遭受挑战，贸易行业进入新一轮的转型升级及洗牌周期，而厦门国贸套期保值的效果明显。2017年铁矿石贸易量超过4000万吨，2018年超过6000万吨，提升了市场占有率，跻身全国前三。按照年均价542元/吨①估算，2017年铁矿石约可实现营业收入243.9亿元，约占全部营业收入的15%，对公司整体营业收入的增长起到积极作用。

（3）增强企业经营效率

从厦门国贸的存货周转率指标看，除2008年受国际金融危机影响出现明显下滑之外，其余年份较为平稳。2015年以来随着公司对期货工具的利用水平不断加深，期货工具对公司库存的管理作用逐步体现：公司阶段性利用期货市场建立虚拟库存，保证供应的基础上实时采购，降低日常库存量，并采用在期货市场卖出交割的方式实现部分销售量。同时，通过期货对冲与三钢闽光合作，增加了销售渠道和规模，降低库存周转天数，提升营运资金周转率（图4）。除此之外，与营运资金周转率对比看，公司的营运资金周转率在2015—2017年，并未出现明显上升，营运资金周转率和存

---

① 青岛港PB粉（61.5%品位）2017年的均价。

货周转率指标呈现差异化走势，凭借强大的期现结合和综合服务能力，存货周转率指标的表现明显优于营运资金周转率。

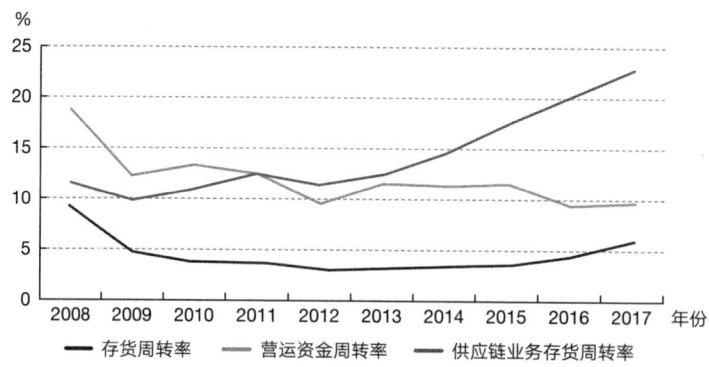

数据来源：厦门国贸年报。

图4　2008—2017年厦门国贸存货和营运资金周转率变化

（4）期现结合提升服务水平，打造核心竞争力

厦门国贸根据期货市场调整公司战略规划，逐步将核心现货业务转向有期货品种对应的品种上，以实现稳健经营。从其年报披露的情况看，三大核心品种（铁矿石、钢材和PTA）全部为期货市场流动性充足、功能发挥良好的品种。不仅如此，厦门国贸向客户提供上下游"一揽子"风险管理服务，解决客户期货操作经验不足、现金流不充裕等一系列问题，增加客户黏性的同时，形成品牌效应，打造出公司的核心竞争力。

4．小结

厦门国贸利用期货进行套期保值，在平滑利润水平、提升企业核心业务经营规模、提升存货周转率上均起到了积极作用。另外，在调研过程中，厦门国贸表示通过套期保值，还可以降低企业对宏观环境的依赖，集中精力提升服务质量、产品结构、管理水平等，同时引导企业调整战略规划，打造核心竞争力。

（二）宁夏英力特化工股份有限公司利用衍生品效果评价

1．宁夏英力特化工股份有限公司简介

宁夏英力特化工股份有限公司（简称英力特，下同）是国电英力特能源化工集团股份有限公司的控股子公司，于1996年11月20日在深圳证券交易所挂牌上市，主营业务为氯碱类和氰胺类产品生产销售。生产规模为年产电石46万吨、聚氯乙烯26万吨（其中糊状树脂4万吨）、烧碱21万吨和盐酸3.6万吨。英力特自2009年开始参与期货交易，公司内部设置多个岗位负责套保方案的设定及专业操作，套保业务实行每日、每周、每月、每季度和年终内部报告制度，及时向总经理报告交易情况和结算情况等。

2．英力特利用衍生品规模历史变化情况与特点

英力特不断提高交易规模控制标准。自参与期货交易以来，根据自身需求多次提高对套保规模的控制标准，从2009年初入期货市场时"期货交易规模设置为PVC实际产量的25%[①]，套保业务保证金不超过500万元"提高到2010年的"开仓保证金不超过2500万元、集中套保不超过30000吨"，再到2011年，"套期保值业务开仓保证金增加至5000万元，持仓数量不超过60000吨"。

英力特自2009年进入期货市场以来，成交量和持仓量经历了先扬后抑的发展过程。第一阶段（2009—2013年），企业交易规模不断扩大，持仓量稳定增长。其年度总成交从2009年的2450手增长至2013年的9018手，日均持仓量也从142手增长至758手。在国内外行业不景气的背景下，英力特通过期现货市场的配合，抵御外部风险。第二阶段（2014—2017年），企业交易规模和频率有所下降并维持在相对较低的水平。随着供给侧结构性改革的推进以及下游产业的快速发展，英力特调整套保策略，对期货市场整体参与程度有所减弱（图5、图6）。

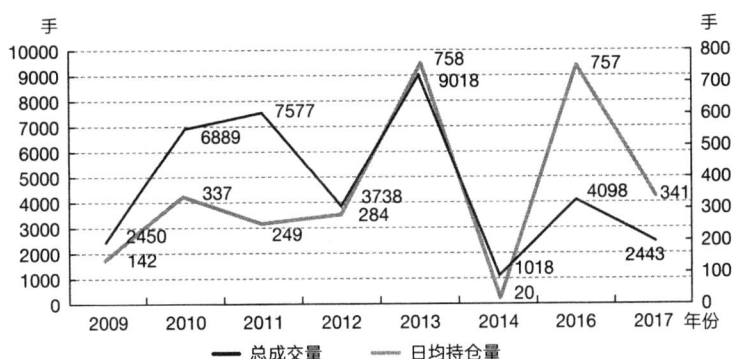

注：英力特2015年没有进行期货交易，成交及持仓数据略。
数据来源：大连商品交易所。

图5　2009—2017年英力特总成交量及日均持仓量变化情况

---

① 按2009年产量计算约为5.93万吨。

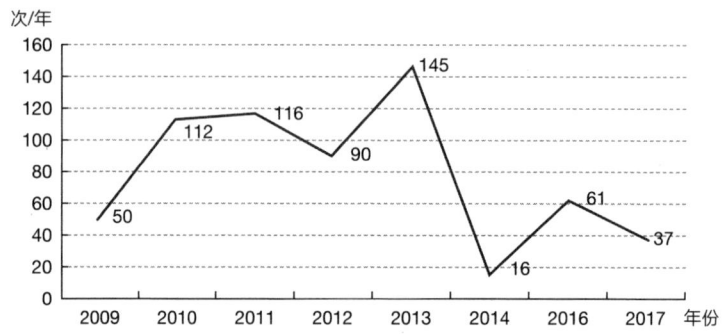

注：英力特2015年没有进行期货交易，成交量及持仓量数据略。
数据来源：大连商品交易所。

图6　2009—2017年英力特交易频率变化情况

3．英力特利用衍生品效果分析

（1）降低了营业收入和营业成本波动

英力特参与衍生品交易前后主要经营指标的波动率情况分为三个阶段：第一阶段（2007—2008年），尚未参与衍生品交易，其PVC产品的营业收入和营业成本波动率分别为40%和54%；第二阶段（2009—2013年），进入期货市场并提高套期保值规模，上述营业收入和营业成本波动率分别降至28%和15%；第三阶段（2014—2017年），企业套保规模有所下降，营业收入波动率小幅下降，营业成本波动率则小幅上升。由此可见，衍生品交易在外部环境不佳且PVC价格波动不断增长时，有效降低了英力特的经营指标波动，稳定了企业生产经营，而后期当企业套保规模下降时，经营指标波动率有所反弹，各具体指标详见表6。

表6　英力特参与期货交易前后主要经营指标波动情况

年份	年末持仓合约规模均值	营业收入波动率	营业成本波动率	同期PVC市场价格波动率
2007—2008	0元	40%	54%	42%
2009—2013	2587.40万元	28%	15%	49%
2014—2017	819.56万元	21%	31%	79%

数据来源与说明：英力特年报，营业收入及营业成本数据均为PVC产品的营业收入及成本。营业收入波动率＝（营业收入最高值－营业收入最低值）/营业收入均值，营业成本波动率计算方式相同。

（2）实现了营业收入和利润的逆势增长

2010—2011年，受到经济危机及PVC产能扩大的影响，PVC产品价格持续下行，生产企业毛利降为负值（图8），而英力特通过期现货市场结合的方式，规避了现货价格下跌的风险，当年PVC生产利润率达到15.62%，套期保值业务取得收益1684.42万元，占2011年度经审计归属于母公司净利润的16.13%，有效的弥补了现货销售利润的不足（图7—图9）。

数据来源：Wind数据库。

图7　PVC华东地区市场平均价

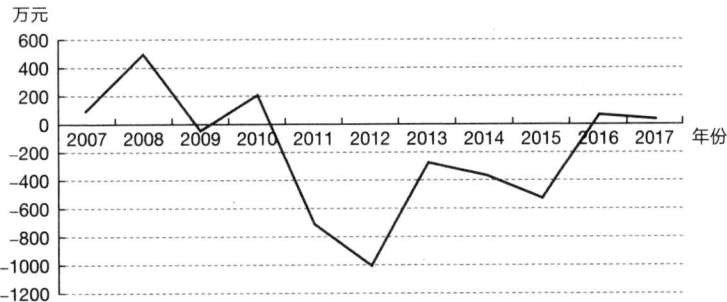

数据来源：卓创资讯。

图8　电石法PVC毛利变化情况

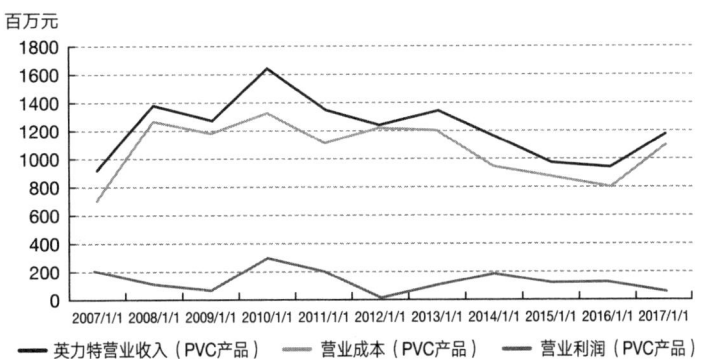

数据来源：英力特年报。

图9　英力特主要经营指标变化情况（PVC产品）

（3）提高存货管理效率，降低资金使用成本

通过分析英力特的存货周转率与企业财务费用发现，利用衍生品后英力特的存货周转率在波动中不断上升，整体维持在7.5—10的区间内，企业存货管理效率明显提升，财务费用也有所下降（图10、图11）。结合交易、交割数据对比发现，2009年、2013年和2017年，英力特均通过期货市场进行过PVC实物交割，且交割量呈现递增趋势，这与其年度库存绝对量下降以及整体存货周转率上升的趋势互相印证。

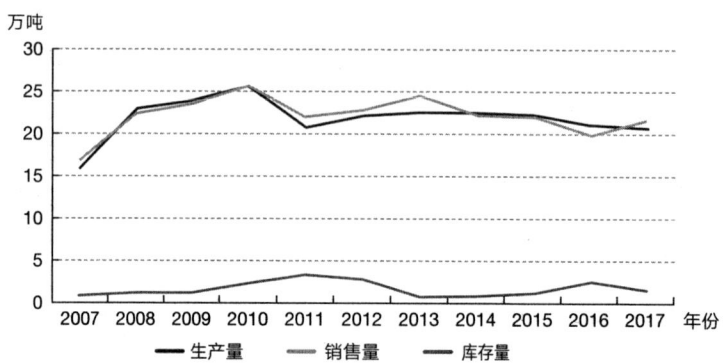

数据来源：英力特年报。

图10 英力特主要生产销售指标

数据来源：英力特年报。

图11 英力特存货周转率及财务费用变化对比

4．小结

通过对英力特参与衍生品交易的情况进行分析，衍生品交易是英力特的日常经营中的重要组成部分，交易规模与公司发展战略和内外部环境密切相关。特别是在宏观经济环境和产业不景气的情况下，企业利用衍生品

市场实现了营业收入和利润的逆势增长，在稳定上市公司生产经营，提高库存管理效率，促进企业可持续发展方面起到了积极作用。

（三）厦门象屿股份有限公司利用衍生品效果评价

1. 厦门象屿股份有限公司简介

厦门象屿股份有限公司（简称厦门象屿，下同）由厦门象屿集团有限公司下属所有贸易、物流、码头、园区开发等物流板块企业组建而成。厦门象屿集团有限公司成立于1995年，2011年在上海证券交易所重组上市。其主营业务包括大宗商品采购供应、综合物流服务、物流园区平台开发运营等。2017年，大宗商品采购供应及综合物流服务占其主营业务比重为99.69%，包括金属矿产、农林副产品、能源化工产品三大核心业务板块。2017年营业收入2033亿元。其中，金属矿产收入1300亿元，能源化工收入458亿元，农副产品收入94亿元。

2. 厦门象屿参与期货历程和期货交易规模

（1）厦门象屿参与期货的历程及模式

2005—2007年：初步接触期货市场，厦门象屿尝试利用期货工具获取货权和进行库存保值。国内外铜价格在2005年因供应不足急剧上涨，国内铜平均价格同比上涨近30%。而国内豆粕价格在2005年受天气因素影响暴涨暴跌，豆粕价格年内最高涨幅40%，最大跌幅超过27%。厦门象屿因此开始参与有色、豆粕期货套期保值，以取得商品货权和规避商品价格波动风险，初步获得套期保值带来的效果。

2008—2010年：利用期货市场生存，套期保值观念深植于象屿经营。国际金融危机导致全球大宗商品价格暴跌，厦门象屿现货贸易涉及有色金属、化工品和农产品等，并在价格上涨期间积累大量现货库存。为应对价格下跌带来的库存贬值风险，厦门象屿一方面在现货市场迅速销售货物；另一方面通过在期货市场选择"一揽子"商品，按照现货库存价值，在期货市场卖出保值，成功躲避金融危机风险，并在市场中存活下来。

2011年至今：期现结合增加盈利机会，厦门象屿创新业务模式深入供应链管理。由于大宗商品价格改变以往单边上涨趋势，进行商品贸易获利的机会越来越少。厦门象屿在有色、农产品和能化商品贸易中，利用期货市场不断丰富交易的模式，通过期现套利、期货跨期套利等方式获取更加安全稳定的利润，并在期现结合基础上，发展创新供应链服务模式，利用二次结价、订单农业、钢厂代采代销等模式有效整合上下游资源，为上下游企业提供增值服务，培育和巩固公司的核心客户，提升综合服务能力与市场地位。

（2）厦门象屿期货交易规模

厦门象屿自2005年开始交易大连商品交易所期货品种，交易品种数量跟随品种上市而增加，交易规模不断扩大。交易品种从大豆、豆粕和玉米等农产品向塑料、PVC等化工品，再向焦煤、焦炭和铁矿石期货等黑色品种延伸，目前其现货贸易所涉及商品领域基本都参与期货交易。2005年以来，厦门象屿根据商品价格波动方向灵活调整交易规模，日均持仓量则总体呈现上升趋势（图12）。

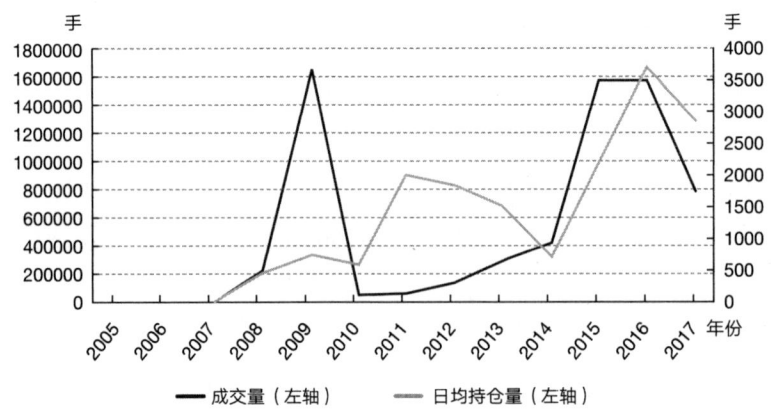

数据来源：大连商品交易所。

图12　2005—2017年厦门象屿期货交易成交量及持仓量情况

3. 厦门象屿利用期货工具的效果

（1）有效分散价格风险，促进利润平滑

2011年以来，大宗商品年度收益率的波动明显大于象屿年以来的利润率的波动，套期保值分散象屿现货价格波动风险，促进利润平滑。2011—2017年，大宗商品年化收益率波动范围在[-14.37%,12.90%]，波动幅度189%，且在2011—2015年连续4年为负值，这意味着企业如果单纯进行现货价差交易基本无法盈利。而厦门象屿2011年以来的销售毛利率一直保持为正值，且波动幅度不大，稳定在2.21%和3.81%之间。从期货平仓收益来看，厦门象屿在2012—2015年期货平仓均实现盈利，有效弥补其现货价格下跌带来的亏损，保证了销售毛利率的稳定[①]（图13、图14）。

数据来源：Wind 数据库。

图13　象屿销售毛利率与大宗商品年化收益率对比

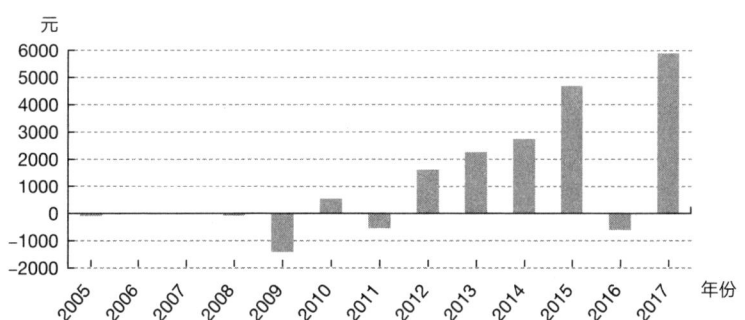

数据来源：大连商品交易所。

图14　2005—2017年厦门象屿期货平仓盈亏

（2）期货市场助力企业扩大业务规模、实现弯道超车

厦门象屿利用期货工具以后，将价格绝对值波动风险转为价差相对值波动的风险，由于整体经营风险下降，企业敢于大踏步扩张业务规模。厦门象屿自2011年业务重组上市以后，期货与现货规模均出现较高幅度提升，营业收入由340亿元增长至2017年的2033亿元，如表7所示。

---

① 2016年大宗商品年度收益率上升，而厦门象屿销售毛利率下降，这主要是由于厦门象屿投资扩大带来的成本支出增加所影响。

表7　象屿期货与现货规模对比

	现货规模（万吨）		期货成交（折万吨）		期货日均持仓量（折万吨）	
	2011年	2017年	2011年	2017年	2011年	2017年
金属矿产品	559	7200	132	1531.06	0.012	62.15
能源化工品	112	900	16.6	110.7	0.23	0.53
农副产品	37	379（2015年）	16.9	378.9	1.68	4.07

数据来源：厦门象屿年报、大连商品交易所。

其中期货工具的使用起到非常关键的作用。通过期现结合，厦门象屿可以为上下游企业提供具有竞争力的价格，与上下游企业签订长期稳定的订单，提高市场占有率。比如，厦门象屿通过保证金方式在不同的期货月份将货物销售利润锁定，并按照供货周期，分阶段采购现货向塑料瓶生产企业供货，通过与可口可乐瓶生产企业的订单，厦门象屿将原来每个月2000吨的业务量扩大至每个月2万吨，大幅提高市场占有率和话语权。

（3）期现创新提高存货和资金周转率、提升营运能力

厦门象屿在2015年开始探索应用虚拟钢厂和代采代销业务模式以来，其营业周期[①]、存货周转率和应收账款周转率都得到明显改善。营业周期从2015年的43.3天降至2017年的24.91天；存货周转率由2015年的12.55上升至17.88；应收账款周转率从24.65提升至75.33。在与钢厂开展合作后，象屿利用自身在原材料供应端和下游销售渠道的优势，实现了钢厂订单管理，把生产销售周期从90天缩短至20天内，极大提高生产效率（图15）。

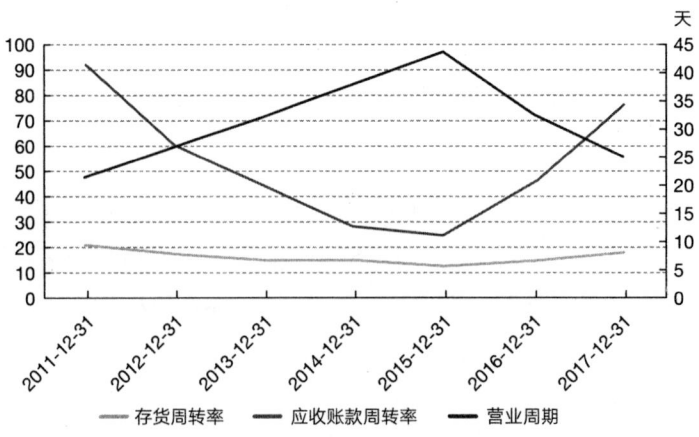

数据来源：Wind 数据库。

图15　2011—2017年象屿营运能力指标变化

---

① 营业周期指从外购承担付款义务，到收回因销售商品或提供劳务而产生的应收账款的这段时间。

4. 小结

从厦门象屿的发展历程和利用期货工具的效果来看，外部环境的变化倒逼贸易商业务模式转变，投资经营向精细化、集约化、系统化的供应链服务模式发展。期货是厦门象屿业务转型中的一个重要手段，期现业务的融合为象屿提供了丰富的盈利模式，象屿依靠增值服务提升客户原材料、产成品采购分销效率，增强产业客户黏性、扩大市场规模、稳定营业利润、提高企业资金运用效率。

（四）山西太钢不锈钢股份有限公司利用衍生品效果案例分析

1. 山西太钢不锈钢股份有限公司简介

山西太钢不锈钢股份有限公司（简称太钢不锈，下同）主要从事不锈钢、其他钢材产品的生产销售和钢铁生产原辅料贸易业务，于1998年10月21日在深圳证券交易所上市。目前已经形成年产450万吨不锈钢、1300万吨铁精矿粉的生产能力，是全球不锈钢行业的领军企业。

2. 太钢不锈利用衍生品规模变化

为规避大宗原料价格大幅波动给公司原材料采购带来的成本风险，公司从2015年起开展了部分原材料的套期保值业务。公司制定出台《期货套期保值业务管理制度》，明确了套期保值组织架构、业务流程、风险控制等相关制度及业务运行方式，套期保值操作逐步成熟，并根据行情变化适时调整期货账户资金和交易标的。2015—2017年，太钢不锈期末保证金经历了先上升后下降的过程（表8）。具体到铁矿石期货，2015年太钢不锈日均保证金为87.28万元，2016年增长至254.02万元，2017年则下降为0。

表8 太钢不锈保证金规模变化　　　　　　　　　　单位：万元

年份	期末保证金	期货收益	交易标的
2015	999.87	−35.18	铁矿石和镍期货
2016	3520.5	397.1	铁矿石期货
2017	1490	508.62	镍期货

数据来源：太钢不锈年报。

就太钢不锈铁矿石交易而言，公司套保交易相对稳定，未出现集中开仓和集中平仓现象。从交易分布来看，太钢不锈交易月份主要集中在季节性消费旺季或临近旺季，比如3月、4月、8月、9月。从交易时点的选择上，太钢不锈在市场未来确定性较大、行情可能发生拐点的情况下参与期货市场，在明确的下跌行情（比如2015年之前）或上涨趋势（比如2016年下半年）中很少参与期货交易。此外，公司还开展外汇等金融衍生品套期保值业务，以规避汇率和利率波动风险。

3. 太钢不锈利用衍生品效果分析

（1）降低成本波动

太钢不锈钢铁产品原辅材料中占比较高的是镍和铁矿石，公司利用期货市场进行了套期保值。为使得分析更加准确，这里仅考虑原辅材料成本变化。

2015—2017年铁矿石价格波动幅度明显加大，镍价格波动变化不大。2015—2017年铁矿石和镍价格平均波动率分别为62.47%和43.75%，较2008—2014年分别上升33.45%和0.48%。与原材料成本价格波动加大相反的是，公司原辅材料成本波动未升反降，2015—2017年太钢不锈钢铁产品原辅材料成本波动率为23.23%，较2008—2014年下降32.70%。考虑在对比时期，公司年产钢量变化并不大，2015—2017年平均年产钢量1034.68万吨，2008—2014年平均为996.56万吨，且未改进生产工艺。那么，这表明太钢不锈利用期货工具对冲了主要原料价格波动风险，一定程度上减缓了生产成本波动，保证了经营的稳定性。

（2）提升库存管理效率

库存管理效率的衡量指标之一是存货周转率变化，对比分析太钢不锈与同类未使用期货的企业，可以发现太钢不锈的存货周转率在使用期货后有所上升（图16）。

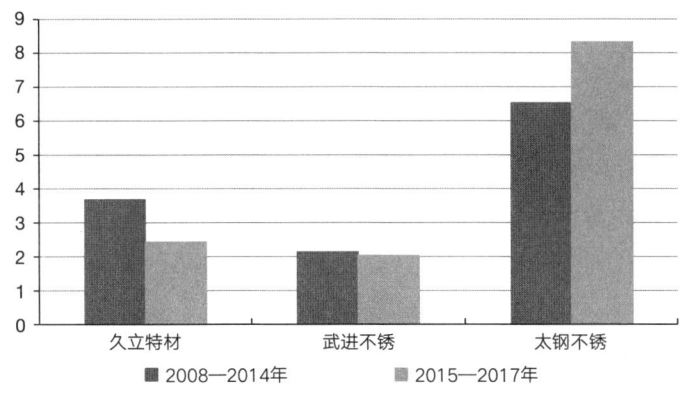

数据来源：上市公司年报。

图16　三家不锈钢上市公司存货周转率对比

经过筛选，以不锈钢为主营业务、产品结构与太钢不锈较为接近、且在2015—2017年度均未参与期货交易的久立特材、武进不锈作为对照组进行比较研究。2015—2017年，太钢不锈的平均存货周转率从2008—2014年的6.53提升到8.32，同期久立特材、武进不锈的平均存货周转率分别从3.68和2.14降至2.43和2.03（图16）。这表明太钢不锈利用期货能够帮助企业提升库存管理能力。

4．小结

经过多年期货交易经验的不断摸索、积累，太钢不锈利用期货套期保值取得了较好的效果。在原材料价格波动较大的情况下，太钢不锈通过期货市场有效降低了成本波动，稳定了企业的生产经营；与同行未使用期货工具的上市公司相比，太钢不锈通过期货保值提升库存管理效率。

（五）广东海大集团股份有限公司利用衍生品市场效果评估

1．广东海大集团股份有限公司简介

广东海大饲料公司于1998年成立，并于2003年成立广东海大集团股份有限公司（简称海大集团，下同），将业务范围扩张至省外，2009年在深圳证券交易所上市。海大集团主营业务涵盖饲料生产销售、原料贸易、农产品销售和微生态制剂等业务，核心业务是饲料研发、生产和销售，占公司主营业务比重达81.5%以上。2017年，海大集团饲料销量849万吨，居全国前三名，营业收入325.5亿元。

2. 海大集团利用期货市场历程和规模

（1）海大集团参与期货的历程

2003—2006年，试水期货，取得较好效果。海大集团从2003年开始对原材料进行集团化采购，随着采购规模扩大，海大集团管理原材料价格波动风险的需求迫切。在借鉴大豆压榨企业期货套期保值经验后，海大集团开始接触期货，成为饲料行业第一批吃螃蟹的企业。在豆粕、玉米期货的套期保值效果显现之后，海大开始正式参与期货交易，并逐步积累期货交易经验。

2006年至今，成立期货团队，将期货交易制度化。借鉴外国成熟交易模式，2006年海大集团在集团内部成立期货团队，将期货交易在公司内部制度化、规范化。海大集团在引入期货交易后，对现货和期货实行统一管理，两个市场的盈亏统一合并计算。海大集团目前已摸索出期货市场上的套保、套利操作模式与交易节奏，十多年来规范操作，极少因期货价格波动而导致大幅亏损。

（2）海大集团期货交易规模

海大集团自2003年开始交易大连商品交易所期货品种，包括豆粕、玉米、大豆、豆油和玉米淀粉。期货交易量和日均持仓量总体呈现上升趋势，其间根据价格波动情况进行调整。海大集团在2006年正式成立交易团队后，交易规模连续两年增加，随后在2009年下降，2010年后交易规模再次大幅上升。2017年，期货交易量和日均持仓量分别达到97.32万手和8019手（图17、图18）。

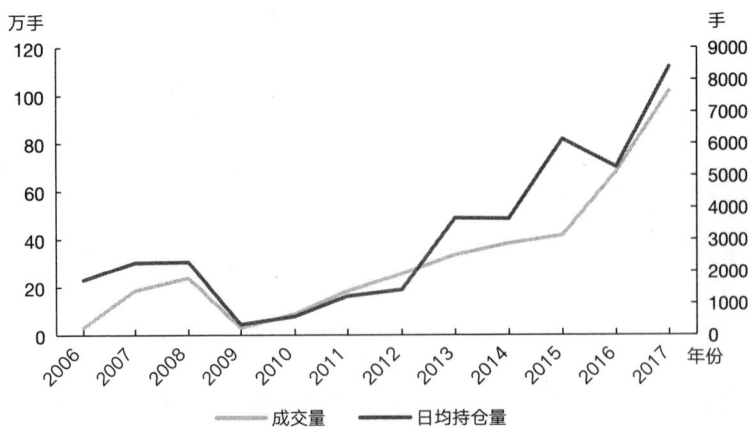

数据来源：大连商品交易所。

图17　2006—2017年海大集团在大连商品交易所期货成交和持仓情况

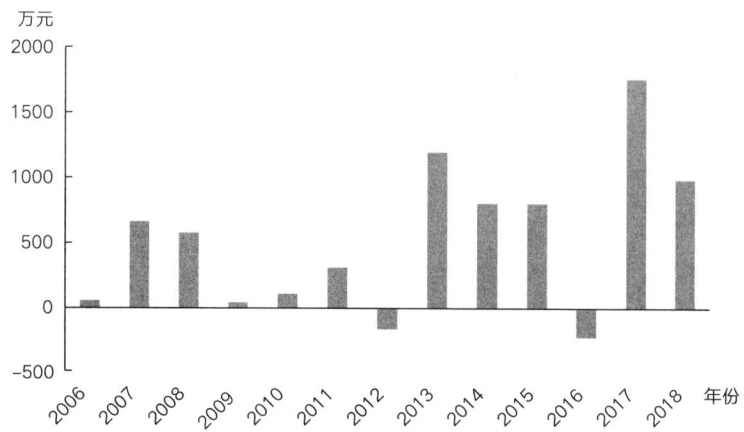

数据来源:大连商品交易所。

图18　2006—2017年海大集团在大连商品交易所期货盈亏情况

3. 海大集团利用期货工具的效果

(1) 利用期货降低采购成本,海大集团利润率高于行业平均水平

海大集团充分利用期货工具与市场平台,采用灵活多变的操作策略,较好地管理了玉米和豆粕采购的价格风险,原料综合采购价格低于市场平均水平,对提升产品毛利率具有积极的影响,据海大介绍,原材料成本下降对海大利润的贡献超过50%以上。2009年上市以来,海大集团的营业利润实现稳步提升,销售毛利率和净利率均高于行业平均水平。营业利润由2009年的1.88亿元上升至2017年的14.82亿元,年均增速86%,净利润由1.62亿元上升至12.26亿元,年均增速82%。销售毛利率由8.31%提升至10.99%,年均销售毛利率为9.3%。销售净利率由3.09%提升至3.77%,年均销售净利率为2.95%(图19)。

(2) 通过期货保驾护航,海大集团在行业整合中逆势成长

在饲料行业增速放缓、行业整合加剧、中小饲料企业加速退出的背景下,海大集团饲料生产规模和营业收入保持快速增长。由2009年上市初的176万吨增长至2017年的849万吨,年均增速达到47.8%,营业收入由52.5亿元增长至2017年的325.6亿元,年均增速65%。这主要得益于海大集团的经营理念,海大一直将风险控制作为企业经营的首要目标,对原材料库存进行保值,锁定原材料采购成本,在历次价格波动危机中都未受影响,并在饲料行业整合过程中逆势扩展,发展速度远超行业平均增长速度(图20)。

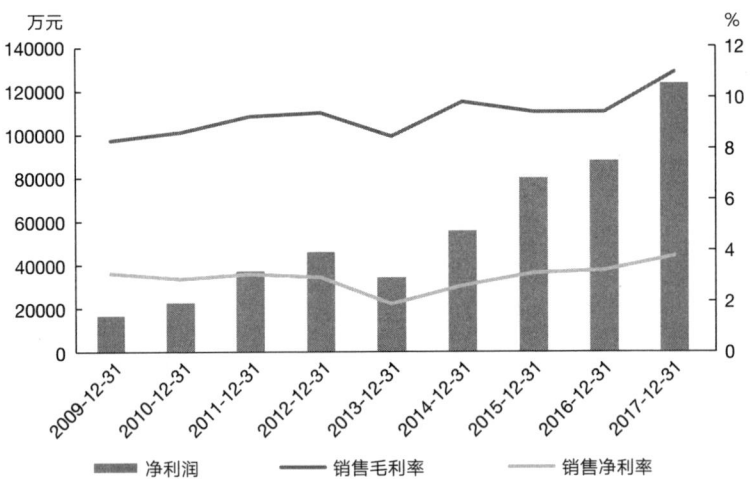

数据来源：Wind 数据库。

图19　2009—2017年海大集团利润状况

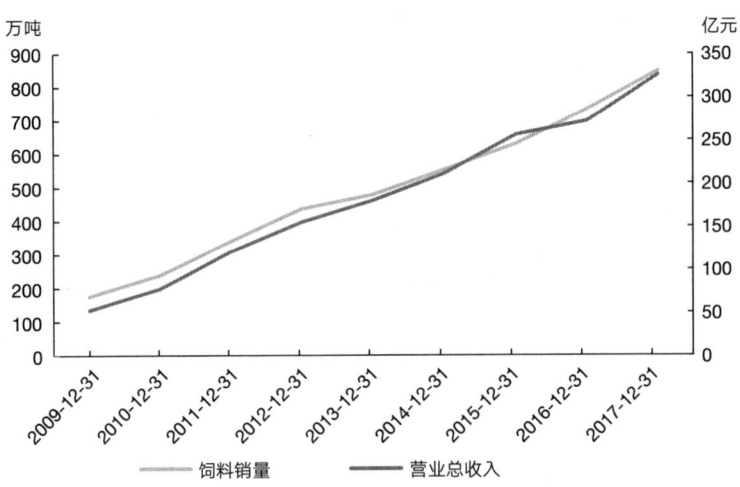

数据来源：Wind 数据库。

图20　2009—2017年海大集团饲料销量及营业收入

4．小结

海大集团成功实现期货与现货的融合，得益于几个关键要素：一是期货功能发挥良好，豆粕和玉米期货在多年发展中，逐步完善成熟，已经成为现货企业经营不可或缺的重要工具；二是企业管理层对期货市场的重视，海大集团从2003年开始尝试期货交易，由于最早进入期货市场，在期现经营中建立规范的体系，让海大集团在饲料行业中逆流而上；三是外部干预较小，我国饲料行业是民营企业最为集中的行业之一，行业市场化程度高，企业参与期货市场具有很高的自由度。

（六）酒钢集团宏兴钢铁股份有限公司利用衍生品效果评价

1. 酒钢集团宏兴钢铁股份有限公司简介

酒钢集团宏兴钢铁股份有限公司（简称酒钢宏兴，下同）于2000年12月20日在上海证券交易所上市。目前初步形成了采矿、选矿、烧结、焦化、炼铁、炼钢、热轧、冷轧以及不锈钢生产的完整钢铁生产一体化产业链条，钢材年产能超过1000万吨。其母公司酒泉钢铁（集团）有限责任公司（简称酒钢集团，下同）是我国西北地区最大的碳钢和不锈钢生产基地，拥有年产900万吨铁、1000万吨钢、1000万吨线材的综合生产能力。

酒钢宏兴的衍生品市场交易可以追溯至母公司——酒钢集团。酒钢集团2009年初次试水期货市场，2010—2011年4月，期货理解不到位套保效果不理想（主要是套保演变成趋势交易），2011年5月暂停期货交易，2014年在充分接受和理解套期保值理念后重启期货套保业务。2015年酒钢集团实行国有企业经营体制改革，将期货套保业务下放给三个子公司，其中，酒钢宏兴是酒钢集团负责黑色板块期货交易。总体来看，酒钢宏兴及其母公司酒钢集团期货交易经历了追随趋势、暂停交易、重启套保、业务下放的曲折历程。

2. 酒钢宏兴利用衍生品规模的历史变化

酒钢宏兴的期货交易始于2015年，交易目的是规避所需原料和钢材价格大幅波动可能给公司经营带来的不利影响。交易标的主要是钢铁产品螺纹钢、线材、热轧卷板，原料焦煤、焦炭、铁矿石等期货合约以及其他与公司生产经营活动相关的期货品种。根据公司生产经营情况，螺纹钢、线材和热轧卷板等钢铁产品卖出保值，铁矿石、焦炭、焦煤等生产用原材料买入或卖出保值。

根据2015年公司公告，期货市场保证金规模不超过5000万元。2017年酒钢宏兴通过期货交易，对铁矿石、镍的购销合同以及螺纹钢、热轧卷板等钢铁产品销售合同进行了有效套期保值，并在年初、年末均已平仓。

3．酒钢宏兴利用衍生品效果分析

酒钢宏兴作为生产型企业，利用衍生品市场对企业规模的影响有限。因此，以下着重对企业经营稳定性和经营效率两方面分析其利用衍生品的效果。

（1）减缓企业经营波动

年报披露，酒钢宏兴实现的套期保值有效部分转入主营业务收入（被套期项目为钢材产品）和主营业务成本（被套期项目为铁矿石、镍等）。基于此，这里从两个角度加以分析，分别是主营业务收入波动和主营业务成本波动。

2015—2017年钢铁行业供给侧改革深入推进，黑色产业链相关产品价格剧烈波动。钢铁产品为公司的主营产品，在营业收入中的占比高达63.86%，2015—2017年钢材价格波动率为86.31%，比2008—2014年上升23.44%。在主要产品价格波动幅度明显加大的情况下，酒钢宏兴主营业务收入波动不升反降。2015—2017年主营营业收入波动率平均为45.54%，比2008—2014年下降65.97%，表明企业利用衍生品进行套期保值的确能够熨平收入波动。

2015—2017年，铁矿石和镍价格波动率分别为62.47%和43.75%，较2008—2014年分别上升33.45%和0.48%。在铁矿石价格波动幅度明显加大、镍价格波动变化不大的情况下，酒钢宏兴主营业务成本波动不升反降。2015—2017年主营营业成本波动率平均为65.27%，比2008—2014年下降39.64%。这表明企业利用衍生品进行套期保值的确能够熨平成本波动。

（2）提升企业库存管理水平

库存管理水平的提升表现为库存周转率上升。酒钢宏兴2008—2014年的年均存货周转率为8.66，2015—2017年上升至9.32。相比之下，未使用期货的上市公司存货周转率变化不明显，首钢股份同期年均存货周转率由11.06降为7.28，而宝钢股份同期年均存货周转率由5.41变为5.60（表9）。这表明酒钢宏兴利用期货提升了存货周转率，促进企业库存管理水平提高。

表9　不同公司存货周转率变动

	酒钢宏兴	宝钢股份	首钢股份
2008—2014年	8.66	5.41	11.06
2015—2018年	9.32	5.60	7.28
是否使用衍生品	是	否	否

数据来源：上市公司年报。

4．小结

酒钢宏兴及其母公司酒钢集团期货交易从最初懵懂入市、单一操作到目前灵活交易并成功利用期货辅助生产经营，在不断总结经验的基础上使企业的经营效率和稳定性均得到改善。一是能够利用期货稳定生产经营。企业参与期货交易熨平收益波动，使得企业的营业收入波动率相对产品价格的波动明显下降，企业生产经营更加稳定。二是能够利用期货提升库存管理效率。相对同行业没有参与衍生品市场的上市公司，酒钢宏兴的存货周转率显著提升，库存管理能力有效改善。

五、结论

本研究首先介绍上市公司一级行业使用衍生品的情况，以及大商所上市品种相关行业上市公司使用衍生品的情况，接着对上市公司大样本进行实证分析，比较不同行业利用衍生品市场对企业经营业绩的影响效果。进而选取六家上市公司进行典型案例分析，分别从企业经营稳定性、经营规模和经营效率等方面论证企业利用衍生品的实际效果，最后得出结论如下：

其一，上市公司使用衍生品比重最高的5个一级行业分别是采矿业、交通运输、仓储和邮政业、农林牧渔业、批发和零售业以及制造业等，且比重呈不断上升趋势。

其二，总体上看，一级行业利用衍生品有助于提高其资产收益率（ROA），其中，制造业上市公司使用衍生品效果较好，其次是采矿业、批发和零售业。

其三，在与大商所上市品种相关的二级行业中，上市公司使用衍生品的比重最高行业分别为农副食品加工业、黑色金属冶炼及压延加工、农业、电气机械及器材制造业、畜牧业、批发业、石油加工、炼焦及核燃料加工业和其他制造业等,且比重呈现不断上升态势。

其四,从大商所相关品种所涉二级行业看,使用衍生品的上市公司的投资回报率较高,具有较好的公司绩效,即大商所上市品种相关的行业使用衍生品对公司绩效有着正向的影响作用。

其五,案例所选上市公司灵活自主地参与衍生品市场,有利于稳定企业生产经营、提高企业生产效率,特别是具有贸易业务的企业如厦门国贸、厦门象屿、英力特和海大集团等,有助于其扩大经营规模。

综上所述,利用衍生品的上市公司的数量和占比总体呈增长态势;利用衍生品有利于提高上市公司的经营业绩(ROA),但对不同行业的影响不尽相同;利用衍生品有利于稳定上市公司生产经营、提高经营效率,特别对有贸易业务的企业,能促进其稳步扩大经营规模。

附件

附表1　OLS回归变量定义表

变量	定义	变量含义
因变量		
Roa	资产收益率	（净利润+利息支出）/总资产总额
解释变量		
Future_use	使用期货情况	使用为1；未使用为0
控制变量		
Oper_rev	总营业收入	营业收入总计
Debt_assets	资产负债率	期末总负债/期末总资产
Quick	速动比率	企业速动资产/流动负债

附表2　分行业OLS回归估计结果

变量	采矿业	制造业	农林牧渔业	批发和零售业
Constant	6.498*** （4.040） （0.0000）	3.562*** （37.741） （0.0000）	6.849*** （3.692） （0.0002）	8.836*** （12.973） （0.0000）
Future_use	2.23** （2.807） （0.0053）	0.1729** （2.729） （0.0063）	−1.301 （−1.215） （0.2257）	0.3136*** （3.715） （0.0002）
Oper_rev	9.668e-13 （0.860） （0.3902）	9.707e-12*** （2.842） （0.0045）	4.267e-10*** （5.029） （0.0000）	1.185e-11* （1.994） （0.0465）
Debt_assets	−0.1163*** （−4.537） （0.0000）	−2.349e-9*** （−5.732） （0.0000）	−0.1514*** （−5.193） （0.0000）	−0.1022*** （−12.169） （0.0000）
Quick	0.4474 （1.515） （0.1309）	0.3429*** （15.480） （0.0000）	0.0602 （0.130） （0.8968）	−0.1298 （−0.796） （0.4261）

注：*、**、*** 分别表示显著性为0.05、0.01、0.001，第一行括号为统计量对应的t值，第二行括号为统计量对应的p值。

附表3 豪斯曼检验

卡方统计量	P值
90.46	0.0000

附表4 面板数据模型估计结果

变量	系数	T值	P值
Future_use	0.3555	2.04	0.0420*
Assets	1.73×10^{-11}	3.38	0.0010**
Debt_assets	−0.0122	−3.10	0.0020**
Quick	−0.0303	−3.70	0.0000***
Bps	0.2371	3.76	0.0000***
L_capital	−0.1366	−2.35	0.0190**

注：*、**、*** 分别表示显著性为 0.05、0.01、0.001。

附表5 案例分析指标体系

指标类别	序号	指标名称	指标说明	计算方法
经营稳定性指标	1	投资收益	企业在一定的会计期间对外投资所取得的回报。	年报中直接体现
	2	营业利润	营业利润是指企业从事生产经营活动中取得的利润，是企业利润的主要来源。营业利润等于主营业务利润加上其他业务利润，再减去营业费用、管理费用和财务费用后的金额。	营业利润=营业收入−营业成本−税金及附加−销售费用−管理费用−财务费用−资产减值损失+公允价值变动收益（−公允价值变动损失）+投资收益（−投资损失）+资产处置收益（−资产处置损失）+其他收益
	3	净利润	净利润（收益）是指在利润总额中按规定交纳了所得税以后公司的利润留存，一般也称为税后利润或净收入。	净利润=利润总额×（1−所得税税率）
	4	销售毛利率	销售毛利率是毛利占销售净值的百分比，通常称为毛利率。其中毛利是销售净收入与产品成本的差。	销售毛利率=（销售净收入−产品成本）/销售净收入×100%
	5	销售净利率	销售净利率，是净利润占销售收入的百分比。	销售净利率=（净利润/销售收入）×100%
	6	主营业务成本	主营业务成本是指企业销售商品、提供劳务等经常性活动所发生的成本。	年报中直接体现

续表

指标类别	序号	指标名称	指标说明	计算方法
经营效率性指标	1	库存周转天数	存货周转天数是指企业从取得存货开始，至消耗、销售为止所经历的天数。	存货周转天数=365/存货周转次数 存货周转次数=销货成本/存货平均余额
	2	存货周转率	存货周转率是对流动资产周转率的补充说明，是衡量企业销售能力及存货管理水平的综合性指标。它是销售成本与平均存货的比率。	存货周转率（次）=销售成本/平均存货余额
	3	财务费用	财务费用是指企业为筹集生产经营所需资金等而发生的费用，包括利息支出（减利息收入）、汇兑损失（减汇兑收益）以及相关的手续费等。	年报中直接体现
	4	营业周期	营业周期是指从外购承担付款义务，到收回因销售商品或提供劳务而产生的应收账款的这段时间。	营业周期=存货周转天数+应收账款周转天数
	5	应收账款周转率	应收账款周转率是企业在一定时期内赊销净收入与平均应收账款余额之比。	应收账款周转率=（赊销收入净额/应收账款平均余额）×100%
规模成长性指标	1	营业利润增长率	营业利润增长率是指企业本年营业利润增加额对上年营业利润总额的比率。	营业利润增长率=（营业利润增加额/上年营业利润总额）×100%
	2	净利润增长率	净利润增长率代表企业当期净利润比上期净利润的增长幅度，指标值越大代表企业盈利能力越强。	净利润增长率=（当期净利润-上期净利润）/上期净利润×100%
	3	营业收入增长率	营业收入增长率是指企业本年营业收入增加额对上年营业收入总额的比率。	营业收入增长率=（营业收入增长额/上年营业收入总额）×100%
	4	销售净利率	销售净利率是指净利润与销售收入净额的比率，一般来说销售净利率越高越好，表明企业每百元销售收入净额可实现的净利润。	销售净利润率=净利润/销售收入净额×100%

期货市场服务供给侧结构性改革的路径和效果分析
——以PVC期货市场为例

魏政

摘　要：实现供给侧结构性改革的目标需要充分发挥市场优胜劣汰的竞争机制和倒逼机制，市场化程度越高的产业，越容易实现供给侧结构性改革的目标。作为市场经济的重要组成部分，期货市场具有价格发现效率高和价格风险管理功能强的特点，能够而且也确实在相关产业的供给侧结构性改革中发挥了显著作用。以聚氯乙烯（PVC）行业为例，期货市场服务供给侧结构性改革的路径清晰，充分发挥了市场机制的作用，提升了行业的市场化水平，促进了行业供给侧结构性改革的推进。通过实施注册品牌交割制度，增强了期货价格的代表性，助力优势企业进行价格风险管理，集中精力改善供给侧质量。此外，期货市场还发挥了"虚拟库存"等功能，促进产业链各环节库存水平的动态平衡，帮助企业有效管理利润指标。通过有效发挥价格发现、套期保值和虚拟库存管理等功能，PVC期货市场加快了行业结构调整的进程，增强了行业优势企业的竞争力。为此，应大力推进期货新品种研发和上市，进一步深化市场体制改革，鼓励并引导企业客观认识、积极参与期货市场，从政策层面为企业参与期货交易提供便利，促进相关产业供给侧结构性改革目标早日实现。

关键词：供给侧结构性改革　期货　聚氯乙烯　交割　注册品牌

供给侧结构性改革,是中央着眼于适应和引领经济发展新常态做出的重大创新,也是化工行业"十三五"期间要着力抓好的重大任务。同时,传统产业在转型升级过程中,实体企业面临的风险加剧,需要更为多样的风险管理工具化解风险、深化改革。期货市场作为市场经济的重要组成部分,具有价格发现效率高和价格风险管理功能强的特点。化工行业供给侧结构性改革中应注重发挥期货市场功能,有效地促进市场定价机制发挥作用,引导产业淘汰落后产能,为实体企业的转型升级保驾护航。

一、化工行业供给侧结构性改革的主要任务

当前,化工行业结构调整和转型升级取得了重大进展,质量和效益显著提高,但是目前行业依然面临一些问题。一是产能过剩依然存在。2014年以来,化工产品价格大幅下跌,行业内市场竞争加剧,倒逼部分闲置落后产能开始退出市场,装置开工率持续提升,但是产能过剩的状况并未完全化解。以聚氯乙烯市场为例,2016年聚氯乙烯开工率约为71%。按照历史经验,聚氯乙烯(PVC)市场处于相对正常的竞争状态时,开工率约为80%。照此测算,我国聚氯乙烯行业的开工率远低于行业处于正常竞争状态的水平,产能依然过剩;二是产品供给结构不合理,低端产品同质性严重,市场竞争激烈。以聚氯乙烯为例,目前产品品种主要以SG-3、SG-5和SG-7等通用型牌号为主,产品单一,竞争激烈。国内专用树脂、高端及特种树脂产品开发不足,下游应用领域也有待进一步拓展。三是"僵尸企业"众多,行业利润水平低,抗风险能力差。据中国氯碱工业协会统计,目前行业中停产半停产、连续三年以上亏损、连续三年资产负债率在100%以上的氯碱企业近30家,其中约75%为国有企业。由于大部分国有氯碱企业都是地方骨干企业,使氯碱行业"僵尸企业"的退出相对更加困难。2016年前三季度全行业在经历多年亏损后实现了盈利,效益好转,但是这也增加了僵尸企业复活的隐忧。总体来看,行业产能过剩造成了大量的资源浪费,导致资源配置效率低下,才形成了一批"僵尸企业",影响了整个行业的健康发展。因此,产能过剩的矛盾是制约传统化工行业发展的一个全局性矛盾,淘汰落后产能成为化工行业供给侧结构性改革的紧要任务。

二、期货市场服务PVC行业供给侧结构性改革的路径分析

期货市场服务供给侧结构性改革的路径主要是通过完善市场制度设计，促进期货市场功能发挥，进而利用市场化机制来实现的。市场化程度越高，期货市场发挥作用的空间越大、供给侧改革的效果越明显。多年来，期货市场以服务好实体经济为根本宗旨，不断优化市场制度设计，提供更多、更好满足实体经济需要的法规、制度、产品和服务，提高了期货市场的功能发挥水平，也促进和提升了相关产业的市场化水平。以PVC领域为例，期货市场服务供给侧结构性改革的路径清晰，充分发挥了市场机制的作用，促进了行业供给侧结构性改革的推进。

（一）市场化程度越高的行业，期货市场发挥功能的空间越大，供给侧结构性改革效果越显著

市场化程度是影响供给侧结构性改革最为重要的因素，也是进行期货品种开发的先决条件，市场化程度越高，资源配置效率越高，市场出清的速度越快。化工行业供给侧结构性改革的核心目标就是要减少无效供给、扩大有效供给，提升整个行业供给体系质量。在比较成熟的市场经济中，市场竞争的优胜劣汰机制是化解过剩产能最为有效的工具。地方政府过度保护扭曲要素市场，公平竞争、优胜劣汰的市场机制仍未形成等体制机制缺陷，是导致我国系统性产能过剩的根本性原因，所以以行政手段强推"去产能"不能治本。实现供给侧结构性改革"去产能"的目标必须充分发挥市场优胜劣汰的竞争机制和倒逼机制，探索建立落后产能退出长效机制，防止体制性因素导致新的产能过剩，使化工行业发展走上健康轨道。我国的PVC行业从1958年就开始了工业化生产，产能及产量在2005年已经全球第一，无论是上游的生产企业，还是中下游的贸易及消费企业，企业数量、股东类型多样性等都远高于其他同类品种，市场化程度在同类品种中最高，交易所早在2009年就上市了PVC期货品种，PVC行业早在2014年就开始了产能的净减少进程。

价格是市场机制发挥作用的核心要素，市场对资源配置的决定性作用取决于价格信号，价格信号的真实有效是市场机制能否发挥作用的基本前

提。供给侧结构性改革聚焦于"三去一降一补"五大任务,是一项任务繁重的系统工程。过度依赖行政手段的去产能虽然力度大、见效快,但是不利于微观市场主体的自我修复与周期运转,供需矛盾的突然变化也容易引起市场大幅波动。供给侧结构性改革的关键是要遵循市场规律,善用市场机制解决问题。市场机制的核心要素是价格,通过影响供需双方的供给、消费意愿,市场价格就成为资源配置的指挥棒,低效、落后产能被迫退出市场。因此,价格是否真实、有效,也就成为市场机制能否发挥作用的决定因素。

期货市场比现货市场更擅于发现价格,期货价格具有连续性、公开性和权威性等优势,大大提高了行业的市场化运行水平。现货市场交易的模式、特点决定了其只能是一对一的交易,交易的时间、地点、对象都具有很强的个性特征,其发现的价格也是碎片式、私密性较强的价格,缺乏公信力、权威性,无法得到普遍的认可。期货合约是在期货市场进行买卖的标准化合约,标准化是期货合约的最主要特征,也是期货市场区别于现货市场、远期市场的重要因素。期货合约的交易品种、交货质量、交收月份、货款与商品交换的方式、竞价交易、交货地点等条款都是标准化的,价格是唯一的可变条款,在期货交易所内通过竞价产生。标准化期货合约简化了交易手续,降低了交易成本,提高了市场流动性,防止了交易争议和纠纷。此外,期货市场具有广泛的客户群体,通过集中撮合、公开竞价、连续交易的市场运行机制,任何一方在任何交易时段对期货价格有不同的看法时,都可以直接通过买卖相应的期货合约,将自己的判断融入并形成最新的期货价格。因此,期货市场发现的价格是通过真金白银来修正的,期货市场发现的价格也更为及时、有效,往往引领现货价格的变化,在社会资源配置过程中能发挥比现货价格更为积极的作用,有助于资源的合理配置。

(二)期货市场具有发现价格功能,发现的价格更具代表性,资源配置效率更高

期货合约交割质量标准的设计,对标行业最大宗产品及其发展方向,期货价格是最具代表性产品的现货价格。期货合约可以看做标准化的买卖合同,除买卖的价格外,期货合约对其他所有的合同条款都进行

了详细的约定,包括对产品质量、交货地点的约定。因此,买卖期货合约的重点就在于对指定交货地点、指定质量品质的产品进行定价,设计期货合约的重点也往往集中在如何制定交割质量标准(交货品质)、如何选择交割区域(交货地点)。在设计交割质量标准时,交易所往往以现货贸易中流通量最大的产品为基准(PVC期货即以SG-5型产品为基准),具体质量指标的选择也主要参考现货贸易中的通行指标为蓝本,甚至指定现货流通中市场所普遍接受的品牌作为交割品牌(可用于交货的品牌)。

期货交割区域的选择,以现货生产、消费及贸易集散地为基准,期货价格是贸易最为活跃区域的现货价格。交割环节是期货、现货市场的连通器,也是保证期货市场价格有效最为重要的环节:期货价格过高,参与期货交易的各方可以通过低价买入现货,同时在期货市场以高价卖出的方式来获得无风险套利,反之亦然。因此,为保证期货价格不会被扭曲,在以最大宗现货产品作为可交割货物的同时,交易所同样会选择生产或消费量最大、贸易最为活跃,且交割仓储设施最为完善的区域作为交割区域,以便最大限度地满足潜在的交割需求。以PVC期货为例,交割区域涵盖了江浙沪粤等PVC现货消费大省,这些地区的现货贸易也最为活跃,交通物流、仓储设施最为完善。

参与期货市场交易的客户群体最多样,期货价格对市场供求因素变化的响应更快、更灵敏、更具前瞻性,并最终成为影响行业资源配置效率、速度的重要因素。期货市场是一个公开、公平、公正、自由竞争的交易场所,生产、贸易、消费厂商通过期货市场充分交换着市场供求信息,成千上万的投资者基于自己对未来供求关系的判断,在这里公开竞价,最终形成期货价格。期货价格以现货价格为基础,包含对未来现货供求关系的预测与分析,是远期的现货价格;通过市场参与者的连续竞价,期货价格及时反映了供求关系的变化;交易大厅公开竞价的方式,使期货价格直接为公众所用。为此,期货价格具有预测性、连续性和公开性,更容易得到行业的认可,并成为行业定价基准。以PVC期货为例,期现货价格的相关性高达0.9以上,期货价格的变化总是先于、早于现货价格变化,引领现货价格的变化。利用期货价格,相关企业可以对现货未来的价格走势、供需变化有一个清醒的认识,以便及时调整自己的生产、销售计划,维护企业定价能力，提升企业市场竞争力，也加快了市场出清速度，增强了行业资源配置效率。

（三）期货市场具有套期保值功能，助力企业进行价格风险管理，集中精力改善供给侧质量

期货市场存在套期保值功能，产业客户通过参与期货交易，可以合理规避价格波动风险，获得稳定收益，实现企业长期稳定发展。期货套期保值是通过在期货和现货两个市场进行方向相反的交易，从而在期货市场和现货市场之间建立一种盈亏冲抵机制，以一个市场的盈利弥补另一个市场的亏损，实现锁定成本、稳定收益的目的。化工行业的原材料主要是石油和煤炭等大宗商品，价格具有明显的周期性，波动十分剧烈。传统企业一般通过延伸产业链，向上或者向下一体会来规避价格波动的风险。但是并购重组不但周期长，资金占用大，不可抗力因素还较多。而期货市场则提供给企业一种便利的风险管理手段，资金占用更低，风险可以控制，从而降低了企业风险管理成本。

基差[①]变化是影响期货市场套期保值功能发挥的重要因素，如何降低基差波动是期货合约设计时需要考虑的关键问题。套期保值功能发挥是以期货价格和现货价格具有变动方向相同、幅度相近的特点为前提，通过在期货市场买进或卖出与现货数量相等、交易方向相反的期货合约，进行反向操作，可以补偿现货市场价格不利变动带来的损失，从而锁定现货与期货组合的盈利水平。当进行套期保值操作时，如果在操作开始和完成时的期货价格、现货价格变动方向、幅度有较大差异时，也就是说当基差在这个时间段发生了较大变化时，套期保值操作的效果可能会变得很糟糕。因此，对于开展套期保值操作的企业而言，保持基差水平的相对稳定就变得至关重要，这也是期货交易所在合约设计时必须考虑的问题。

PVC期货实行品牌交割制度，进一步降低了基差波动风险，更有利于龙头企业开展套期保值，保障其实现稳定经营，集中精力改善供给侧质量。为增强PVC期货价格的代表性，降低基差波动风险，大商所自1604合

---

① 基差 = 现货价格 − 期货价格。

约开始实施PVC期货交割注册品牌制度：只有经交易所认定品牌的产品才可以参与交割，选取的品牌均为现货贸易流通中的主流品牌。因此，期货价格直接代表指定品牌现货产品的价格，注册品牌企业进行套保操作面临的基差风险大幅降低，提高了注册品牌企业的套保效率，方便其进行套保操作，更好地管理产品价格大幅波动的风险，保障生产经营的稳定性。注册品牌制度推出后，2016年PVC期货产业客户套期保值效率大幅提升为70.70%，远高于2015年的40.84%。为此，注册品牌企业可以将更多的精力用于实施技术升级改造，加强应用研发，推行清洁生产，增强企业可持续发展能力，促进行业提质增效。

（四）期货市场的品种越丰富，发挥"虚拟库存"等功能越充分，促进产业链各环节库存水平的动态平衡越有效

期货品种越丰富，产业链各个环节的利润分配越稳定，越容易促进整个产业的良性竞争、稳定发展。现货企业规避价格波动风险的需求自古有之，只是不同时代的规避手段不同而已：上游原材料价格上涨时，选择性停产是一种方式；通过不断地向上下游整合，这也是一种规避某一环节价格波动风险的手段。期货市场出现之后，期货市场的高标准化、流动性等特点，使得产业客户转移价格风险的效率大大提高，规避价格波动风险的成本大幅降低，产业客户越来越倾向于通过"点价"等定价方式开展现货贸易，并将这种方式向上下游进行传导，以最终实现原料和产品的采购、销售的相对价差可以锁定，而不在意每一个环节的绝对价格水平。期货市场的存在是开展"点价"等贸易模式的前提，因此，上市的期货品种越多，覆盖的产业链越长，整个产业的经营就会更趋于稳定，大家更倾向于改进产品质量、提高供给侧水平，而不必热衷于价格战、走入恶性竞争的死循环。

期货市场有利于相关实体企业进行库存管理，通过期货合约交易建立虚拟库存，节约流动资金，降低库存风险。"虚拟库存"就是企业将一定量的储备库存建立在期货市场上，通过在期货市场上买入一定数量的远期合约代替部分现货市场上的实际采购和库存。经过多年的发展，期货市场已经成为实体企业实现购销和经营的一个有效补充，企业可充分利用期货市场实现经营方式和运作模式的变革。由于期货市场的流动

性相对于现货市场较强，虚拟库存的建立或者取消非常容易和方便，这有助于企业灵活调节库存。由于期货市场采用的是保证金交易，通常只收取交易总额的5%至15%的保证金，建立虚拟库存只需用少量的资金就能起到实体存货的效果，不但减少了购买原材料所占用的资金，而且还降低了企业的库存成本。

期货市场能够促进产业链库存结构优化，保持一定量的社会总库存水平，保障产供销的平稳运行。在经济下行阶段，终端产品需求降低，对原材料的需求减弱。大宗商品生产商库存流通速度减慢，为了防止造成大量资金沉淀和商品价值贬值，生产商一般保持低库存水平。随着经济的复苏，终端需求水平会有所上升，此时产业链从被动去库存过渡到主动补库存阶段，但是由于大宗商品生产商的供给水平存在一定刚性，此时商品就会出现供不应求的现象，价格将大幅上涨，2016年下半年很多大宗商品的价格上涨原因正是如此。对于有期货市场的品种而言，由于贸易商更擅于利用期货市场进行库存管理，产业链的库存也从生产商转移到贸易商，对产业链的库存结构进行了优化。贸易商维持合理的库存水平，将发挥"蓄水池"的作用，促进产业链供需的动态平衡，保障整个产品产供销的平稳运行。以PVC为例，在2009年5月上市期货前后，按照所有交割仓库的历史统计数据计算，贸易商库存水平发生了很大变化，由之前的1.5万吨左右逐步增至4万—8万吨，甚至达到14万—18万吨的库存水平（图1）。

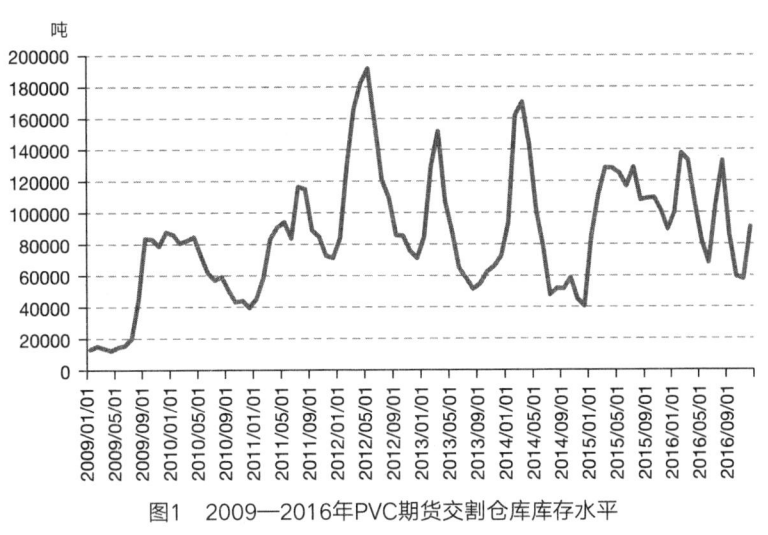

图1 2009—2016年PVC期货交割仓库库存水平

三、期货市场服务PVC行业供给侧结构性改革的效果分析

PVC行业是一个市场化程度很高的行业，这也是我们选择这个品种开展期货交易的根本原因。近年来，在国家政策引导、行业宣传以及市场自律等多重因素作用下，PVC行业在去产能、调结构、转方式上取得了积极进展，价格开始恢复性增长，重点企业竞争力显著增强，行业效益明显提升，行业布局日趋合理。其中，期货市场通过发挥价格发现、风险管理和预期引导等功能，有效地促进了行业结构调整的进程。通过实行注册品牌交割制度，提升了知名品牌企业的市场占有率，加快了淘汰过剩产能的步伐；通过提高期货市场流动性，期货价格与现货价格的相关性越来越高，有效促进了PVC价格的合理回归，改善了实体企业的盈利状况；通过参与期货套期保值，企业保持在低库存的状态下平稳运行，在价格出现大幅波动时，降低了企业的库存成本。总体来讲，PVC整个行业在结构调整方面取得了明显效果，特别是在品牌龙头企业的带动下行业供给结构日趋合理。

（一）行业开工率稳步提升，注册品牌企业的开工率提升更为显著

最近三年，随着淘汰落后产能工作的不断深化，国内PVC产能总数连续三年保持负增长。中国氯碱网最新产能调查数据显示，2016年内中国聚氯乙烯包括糊树脂在内的新增加产能为89万吨，在此期间，宣布正式退出的规模为111万吨，净减少22万吨。2016年，国内聚氯乙烯行业去产能任务继续深化，产能总数保持下行，而全年产量却保持较高涨幅，国内装置开工率继续提升。2016年中国聚氯乙烯行业整体开工负荷达到71%，保持稳步提升的态势（图2）。

注册品牌企业的开工率远高于行业平均水平。2014—2016年，PVC行业整体开工率稳步提升，但是注册品牌企业的整体开工率提升的幅度更大（图3），注册品牌企业的优质产能得到了充分利用。

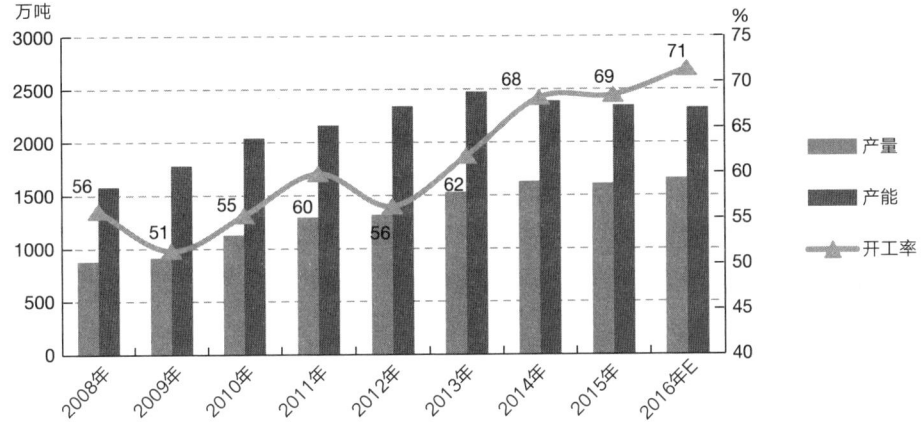

图2　2008—2016年中国PVC装置开工率明细

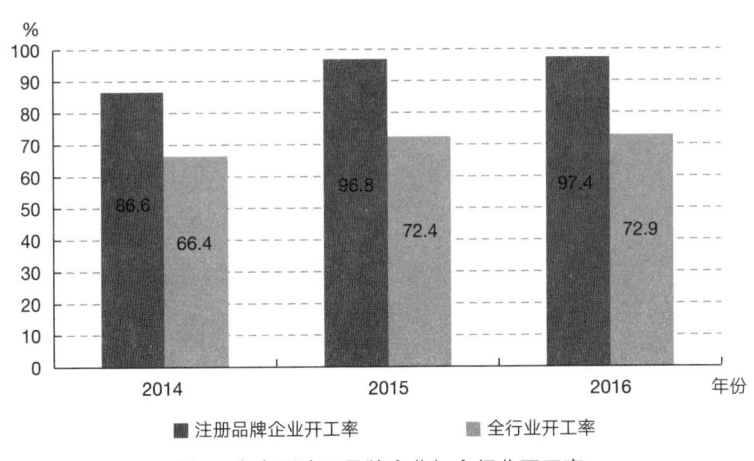

图3　大商所注册品牌企业与全行业开工率

（二）企业效益逐步好转，注册品牌企业盈利水平明显高于行业平均水平

随着PVC行业去产能进程的推进，行业去产能的供给侧改革效果逐渐在2016年6月之后显现。尤其是2016年9月以来，价格上涨超出市场预期。11月中旬，电石法PVC（华东）市场价格曾达到8510元/吨，创下2011年以来新高，较2015年末低点反弹约83%，大幅超出市场预期。截至2016年12月末，电石法PVC（华东）市场价格也达6250元/吨，较2015年末低点反弹约34%。同时，PVC与电石价差也同时持续提升。2016年PVC的期现货相关系数为0.96，比2015年的0.94增加2个百分点，价格相关性得到进一步增

强，期货市场较好地发挥了价格发现功能，提前预见了PVC价格的恢复性增长（图4）。

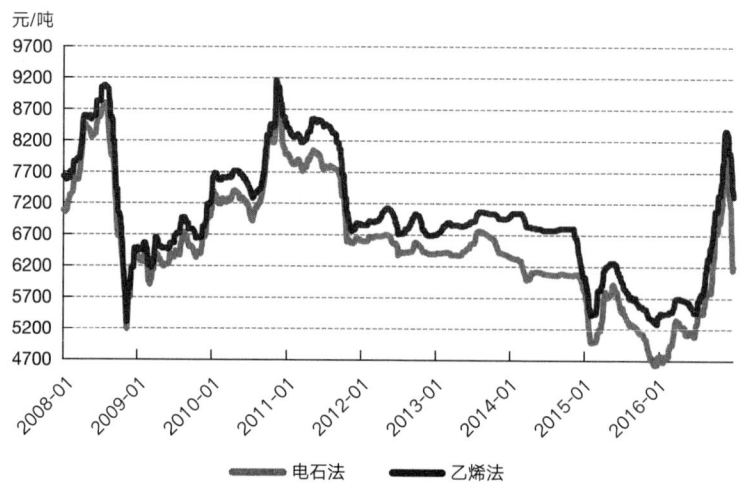

图4　2008—2016年中国PVC市场价格变化

2008年以后，PVC行业产能过剩局面开始严重恶化，行业盲目扩张导致聚氯乙烯行业产能严重过剩，企业亏损严重。2016年，我国PVC行业扭转亏损局面，实现大幅盈利，由年初的亏损到11月最高达2000元/吨的盈利。2016年PVC盈利增加主要受益于PVC价格的大幅上扬，且与成本之间的价差持续扩大，2016年企业PVC毛利率、毛利润普遍走高。虽然进入12月后，PVC价格出现大幅下跌，但是新疆和内蒙古地区PVC企业仍然可以实现盈利（图5）。

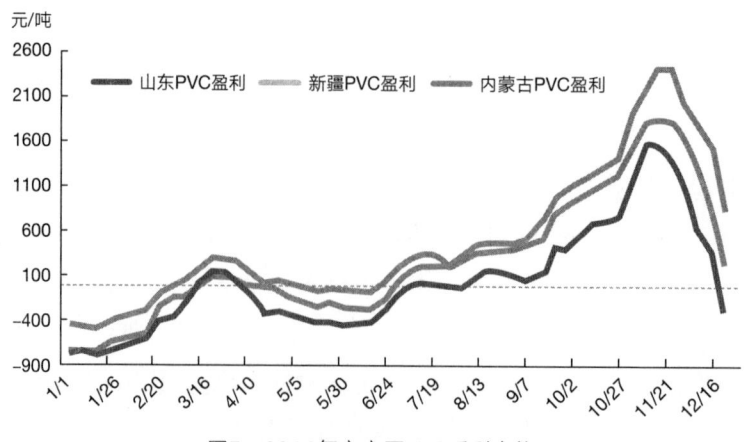

图5　2016年主产区PVC毛利走势

行业龙头上市公司的盈利率大幅提升。我们选取了4家PVC行业龙头上市公司，同时它们也是注册品牌企业。充分受益于核心产品涨价，加上具有显著的区域成本优势，4家公司净利润率持续保持增长态势。尤其是2016年前三季度，4家公司净利润率有了大幅提升（图6）。

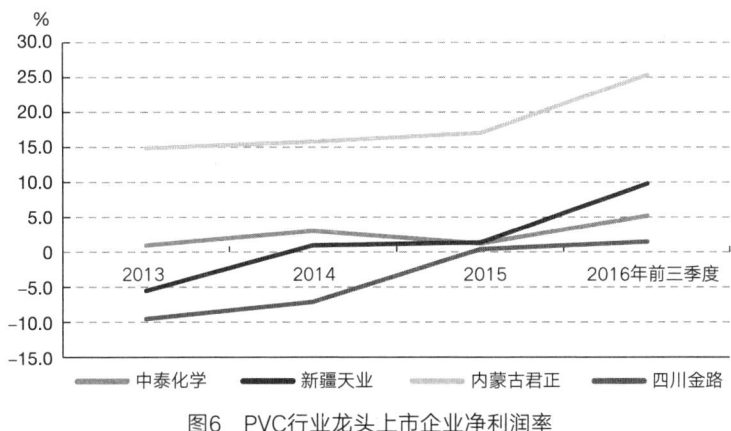

图6　PVC行业龙头上市企业净利润率

（三）供给结构有效改善，注册品牌企业产品的市场竞争力更强

从生产企业数来看，随着结构优化和兼并重组进程的加深，国内PVC生产企业数从2012年的94家减少至2016年的75家，平均规模由不足25万吨上涨至31万吨。从企业规模结构看，我国已出现超过百万吨级聚氯乙烯生产企业3家，规模在30万—50万吨/年的企业数量正在逐渐增加。其中，3家产量超过百万吨级的企业是中泰化学、新疆天业和北元化工，它们都是注册品牌企业。12家注册品牌企业中，产量规模超过30万吨的有9家，占到注册品牌企业总数的75%，注册品牌企业的平均产量规模达68万吨，远高于行业平均水平的31万吨，说明注册品牌企业的规模化水平较高，整个行业的集中度也在提高。注册品牌企业产量占全行业的比重从2014年的41.9%提高到2016年的48.6%（图7、图8），市场占有率逐步提高，品牌影响力进一步增强。

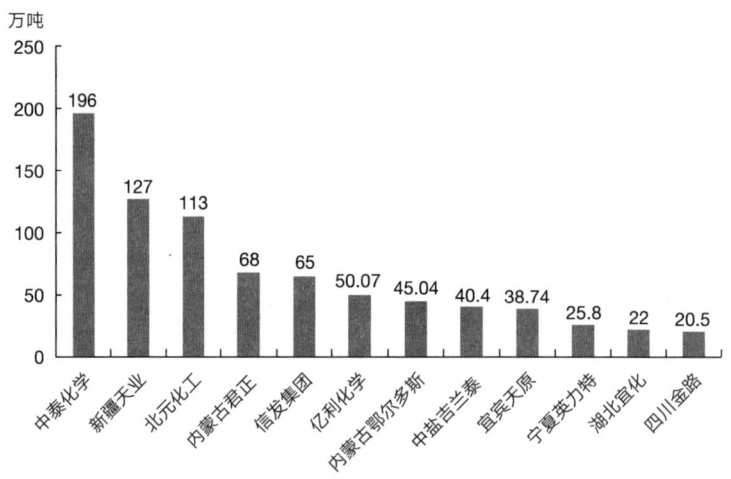

图7　2016年注册品牌企业产量规模

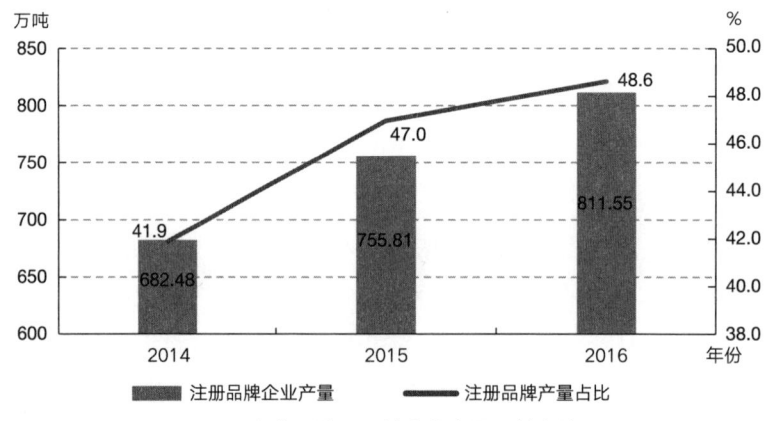

图8　大商所注册品牌企业产量及其占比

通过氯碱行业准入条件的实施以及能源成本的上升，东部地区电石法PVC产能逐渐减少。西部地区氯碱产业发展迅速，已成为电石法聚氯乙烯最重要生产区域。在地区产能分布中，2016年西北6个省份的聚氯乙烯产能已经占到总产能的47.1%，且全部为电石法工艺。西北地区是我国最主要的电石生产区域，其电石产量占国内电石总产量的80%以上，广大的西部地区依托本地资源优势，大力发展"煤—电—PVC"一体化循环经济项目，PVC产能加速西进的步伐，一体化氯碱企业成本优势凸显，PVC行业区域化、集中化格局加剧。注册品牌企业中，3家产量超过百万吨级的企业的生产地均位于西部地区（图9）。

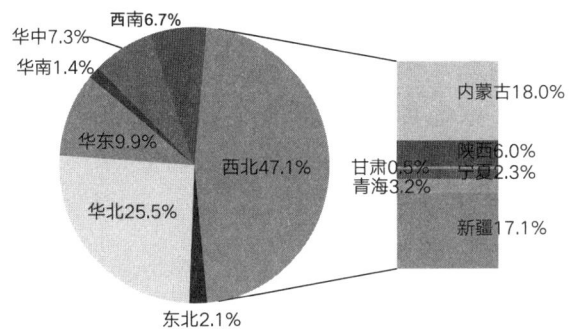

图9　2016年中国PVC七大区域产能对比图

四、关于提高期货市场服务供给侧结构性改革能力的政策建议

PVC期货市场通过发挥价格发现、套期保值等功能，提高了行业资源配置效率及速度，促进了PVC行业的结构调整，帮助实体企业扭亏为盈。实践证明，只要期货市场能够较好地发挥应有功能，就能充分发挥市场机制的资源配置作用，助力行业供给侧结构性改革。但是，由于期货市场和实体企业两方面的原因，期货市场服务实体经济还存在一些瓶颈。因此，有必要从政策层面引导实体企业全面认识和合理应用期货工具，完善对期货市场的监管，促进期货市场功能的有效发挥，更好地为行业供给侧结构性改革服务。

（一）增强产业客户参与度，合理引导国有企业参与期货套期保值

要想更好地发挥期货市场的功能，必须增强产业客户的参与度。只有更多的产业客户利用期货市场进行套期保值，期货价格才能全面反映行业实际的供需情况，期货价格的真实性和权威性才得以体现。虽然化工品期货品种在上市以后，市场参与度不断提高，但是法人客户在客户参与总量中的占比依然较低。主要原因是化工行业中很多企业都是国有企业，甚至都是大型中央企业。由于2008年国际金融危机前后，部分企业利用金融衍生工具发生巨亏，国资监管机构和金融监管部门加强了对国有企业从事金

融衍生品交易活动的监管，国有企业利用衍生工具的态度趋向谨慎。近年来，国务院推进简政放权，取消和下放国务院部门行政审批事项，取消中央企业境外商品衍生业务核准事项，将企业的金融衍生业务的决策核准权下放至央企董事会或有关决策机构，说明国有企业从事期货等衍生品交易的政策环境更加宽松。但是，国有企业参与期货交易活动还存在一些障碍，比如考核激励机制的制约、会计准则核算的约束和衍生品人才的缺乏等，导致国有企业参与期货市场的积极性不高。所以，一方面，要完善国有企业衍生品投资风险监控制度，在防控风险的前提下，优化国企参与期货市场的政策环境；另一方面，要继续加大对产业客户的培训力度，不断地向客户传播成熟的理念和操作经验，切实提高产业客户在期货市场上的参与度。

（二）推进期货新品种研发，为实体企业提供更多套保工具

我国商品期货品种整体成交活跃，许多品种在国际排名中位列前茅，但是也存在产业链期货品种不健全的问题，在一定程度上制约了期货市场服务实体经济的深度。例如，化纤产业链（PX—PTA—涤纶产业）上下游的五种主要产品包括PX、PTA、MEG、长丝和短纤，但目前却只上市了PTA，而其他环节相关企业的避险需求却无法满足。要不断补充实体企业发展中需要的套期保值品种，持续完善尚不健全的产业链期货品种，形成较为完整的产业链商品期货品种系列，建立与产业发展风险管理需求相匹配的一条龙式的商品期货品种体系，从而在更广领域、更高层面、更深程度上实现服务实体经济发展与转型的目标。要改革完善以市场需求为导向的期货产品上市机制，更好地满足实体经济风险管理需求。在期货市场基础制度已经较为牢固、风险控制水平不断提高的情况下，今后应以市场需求为导向，上市更多的产品，以更好地满足实体经济风险管理需求。

（三）促进期货市场功能发挥，增强服务实体经济能力

只有当期货市场真正充分发挥价格发现和套期保值的功能，市场各方对期货价格高度认可和接受，才会被生产、加工以及贸易商等经营主体广泛应用。如果期货价格进一步发展成为行业定价基准，期货市场就能更好

地服务实体经济，实现期现货市场的良性循环。要通过完善合约设计、交易运行与风控制度，提升市场运行效率和质量，保障市场平稳运行。在维护市场平稳和秩序、守住不发生系统性风险底线的前提下，进一步促进期货市场功能的发挥。还要积极探索服务实体经济的模式和途径，利用场外期权和"保险+期货"等创新工具，提高服务实体经济的能力，有效助力行业供给侧结构性改革。

2006—2008年CBOT农产品基差不收敛问题的研究及启示

鲁娟

摘　要：CBOT农产品期货在2006—2008年出现合约到期时，期现基差不收敛问题。通过对国外研究文献梳理，发现原因如下：外部因素使CBOT农产品期货价格较现货升水且出现完全价差市场（Full-Carry）[①]，刺激投资者持有船运凭证[②]至远期交割，近月交割受限；而CBOT船运凭证不能强制交割，导致近月期现基差不收敛。CBOT通过限制非商业机构的交割凭证持有量等方式完善制度并取得一定成效。通过对CBOT农产品基差不收敛问题的研究，希望为我国商品期货制度设计提供启示和借鉴。

关键词：CBOT农产品　基差不收敛　完全价差市场　船运凭证　交割制度

---

① 完全价差市场是指两个不同月份期货合约的价差大于因储存该商品由近期交割月至远期交割月的成本，这意味着参与者愿意支付仓储和利息费用持有该商品至远期交割。

② CBOT大豆和玉米采取沿河船运凭证交割方式，小麦在2008年之前采取仓库仓单方式交割，之后改为船运凭证方式交割。

CBOT农产品在2006年至2008年出现的期现基差不收敛问题导致贸易商套保效率下降，不能与农民签订长期现货合同，进而影响农民种植决策。本文针对此问题产生的原因进行分析，并介绍CBOT采取的措施和产生的效果，希望为国内商品期货制度设计发挥借鉴作用，避免国内商品期货市场出现类似的问题。

一、CBOT农产品期货基差不收敛情况介绍

在2006年至2008年，CBOT玉米、小麦和大豆等主要农产品期货先后出现基差不收敛的情况，在期货合约到期时，现货价格远低于期货价格。

CBOT玉米首先在2006年3月出现基差不收敛情况，2006年7月在伊利诺伊河北部地区现货价格较期货价格贴水达到30美分/蒲式耳；在2007年9月合约到期时，伊利诺伊河北部现货价格较期货价格贴水50—60美分/蒲式耳。

CBOT小麦首先在2006年7月合约上出现基差不收敛情况，托莱多[①]地区小麦现货价格在交割的最后一天低于期货价格90美分。2008年7月，小麦现货价格较期货价格低120美分以上。

CBOT大豆在2007年4月合约上开始出现基差不收敛，在2007年7月，芝加哥地区大豆现货价格较期货价格贴水近70美分/蒲式耳，在伊利诺伊河北部地区，大豆现货价格较期货价格贴水近90美分/蒲式耳；在2008年1月和3月，现货价格较期货价格贴水超过80美分/蒲式耳。[②]

二、CBOT农产品期货基差不收敛的原因分析

通过对Irwin S.H, Nicole M. Aulerich等学者关于2006—2008年CBOT农产品基差不收敛的研究文献进行梳理，发现不收敛的原因如下：

---

① 美国"五大湖"区港口城市。

② Scott H. Irwin, Philip Garcia, Darrel L. Good, and Eugene L. Kunda. Recent Delivery Performance of CBOT Corn, Soybean, and Wheat Futures Contracts. Statement to the CFTC Agricultural Forum, April 22, 2008.

（一）CBOT农产品期货价格升水现货且出现完全价差市场，刺激投资者持有交割凭证至远期交割

1. 外部因素使CBOT农产品期货升水现货且出现完全价差市场

全球小麦、玉米和大豆产量自2005年以来相继减产，同时，美元在2006—2007年出现大幅贬值，导致CBOT农产品期货价格大幅上涨。CBOT大豆价格2007年涨幅达到69.6%，CBOT玉米价格2006年涨幅达到73.92%，CBOT小麦2007年涨幅达到68.2%。因为期货价格对减产和货币贬值预期反映较为充分，出现期货价格的涨幅大于现货价格涨幅的现象。2006年CBOT玉米期货价格较美国伊利诺伊玉米现货价格升水幅度超过历史的20美分/蒲式耳范围，大豆和小麦期货价格较现货升水幅度则在2006年超过历史的50美分/蒲式耳范围（附图1、附图2、附图3）。

在减产和货币贬值预期、指数基金滚月操作[①]以及CBOT的期货仓储费用低于商业仓储费用[②]等诸多因素推动下，CBOT农产品价格在2006—2008年出现完全价差市场。其中，玉米相邻两个期货合约在到期前5—9天的价差达到完全价差的90%以上，大豆达到完全价差的86.8%，小麦则超过完全价差的100%[③]。在合约到期前的月份，近远月期货合约价差甚至大幅高于完全价差，例如，持有CBOT大豆、玉米和小麦期货两个月的仓储成本是9美分，而在2006—2008年，这三个品种相邻两个合约价差远大于9美分（附图4、附图5、附图6）。

2. 投资者在利益驱动下持有交割凭证至远月合约交割

交割是保证商品期货期现基差收敛的关键机制，当商品期货价格高于现货价格且期货出现完全价差时，期货投资者在远月合约进行交割的收益高于在近月合约交割和在现货市场销售的收益，这刺激投资者持有交割凭证，并将期货近月合约展期至远月合约进行交割，这势必影响近月合约到

---

① 指数基金的策略是持有指数相关的商品期货多头，并在商品期货合约到期前，将近月合约平仓同时买入远月合约。

② CBOT 在 2008 年对 47 家具有大量沿河仓库的公司进行调查发现，小麦的商业仓储费是 7.1 美分/蒲式耳，而 CBOT 小麦期货交割仓库的仓储费用是 4.5 美分/蒲式耳。

③ Irwin S H, Garcia P, Good D L, et al. Poor Convergence Performance of CBOT Corn, Soybean and Wheat Futures Contracts: Causes and Solutions[J]. Marketing & Outlook Research Reports, 2009.

期时基差的收敛性。例如，CBOT大豆7月合约较5月合约高40美分，而将交割凭证从5月持有到7月的成本不足20美分，意味着投资者在7月交割会比在5月交割多收益20美分以上。因此投资者愿意持有交割凭证至7月交割，这就影响了5月合约期现基差收敛性。

（二）CBOT农产品交割制度不能强制投资者在近月合约交割，进而影响近月期现收敛

1. CBOT农产品船运凭证不能强制交割，且存在最大数量限制

CBOT对船运凭证没有强制进行实物交割的要求，对船运凭证持有者进行实物交割也没有时间限制。根据CBOT交割制度，在期货合约到期时，空头头寸持有者可以选择进行实物交割或者用船运凭证到清算中心进行结算，并不要求必须进行实物交割。此外，CBOT对交割库可签发的船运凭证最大数量存在限制，当已签发的船运凭证数量增加时，可以新签发的数量就有限。

2. 非商业投资者持有船运凭证至远月，近月合约交割受限导致期现基差不收敛

在美国，基金等非商业投资者可以通过二手市场购买CBOT农产品船运凭证[①]。而CBOT船运凭证存在上述的最大签发数量限制和不能强制交割问题。因此当完全价差市场出现时，CBOT不能强制基金等非商业投资者在近月合约进行实物交割，导致可新签发的船运凭证数量有限，影响商业投资者[②]注册凭证在近月合约进行实物交割，进而影响近月合约到期时期现基差收敛性。

（三）交割库容不足和期现规模不匹配等影响小麦基差收敛

1. CBOT小麦现货交割能力有限，阻碍期现价格回归

2006年，CBOT小麦仅有11个交割仓库，属于5家公司，其中芝加哥2个仓库，托莱多6个仓库，圣路易斯3个仓库，由于美国小麦现货贸易流向

---

① Nicole M. Aulerich, Raymond P.H. Fishe, Jeffrey H. Harris. Why do expiring futures and cash prices diverge for grain markets? Article in Journal of Futures Markets, June 2011.

② 产业内参与套期保值的企业。

发生变化，而交易所没有及时根据现货市场调整小麦交割库，现有的11个交割仓库并未按照现货市场情况分布。因此，导致小麦可供交割量小，小麦期货交割不顺畅，往往阻碍了期货价格向现货价格的回归。

2. CBOT小麦期现货规模不匹配，期现货价格不一致

CBOT小麦标的是软红冬小麦，小麦期货市场规模远大于现货市场规模。美国软红冬小麦年产量14亿蒲式耳左右，是美国小麦市场中比例最小的品种，只占美国小麦产量的20%，仅占全球小麦产量的2%。但CBOT小麦期货是美国和全球主要的风险管理工具，从CFTC持仓报告来看，2007年CBOT软红冬小麦平均持仓量为40.7万手（折合20亿蒲式耳），远超现货市场规模。CBOT小麦期货交易反映的是全球的供需，而其基准现货只是美国当地很小的现货市场，期货价格和现货价格经常不一致。

三、CBOT采取的措施和效果

市场参与者向CFTC和CBOT提供了不少促使基差收敛的制度建议，包括增加小麦期货的交割地、提高期货市场的仓储费率、设立强制交割制度[1]、限制投机者持有交割凭证的数量，以及采取现金交割制度等。最终CFTC和CBOT综合衡量制度调整的作用和可能带来的风险后，采取了以下措施：

（一）提高期货仓储费用，减少跨月套利价差

CBOT提高小麦期货交割凭证的仓储费用，并根据仓储费用的季节性特点增加小麦的仓储费用，减少对交易者持有交割凭证的经济刺激。在小麦仓储费用调整基础上，CBOT在2010年推出可变仓储费用制度（VSR），如果相邻两个期货合约价差平均达到全部持有成本的80%以上，CBOT就可以调高仓单仓储费用，如果价差平均不超过全部持有成本的50%，CBOT可能下调仓单仓储费用。

---

[1] 可能给多头带来风险。

（二）限制非商业投资者对交割凭证的持有数量

根据商品交易法案（Act）和商品委员会条例，为了减少交割月时潜在的操纵行为，交易所在必要时应当对投机者持仓采取限制措施。CBOT在2009年2月17日开始调整对玉米、小麦和大豆期货非商业投资者船运凭证持有数量限制。对持有交割凭证数量的限制相当于交割月的持仓限制，通过这一修正减少非直接商业参与者囤积交割凭证的行为。交易所对商业套保者以及用于抵押且具有第三方监管的交割凭证进行持仓限制豁免。

（三）增加交割点和修改质量标准扩大可供交割量

2008年12月，CFTC通过CBOT关于增加小麦新交割点的申请，并从2009年7月合约开始执行。通过此制度调整，可参与交割库管理的公司由原来的5家增加至11家，交割范围扩大至俄亥俄州西北部及密苏里河流域，小麦总交割能力超过33.4千万蒲式耳（相当于超过3.3万手期货合约）[1]。

CBOT在2009年9月合约上开始调整小麦交割质量标准，降低对小麦呕吐毒素的质量要求，这一调整可以增强期货合约与商业合同要求的一致性，改善小麦现货和期货之间的一致性，增加小麦可供交割量。

在CBOT采取上述措施后，期现基差不收敛状况得到改善。从2010年CBOT大豆、玉米（小麦数据缺乏，从仅有的2010年7月基差数据来看，表现良好）基差来看，两个品种基差波动幅度均缩小，2010年伊利诺伊河大豆基差均值为-9.34美分/蒲式耳，玉米基差均值为-21.47美分/蒲式耳。现货较期货大幅贴水的现象出现明显好转。

四、启示和建议

通过对CBOT农产品期现基差不收敛问题的研究发现，外部因素的极端变化可能导致期现基差和期货近远月合约价差超出正常范围，给期货交割制度带来新的挑战，进而影响期货价格发现功能；新型投资者的行为也会对期货价格产生较大影响，进而影响期现基差收敛。建议交易所加强对

---

[1] Testimony of Chairman Gary Gensler Commodity Futures Trading Commission Before the U.S. Senate Permanent Subcommittee on Investigations.

以下方面的研究,以防止国内商品期货市场出现类似的问题:

(一) 加强对期现基差和期货近远月价差的研究

从CBOT农产品基差不收敛的研究发现,CBOT农产品基差和近远月合约价差扩大是导致期现基差不收敛的基本条件。因此,建议交易所加强对国内商品期货基差和近远月价差的跟踪和研究,及时分析导致基差和近远月价差出现异常扩大的原因,并针对此进行制度调整,如参考CBOT创建可变仓储费用制度,根据现货仓储费用和近远月价差变化动态调整期货仓单仓储费用。

(二) 加强对投资者交易行为的研究

我国参与商品期货市场的基金等非商业投资者逐渐增加,近几年开始活跃的机构投资者如CTA基金,以及未来可能出现的指数基金,这些非商业机构投资者的交易策略和行为可能对期货价格产生较大影响,进而影响产业企业套期保值效率。建议交易所加强对这类市场参与者的行为分析,了解其交易策略和可能带来的问题;对市场不同类型投资者的持仓进行分类统计,掌握不同投资者的持仓动态;在交割月时权衡非商业投资者和产业企业之间的规模,适当限制非商业投资者持仓,避免投机力量过大影响期现基差收敛。

(三) 研究国内商品期货是否存在交割障碍

交割是保证期现货价格收敛的重要环节,如果交割机制不顺畅,势必影响期现价格收敛进而影响期货价格发现功能和套期保值功能。建议交易所加强对影响交割的因素分析,如期现货市场规模匹配程度,是否存在期货交易量过大而现货可供交割量不足问题;期货交割库分布是否符合现货市场需求;商品期货交割质量标准是否符合现货市场最大流通品种的标准。如果存在问题,及时根据现货市场变化调整期货交割仓库,扩大可供交割量,通过调整质量标准促使期货标的能有效代表现货市场,进而准确反映现货价格。

附件

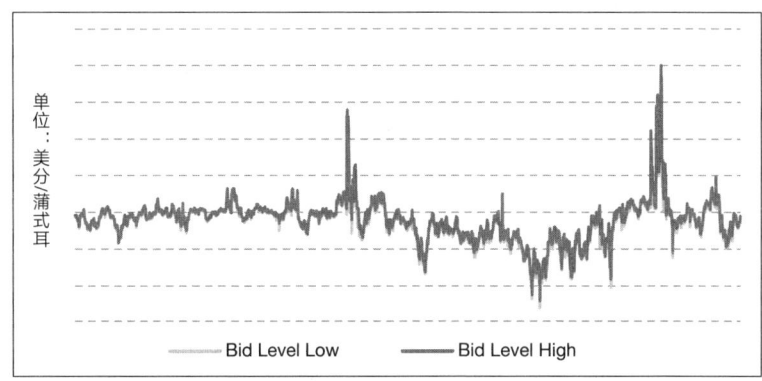

数据来源：美国农业部。

附图1　美国伊利诺伊大豆基差走势

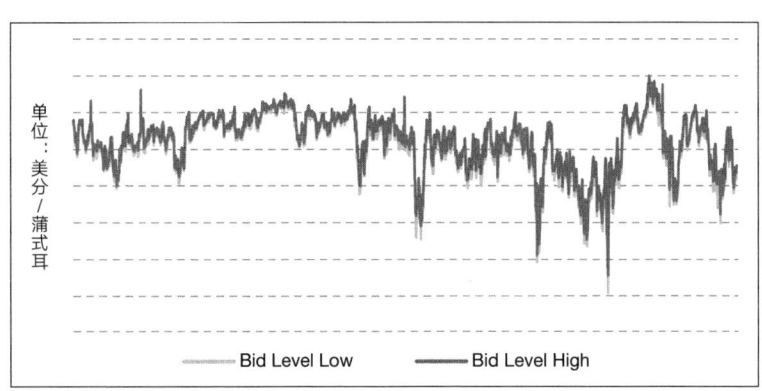

数据来源：美国农业部。

附图2　美国伊利诺伊玉米基差走势

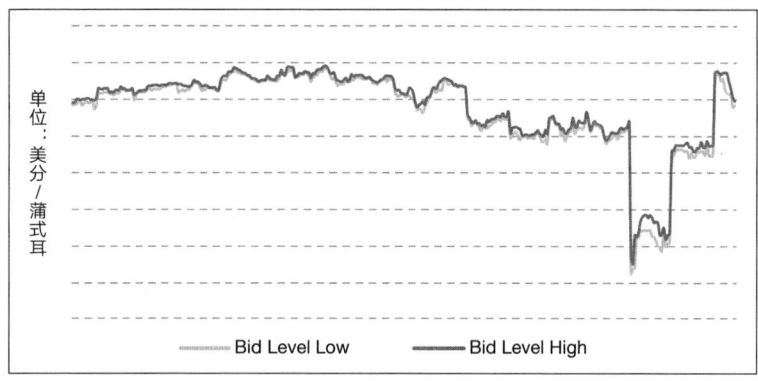

数据来源:美国农业部。

附图3 美国伊利诺伊小麦基差走势

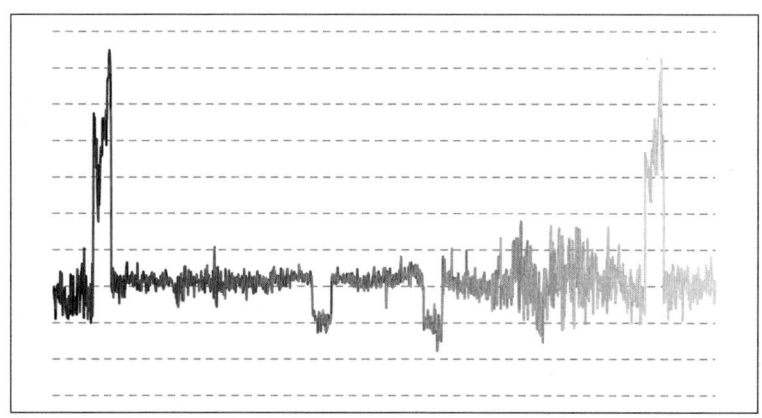

数据来源:根据 CBOT 数据计算。

附图4 CBOT大豆7月合约与5月合约价差

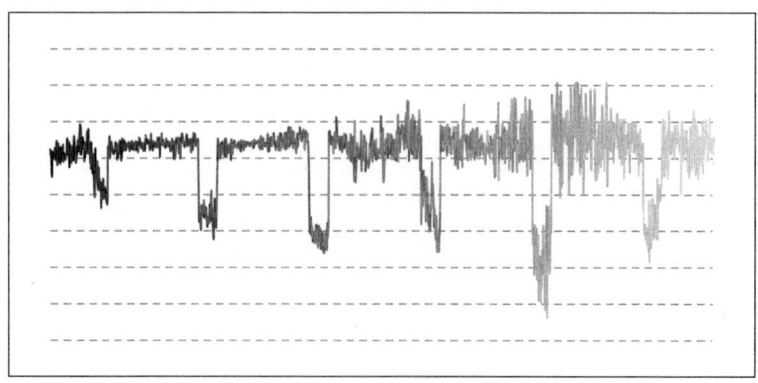

数据来源:根据 CBOT 数据计算。

附图5 CBOT玉米7月合约与5月合约价差

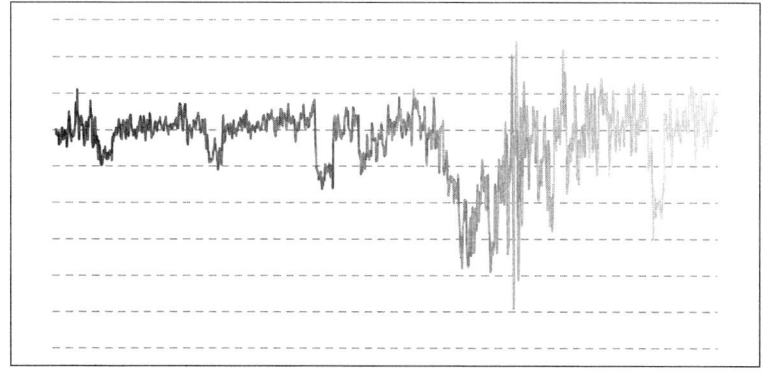

数据来源：根据 CBOT 数据计算。

附图6　CBOT小麦7月合约与5月合约价差

玉米开展基差贸易的制约因素及对策

赵亮

摘　要： 基差贸易的价格就是基差价格，由基准基差和地区升贴水两部分组成。玉米收储制度改革以来，市场价格反应灵活，期货市场的价格发现功能较好地发挥，为开展基差贸易提供了良好的定价依据。目前玉米基差贸易处于起步和试点阶段，市场参与度整体不高。直接原因是玉米基准基差不稳定，波动幅度较大，主要原因是期现市场协调性和联动性较弱，根本原因是玉米现货市场发展不平衡，市场机制发挥不完善，并与期货市场作用发挥不匹配。研究认为，通过深入推进玉米市场化改革，用好国际国内两个市场以及培育壮大新型农业经营主体等措施有助于玉米价差贸易的推广和应用。

关键词： 玉米　基差贸易　基差价格

作为关系国计民生的大宗粮食作物，玉米市场先后经历政府管制定价、临储收购价和"市场定价+补贴"等多种定价模式，在不同的历史时期，都发挥了应有的作用。随着市场化改革的深入推进，玉米价格形成及由此产生的贸易模式成为关注的焦点。玉米基差贸易是期货市场定价的重要尝试，是市场定价的重要表现形式，是市场化改革的重要标志。但当前，我国玉米基差贸易总体处于起步阶段，尚未发挥基差定价的核心价值。

一、玉米基差价格形成及基差贸易基本情况

（一）玉米基差价格形成及变动情况

玉米开展基差贸易的价格，就是基差价格，其形成过程如下：

$$B0=PS0-PF0; \tag{1}$$
$$PS1=PS0+ST1; \tag{2}$$
$$B1=PS1-PF0=PS0+ST1-PF0=B0+ST1。 \tag{3}$$

其中B0和B1分别是基准基差[①]和基差价格，PS0和PS1分别是基准地现货价格和开展基差贸易地区的现货价格，PF0是主力合约结算价格。式（1）表示基准基差的形成，式（2）表示现货价格由基准地价格与地区升贴水构成，式（3）表示价差价格的构成，从中看出，基差价格由基准基差和地区升贴水两部分组成。在地区升贴水固定不变的情况下，基准基差波动是基差价格波动的主要影响因素。

图1　2017年11月—2018年7月玉米基差变化

2017年11月新粮上市至今，玉米基准基差变化整体呈"倒V形"走势（图1），并呈现以下几个特点：一是基差波动幅度大，期间波动幅度达

---

① 基准基差是指基准地现货价格与主力合约结算价格的价差。玉米基准基差 = 大连平仓价 − 主力合约结算价。

到310元/吨，相对基差（基差波动幅度/基差为零时对应的产品价格）超过17%，远大于油脂油料产品。二是基差受政策影响呈现规律性波动，每一次相关产业政策出台都会伴随着基差转折。

（二）玉米基差贸易现状

收储制度改革两年多来，随着市场活跃度的不断提升，玉米基差贸易开始出现。在东北玉米主产区，北大荒、吉林玉米中心批发市场（JCCE）和象屿集团等尝试向下游饲料企业进行基差报价，但目前都处于起步或试点阶段，基差贸易量也很小，总体年均不超过100万吨。

二、制约玉米基差贸易发展的影响因素分析

当前玉米基差贸易发展整体缓慢，直接原因是玉米基准基差不稳定，波动幅度较大，主要原因是期现市场协调性和联动性较弱，根本原因是玉米现货市场发展不平衡，市场机制发挥不完善，并与期货市场作用发挥不匹配。

（一）玉米期现货市场供需弹性差异，导致期现货市场价格变动失衡

玉米期现货市场供需弹性的差异，主要体现在两个方面，一是现货市场中，供给和需求弹性的差异，即供给弹性远小于需求弹性。作为农产品，玉米生产周期长，加上进口数量较小，短期供给弹性很小，市场需求的短期扩大极易导致现货市场价格的大幅上涨。二是期现货市场之间的供需弹性差异，即现货市场的供给和需求弹性整体小于期货市场。不同于现货市场，期货市场的产品为可即时交易的标准化的农产品期货合约。一般情况下，标准合约的供给和需求量远大于现货市场，因此其供需弹性均大于现货市场。略有差异的是，期货市场的需求方是标准合约的买方，而供给方是标准合约的卖方。图2和图3分别为临储拍卖前后，期现货市场价格及基差变化比较。其中，B表示基差，P_S表示基准地现货价格，以P_F表示期货价格，则$B=P_S-P_F$。在初始状态下，市场均衡时，现货价格和期货价格分别为P_{S0}、P_{F0}，B_0为期现货市场均衡时的基差，即$B_0=P_{S0}-P_{F0}$。

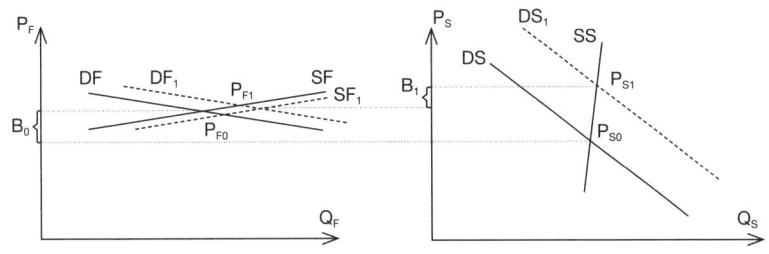

图2 临储拍卖前期现货市场变化比较（左图为期货市场）

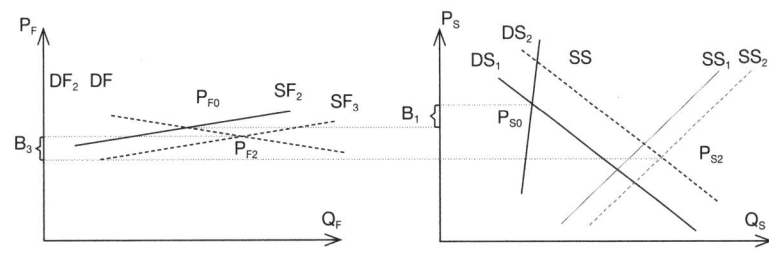

图3 临储拍卖后期现货市场变化比较（左图为期货市场）

临储拍卖前（图2）。2018年3月，黑龙江省和吉林省陆续公布深加工和饲料企业收购玉米补贴政策，导致玉米需求大幅增加，表现为需求线DS右移至DS_1，现货市场短期无法扩大供给，形成新的现货供需均衡点P_{S1}，现货价格的大幅上涨。一方面，作为玉米需求方，下游企业收购玉米，卖出玉米期货合约进行套期保值，规避原料库存价格下跌的风险，此时期货供给曲线SF右移至SF_1；另一方面，价格上涨必然在期货市场产生投机等需求，期货需求曲线DF右移至DF_1。在期货市场投机与套期保值的共同作用下，形成新的期货均衡价格PF_1，此时$B_1=P_{S1}-P_{F1}$，且$B_1>B_0$，基差明显上升。

临储拍卖后（图3）。2018年4月初，国家公布临储玉米拍卖预案，玉米供给量大幅提高，市场预期价格下跌，期货市场价格率先反应。投机做空的力量叠加下游企业套期保值的力量共同作用，使期货市场供给曲线SF_2右移至SF_3，供需均衡点为PF_2。现货市场供给弹性增大，同时供给增加，表现为供给曲线由SS移至SS_1进而移至SS_2，需求曲线由于收购补贴继续扩大，由DS_1右移至DS_2，最终现货市场的供需均衡点为P_{S2}。此时，基差由B_1变为B_3，并且基差$B_3<B_1$。

综上，期现货市场供需弹性差异是导致玉米基差波动的根本原因之一，而供需弹性的差异又是农产品，特别是处于市场化改革过程中的大宗农产品的独有特征。

（二）市场机制发挥不充分，玉米价格双轨制导致出现"两个市场两种价格"

玉米市场的价格双轨制体现在两个方面，一是东北、华北玉米现货价格不统一，缺乏协调联动性，这就导致华北地区玉米基差较东北地区波动更大，而且并无规律。二是玉米临储拍卖启动前后的市场定价模式不同。因此，在不同地区和不同阶段形成了东北和华北，政策和市场（主导）两个市场，两种价格。这给所处不同地区和不同阶段的市场主体参与基差贸易带来较大困难。

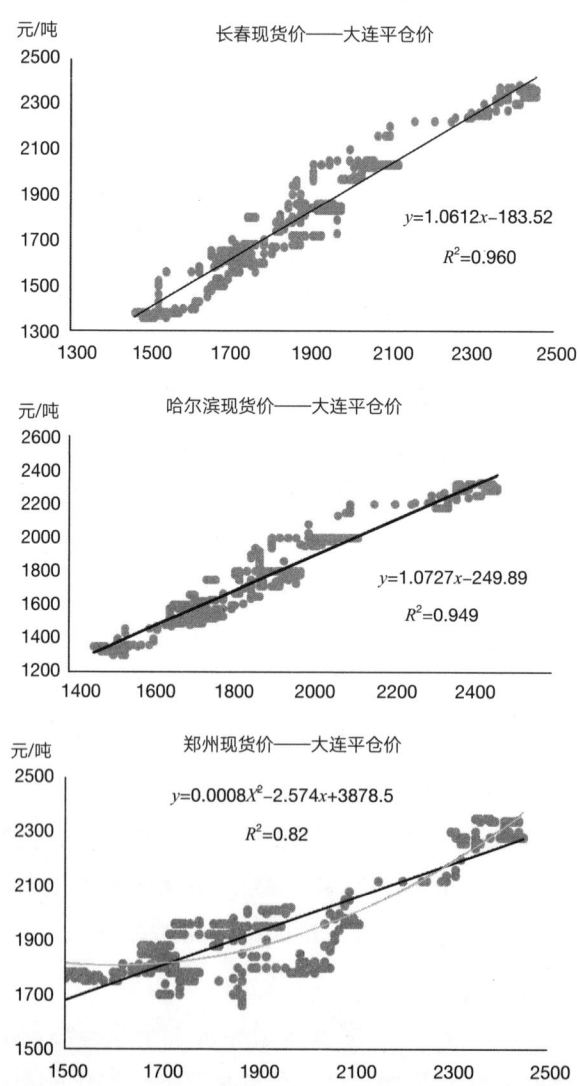

注：1—3象限的图中，横坐标均为大连平仓价，纵坐标分别为哈尔滨、长春和郑州现货价。
数据来源：Wind 数据库，计算整理。

图4 长春、哈尔滨和郑州玉米现货价格与大连平仓价关系

华北与东北玉米价差波动幅度更大是无法开展玉米基差贸易的直接原因。收储制度改革以来，玉米期现货市场相关性整体较改革前有很大提升，吉林和哈尔滨等主产区与基准地价格相关性较好，而郑州的相关性较弱。选取了这三地从2015年1月1日到2018年7月13日的现货价格与大连平仓价比较。研究发现，哈尔滨、长春的现货价格与基准地大连平仓价之间呈现高拟合度的线性关系。相比之下，郑州现货价与基准价之间的线性函数拟合度较低，只为0.74，远低于东北地区的数值。而在两者之间构建的二次函数竟然呈现较高的拟合度，达到0.82。这表明华北与基准地价格呈现明显的非线性关系，并且随着价格上涨，二者价差会不断拉大。而当玉米价格下降时，华北和东北玉米价格并非线性同步下降，而是各有承托，相对独立。即价差随价格的变化而变化，很难通过设置升贴水而找到合理的关系，同时也说明，"玉米基准地价格+运费"的定价模式还不是华北玉米定价的"标准答案"。综合价格上涨和下降时华北与东北玉米价差的变化推断，虽然我国玉米价格自北向南依次上升，但这种地区的价格差异并非由简单的运费决定，而是由地区的成本价格、玉米品质、补贴等多因素共同决定的。

玉米临储拍卖启动前后的市场定价模式不同。从新粮上市到临储拍卖前，玉米价格形成主要由市场供需决定，即市场机制起主导作用。这一阶段由于市场供需偏紧，价格整体上涨，市场价格虽有波动，但幅度不大。贸易商收购速度快，下游企业收购价格调整频率高，一天一个价，甚至一天两个价。临储拍卖后，一方面陈粮的最低拍卖指导价影响市场预期，由于陈粮品质尚可，下游企业在新陈玉米价差范围内，选择收购陈玉米作为替代，新玉米价格低于正常价值，同时出现陈粮溢价拍卖；另一方面临储拍卖后，下游企业和贸易商普遍处于观望状态，收购价格基本稳定在一个区间内，市场活跃度明显下降。现货市场由于供给的增加，供需实现平衡，政策、消息和国际市场的变化仅对期货市场影响，现货市场和期货市场联动性进一步下降。

（三）玉米产业链主体结构失衡，难以形成公允基差价格

金字塔型的产业链主体结构造成玉米供需双方力量失衡。玉米产业链主体主要有种植者、贸易商（包括批发市场）和下游企业（包括饲料和深

加工企业），数量依次递减，而产业集中度依次升高（图5）。据中国淀粉工业协会数据，2017年，年产10万吨以上玉米淀粉的企业共计41家，产量合计达到2550万吨，约占全国玉米淀粉总产量的98%。市场高度集中于产业链中下游，形成了"买方市场"主导下的玉米市场，市场定价权也自然集中在下游企业。这会导致贸易商在基差报价时必须降低升水或提高贴水才能与下游企业达成"基差共识"。贸易商的经营素有"投入大、收益薄、风险高"的特点，在此基础上，还要对下游企业再次基差让利，很难维持经营。

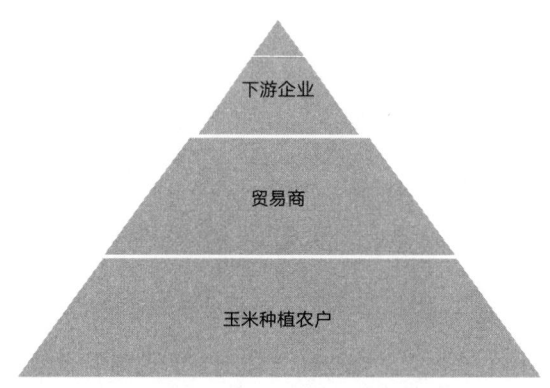

图5　玉米市场主体结构关系图

产业链主体知识结构的差异，制约其认识并接受新的贸易模式。从玉米种植经营者看，对期货市场总体认识较少，利用期货市场指导种植和管理风险的能力普遍较弱，对基差的理解和把握能力则进一步削弱，短期很难接受该贸易模式。合作社和龙头企业等新型经营主体，特别是"保险+期货"试点地区的种植经营者，具备一定的基础，但对基差的应用和推广依然要循序渐进。从玉米贸易商看，一方面，多数贸易商仍以传统的"一口价"为主要定价形式，以薄利多销为主要经营策略，特别是现阶段不少贸易商从种植经营者角色转换过来，短期内也难以接受新的贸易模式；另一方面，贸易商作为基差贸易的主要推动者，需要较强的专业水平和精准的操作，对上游购买基差，同时对下游企业卖出基差。而上游农民对基差的认识程度普遍不高，对下游企业又缺乏定价权，很难在基差贸易中获得较好收益。从下游深加工及饲料企业看，虽然利用期货市场情况总体好于种植经营者和贸易商，但受限于人才队伍建设与培养，企业领导对期货功能的理解和认知程度等，对基差贸易的理解和应用还需进一步提高。因此，对期货市场的理解和认知程度总体较低限制了产业链各主体参与其中，而基差贸易是在期货市场基础上创新的贸易模式，更需要参与主体的学习和适应。

三、结论与建议

从总体看，目前玉米基差贸易规模很小，主要粮食批发市场、大型粮食贸易和加工等综合性企业进行局部尝试，并集中在东北主产区，而华北及其他地区目前暂未开展该业务模式。从表面看，基差波动较大导致基差贸易发展受阻，实则是现货市场机制发挥不充分不完善所致，参与主体结构的失衡也阻碍了该贸易模式的进一步推广。针对上述制约因素，提出如下建议：

（一）用好国内国际两个市场，提高玉米供给稳定性

一方面随着临储玉米库存的不断下降以及供需缺口的扩大，可适度进口玉米以稳定国内需求；另一方面延长临储玉米拍卖周期，实现常年常时拍卖，提高市场供给的稳定性和持续性，降低因拍卖时间变化对市场造成的冲击。用好国内国际两个市场，目的是实现国内玉米市场的平稳供给，在弥补供需缺口的同时，提高现货市场供给弹性，使其与需求弹性相匹配，降低市场因外部冲击产生的波动。

（二）继续深入推进玉米市场化改革，促进市场机制发挥

一是继续深入推进玉米市场化改革，建立市场预警指标体系和市场化的调控机制。尽量减少对市场的干预，取消临时性政策措施如玉米深加工补贴等。二是提高政策预期性和连续性，关于玉米收储制度改革的相关重大政策发布，宜早不宜迟，政策持续时间宜长不宜短，比如2018年是"市场收购+生产者补贴"政策实施第三年，也是最后一年，应通过多渠道让市场主体了解政策调整方向，稳定生产经营预期。

(三)明确玉米基差贸易主体优先顺序,加快培育农业新型经营主体

一是优先鼓励引导大型贸易商如中粮、中储粮,地区型粮食批发市场(中心)如JCCE,以及具有粮食流通业务和能力的下游企业如北大荒、象屿集团等率先开展基差贸易探索和尝试。二是支持和引导饲料企业开展玉米基差贸易,由于饲料产业市场集中度不高,与贸易商市场力量相近,易于开展基差贸易。并且可以借鉴豆粕基差贸易的经验,尽快复制到玉米市场。三是以"保险+期货"为抓手,加大力度培育新型经营主体,扩大玉米上游主体市场话语权,并借助其间接参与期货市场的经验,容易接受基差贸易等新模式。

综上,基差贸易作为期货市场发现价格并应用的具体表现形式,必须建立在现货市场机制充分发挥,以及市场和主体结构成熟完善的基础之上。当前,我国正在深入推进玉米市场化改革,市场机制的发挥还不充分、不完善,产业链各主体力量还不均衡,特别是广大玉米种植经营者及中小贸易商对期货市场及其定价模式的认识和接受还需一定的过程。因此,可在具备条件的东北主产区,选择具有一定规模和影响力的贸易商、参与"保险+期货"的合作社和下游企业先行先试。通过试点示范总结不足,扩大影响,以点带面,达到实践和业务知识传播的目的。

关于大宗商品定价模式演变驱动的研究
——以油脂油料行业为例

鲁娟

摘　要：通过十多年的发展，期货加基差定价模式已经广泛应用于我国油脂油料行业，一方面帮助大豆压榨企业将远期压榨利润锁定，另一方面给予下游企业定价的自主性和灵活性。本文以油脂油料行业为例，通过回顾定价机制的发展历程，总结定价模式转变的基本条件，提出四个基本观点：1. 提高现货风险管理水平是企业转变定价模式的基本动力；2. 行业集中度自上而下减弱是定价模式转变的充分条件；3. 期货市场发展不断完善是企业转变定价模式的必要条件；4. 特定历史时期的价格波动催化基差定价模式快速发展。针对现阶段行业发展水平提出政策建议与参考。

关键词：基差定价　油脂油料　风险管理　期货市场

当前世界主要大宗商品贸易的定价机制大多都由谈判协商转变为以期货市场价格为依据的定价方式，并在以期货为依据的基础上向期货加基差的定价模式发展。基差定价是指企业采用期货价格加基差的方式确定商品现货价格，基差定价模式普遍运用于基础性原材料商品当中，例如，原油、有色金属、大豆等商品。企业引入基差定价模式可以实现远期销售[①]，同

[①] 对于贸易商和饲料企业而言，可以接受的远期一口价预售合同平均为 1—2 个月，对于 3 个月以上提货的合同，则轻易不敢以一口价模式敲定价格。

时提高企业套期保值效率[①]，提升企业风险管理水平和市场竞争力。我国油脂油料行业是利用基差定价模式最为成熟的行业之一。

早在2007年，我国油脂油料行业便开始推行基差定价模式，经过十多年的探索与实践，大部分上下游企业已经可以熟练运用基差定价模式达到管理风险、控制成本和远期销售等目的。基差定价模式是油脂油料现货和期货市场发展到成熟阶段的产物，此外，特定时期的市场环境也在一定程度上加速了基差定价模式的发展。本文将以油脂油料行业为例，分析商品定价模式转变的历史过程和发展条件，有针对性地提出政策建议，为其他行业提供参考。

一、油脂油料行业定价模式演变历程

油脂油料行业定价模式经历了从一口价、参考期货定价、基差定价三个阶段的发展历程。完成了由国际至国内、产业上游至下游主动推行定价模式改变的过程。

（一）第一阶段：一口价模式

2001年我国放开对进口大豆配额限制后，国内大豆进口企业和大豆进口数量迅速增加，大豆进口企业在初期主要采用一口价方式进口大豆。在经历2003—2004年"大豆地震"后，国内企业开始接受基差定价模式进口大豆，而在豆油和豆粕销售中依然采取一口价方式。

（二）第二阶段：期货定价模式

2012年以前，国内大豆压榨企业在产品定价过程中，主要参考大连商品交易所（以下简称"大商所"）的豆油和豆粕期货进行一口价定价，企业每日根据期货价格对现货报价进行1—2次调整。在参考期货定价的同时，企业积极利用期货进行套期保值，但是由于期货与现货价格波动存在阶段性不一致情况，导致企业套期保值效率下降，因此压榨企业在豆粕和

[①] 期货和现货价格变化阶段性不一致带来的基差风险会降低企业套期保值效率。因此企业引入基差定价模式一定程度上减轻基差波动风险，提高套期保值效率。

豆油销售中尝试基差定价。

(三) 第三阶段：基差定价模式

2012年后，我国油脂油料行业开始广泛采用基差定价模式。2004年，金光油脂等企业最先尝试进行豆粕基差定价，主要是采取买卖双方均进行期货套期保值，通过交易所期转现方式交易。2006年，嘉吉和路易达孚等外资企业简化基差定价模式，即油厂单方面进行套期保值，并销售基差，油厂在买方点价时在买方指定价位将保值头寸平仓。2008年，南方的植之元也开始基差试点。2010年，以九三油脂为代表的国有油脂企业开始从原料收购到成品销售的全产业链基差定价经营。虽然不同企业均做出尝试，但是豆粕基差定价方式均处在试点阶段。直到2012年后，在国际国内油脂油料价格大幅上涨背景下，参与基差交易的压榨企业、贸易企业和饲料企业大量增加。

二、油脂油料行业定价模式转变的重要因素分析

(一) 提高风险管理水平是企业转变定价模式的基本动力

国内压榨企业很早就利用期货工具进行套期保值，并在实际操作过程中不断优化套期保值方式，企业亟需通过基差定价模式提高套期保值效率。在没有采取基差定价模式前，压榨企业的利润套保模式是：买入大豆基差和买入CBOT大豆期货将大豆采购成本锁定，并在大商所卖出豆油和豆粕期货进行套保，当销售豆油和豆粕现货时，将大商所豆油和豆粕空单平仓。在这种套保模式下，压榨企业面临基差波动风险，一旦企业现货销售价格和期货平仓价格差异过大，可能会导致企业套期保值出现亏损。采用基差定价模式后，压榨企业在锁定大豆进口成本时，可以将豆油和豆粕

现货销售价格锁定,进而锁定压榨利润①。

饲料企业为获得货权和价格选择权而接受基差定价模式。首先,基差定价模式给饲料企业提供了远期采购的权利,在现货供应紧张的时期保障原料供应。例如,2016年底,国内豆粕现货供应骤然紧张,部分饲料企业面临豆粕紧缺的问题,而北京大北农集团由于前期通过基差方式采购了豆粕,保障原料供应。其次,饲料企业可以获得价格选择权利,在基差定价模式下,买卖双方在交易之初仅确定了基差,买方企业可以根据自己的判断和价格趋势在未来合适时机确定期货价格,企业通过专业的能力,可以降低豆粕采购成本,实现行业优胜劣汰。

(二)行业集中度自上而下减弱是定价模式转变的充分条件

国际大豆贸易行业市场集中度高于国内大豆压榨行业,在贸易中可以自上而下推进定价模式转变。四大粮商②掌控全球70%以上的大豆货源,占据了中国大豆进口的80%大豆贸易。而我国大豆压榨市场集中度在21世纪初时处于较低水平,因此国际贸易商在定价规则中具有较强的话语能力。贸易商利用期货工具进行风险管理,并采用期货价格定价,为了进一步锁定贸易利润,国际贸易商在2003—2004年大豆价格剧烈波动过程中,推动大豆进口企业接受基差定价模式。

国内大豆压榨行业集中度高于下游饲料行业,有助于由点及面地推动定价模式转变。2016年,我国共有11个大豆压榨集团和71家压榨厂(其中部分已停止生产)。其中,前三名企业压榨量占全国的比例为41%,前八家企业压榨量占全国的比例高达67%。而饲料行业市场集中度远低于大豆

---

① 例如:某压榨企业在2017年3月14日以3400元/吨的成本进口大豆,并在大商所分别以2800元/吨的价格和6800元/吨的价格卖出豆粕和豆油期货,其预期压榨利润是104元/吨。但是由于现货价格下跌幅度大于期货价格,该企业在4月时分别以2600元/吨和6600元/吨销售豆粕和豆油现货,而以2700元/吨和6700元/吨将期货平仓,企业最后仅盈利6元/吨。采取基差定价模式后,该企业在大商所分别以2800元/吨的价格和6800元/吨的价格卖出豆粕和豆油期货,同时以50元/吨和50元/吨的基差销售豆粕和豆油现货,通过基差销售方式,压榨企业将豆油和豆粕的现货销售价格锁定在2850元/吨和6850元/吨,利润锁定为153元/吨,无论后期现货价格如何波动都不会影响企业利润。

② ADM、邦吉、嘉吉和路易达孚。

压榨行业。根据全国饲料工作办公室的统计数据，2016年我国统计在册的饲料加工企业约为7047家，前三家饲料企业产量占全国比重仅为14.8%，前十家企业饲料产量占全国比重也只有28.4%。由于大豆压榨环节较为集中而下游分散，因此大豆压榨企业也抓住2012—2013年豆粕价格剧烈波动的时机，向下游推动定价方式的转变。

（三）期货市场发展不断完善是企业转变定价模式的必要条件

油脂油料期货上市时间早，已形成较完备的产业链品种体系。我国大豆、豆粕和豆油期货分别在1994年、2000年和2006年在大商所上市，至今已经上市24年、18年和12年，其中，豆粕和豆油成交量和持仓量在期货市场已经占据一定份额，2017年，豆粕成交量占期货市场比重为5.25%，豆油成交量占期货市场比重为1.86%，豆粕持仓量占期货市场比重为9.35%，豆油持仓量占期货市场比重为4.06%。压榨企业可以利用期货工具实现对原料和产品的价格风险管理，锁定加工利润。

油脂油料期货制度不断完善，期货市场功能发挥良好。大商所不断通过制度创新实现服务方式的创新，增强对企业的服务能力。自2013年开始，在油脂油料品种上推出的立足于集团经营的"仓单串换"[①]业务，解决豆粕、豆油等品种的异地接货问题，提高饲料企业等下游中小微企业参与期货交易、交割的积极性。大商所还计划在华南地区设置豆油交割库，解决华南地区企业参与期货的问题。通过制度优化，大商所油脂油料期货功能发挥良好，价格信号稳定，期现货价格相关性达到90%以上，基差到期收敛情况良好，套期保值效率超过80%，为企业提供便利可靠的风险管理手段。

（四）特定历史时期的价格波动催化基差定价模式快速发展

豆粕期现货价格在2012年前后波动剧烈，激发饲料企业对货权和价格选择权的需求。豆粕期货价格从2011年的2770元/吨左右上涨至2012年最

---

① 仓单串换业务是指客户在通过交割买入集团所辖交割库的仓单后，通过与集团签署串换协议，客户可实现异地提货或由集团为其注册该集团其他交割库的仓单。大商所于2013年12月在豆粕品种试点集团内厂库仓单串换业务，在2014年11月启动豆油和棕榈油串换业务。

高的4200元/吨，涨幅近50%；随后又跌至2013年的3100元/吨，跌幅26%。价格剧烈波动对饲料企业经营带来困难，企业在豆粕采购过程中如果采用传统的一口价定价模式，容易出现价格上涨时买不到原料或者采购成本增加。而在价格下跌过程中出现原料采购成本过高而饲料价格下跌的风险。如果采取基差定价方式，饲料企业可以获得豆粕货权，同时，可以更加灵活地掌握点价时机，控制采购成本。

豆粕期货价格阶段性低于现货价格，压榨企业通过让利方式吸引饲料企业接受基差定价模式。豆粕现货价格在2012—2013年持续高于期货价格，且两者价差呈现扩大趋势，现货价格较期货价格最高时超过900元/吨，2013年平均值达到770元/吨。压榨企业利用期货工具锁定压榨利润后，在初期向饲料企业报出较低水平的基差。如嘉吉和九三等企业在华东地区报出的豆粕基差仅60—90元/吨，价格比一口价方式低20—30元/吨，吸引海大等利用期货工具较早的饲料企业进行基差采购，并在饲料行业形成示范效应（图1）。

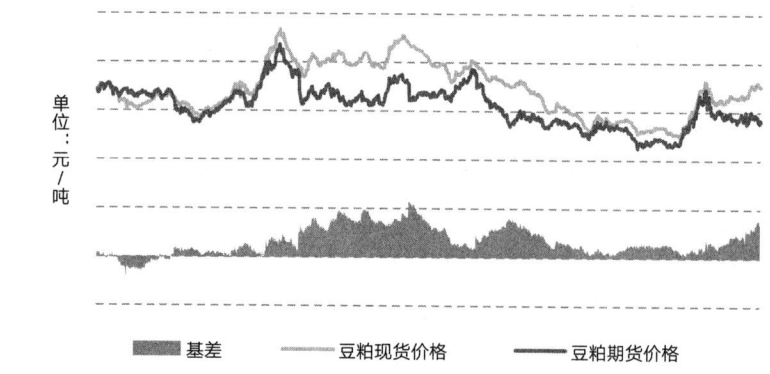

数据来源：Wind。

图1　豆粕期现货价格和基差变化情况

三、总结与建议

油脂油料行业定价模式演变经历了十多年的发展培育过程，基差定价模式在油脂油料行业广泛应用，是基于企业优化风险管理需求、产业特殊的结构、期货市场扎实的发展基础和特定历史时期的市场条件。目前，我国各行业开始发展基差定价模式，但不同行业对基差定价模式的接受程度不一，这与各行业的现货发展阶段和期货市场运行情况等有很大关系。建议加强期货市场建设，提升服务实体经济能力；扩大期货市场推介，强化期货人才培育；深化期货市场研究工作，以系统性思维发展期货市场。

（一）加强期货市场建设，提升服务实体经济能力

2017年政府工作报告提到，全面提升经济发展质量。我国期货市场正处在从规模扩张向质量提升转变的关键时期，必须抓住这一历史机遇，着力解决期货市场服务产业及经济发展的基础性问题。我国实体经济发展面临国内外形势和环境的复杂变化，生产经营风险加大，这对期货市场分散风险、价格发现和资源配置的功能提出了新要求。建议期货交易所加强期货品种体系建设，拓展服务实体经济领域。交易所上市的期货品种越多样，服务产业的领域越广泛；产业链的品种体系越完善，产业企业风险管理的效率越高。建议期货交易所继续优化合约制度，提升市场运行效率，便利实体企业参与利用期货市场，期货市场合约和制度的便利性和有效性，直接关系到产业企业参与期货市场的实际效果。

（二）扩大期货市场推介，强化期货人才培育

我国期货市场规模稳步扩大，已经具备产业服务的市场基础，期货市场在服务有色和油脂油料产业方面发挥了积极作用，但部分产业接触期货市场较短，企业人才储备不足，对期货风险管理工具的认识和经验还欠缺。目前，期货交易所在市场推介和服务产业等方面积累了一些有益的经验。建议期货交易所充分总结好的经验，与期货经营机构进一步加强与实体企业的合作，与条件成熟、市场化程度较高的重点产业合作，推进产业链上下游企业有效利用期货及其他衍生工具进行结构调整和转型升级，建设风险管理示范行业；建议期货交易所和期货经营机构加强与产业集中地区的地方政府或产业协会合作，推动期货经营机构对口服务区域内实体企业，建设期现结合示范基地。建议期货交易所通过打造产业大会等高端市场活动品牌、建立产业培育基地、开展高校期货人才培育工程等，向市场培养输送期货人才，全面提升产业服务能力。

(三）深化期货市场研究工作，以系统性思维推动市场发展

学习研究是期货市场发展的基石，是期货市场兴衰成败的关键。古人说，凡事预则立，不预则废。只有认真做好学习研究工作，及时准确把握发展规律，才能做到"谋而后动"，才能不打糊涂仗。深化学习交流，推动研究工作，提升期货整体研究实力，可以为期货市场发展提供重要智力支持，为国家有关部门和领导提供决策参考。建议各期货交易所加强期货市场理论、期货市场功能、期货市场内外部环境、期货市场制度及期货品种相关产业等研究工作，形成全局性系统性的研究格局，为期货市场国际化提供全方位的视野。

在定价模式方面，建议各期货交易所扎根现货与期货两个市场，加强对各产业链各行业市场结构跟踪分析和企业参与期货市场情况研究。结合各产业现货市场发展阶段和期货市场发展程度，有针对性地选择行业和市场主体推广基差定价模式。首先，选择期货市场参与程度深、对期货工具使用熟练的行业推广基差交易。其次，选择行业中集中度最高、最具话语能力的环节作为基差推广主体。最后，及时跟踪期现价格关系，选择合适的时机推动基差定价模式发展。

金融篇

基于流动性视角的期权结算方式比较研究

龚谨

摘 要： 目前全球期权市场的权利金和保证金结算制度主要有股票式结算方式和期货式结算方式，本研究从流动性角度出发，比较两种不同期权结算方式的差异和可能影响，重点分析国外期权结算制度的运行现状、我国上证50ETF期权的具体运行情况，在此基础上提出了两种不同制度所需的外部环境和条件。最后，建议我国期权市场虽然现阶段选择了股票式结算制度，但待市场逐步成熟后，可将期货式结算理念嵌入投资组合风险控制系统中。

关键词： 流动性 股票式结算 期货式结算

期权交易中所谓买方只收权利金、卖方收保证金的买卖双方权利义务不对等问题表面上是权利金收取方式的问题，但归根结底却是市场流动性程度高低的问题，因为权利金按多大比例收取，实质就是在期权交易中是否加一个"期货式"的杠杆，而杠杆的高低会影响市场的流动性。本研究拟从流动性角度来分析两种不同期权结算方式下市场的具体运行结果和影响，以及选择何种结算方式需要怎样的配套措施和外部环境。

一、两种不同的期权结算方式

(一) 股票式保证金结算方式 (Equity-style Margin) 和期货式保证金结算方式 (Futures-style Margin)

在股票式保证金结算方式中，当交易达成时，期权的买方必须支付全额权利金，且不再承担进一步的支付要求。卖方收取权利金、同时缴纳保证金以满足未来履约的需要。期权持有期间不计算损益，期权价值变化为尚未实现的损益。

在期货式保证金结算方式中买卖双方在期权成交时均仅需要支付基于实际风险的保证金，而无须支付或不会收取期权的权利金。在期权有效期内，基于逐日盯市和结算的原则，市场价格变化对应的损益将导致保证金的每日调整，多头和空头期权每天都需要计算并偿付或收取必要的资金。如果期权价格增加，卖方必须向其账户增加额外的资金，但这些资金并不会转交多头。如果要兑现盈利，多头就需要执行期权，或者予以平仓。相反，如果期权价格下降，空头可以从账户上取回多余资金。

我们比较一下两种方式的买方资金成本的差异。

∵ 股票式结算的买方资金成本 $=X$（即全部的权利金）

期货式结算的买方资金成本[①] $=Y+X_1+X_2+\cdots+X_n$

又∵ 期货式结算买方的实际资金成本=

$$Y+\frac{X_1}{1+r}+\frac{X_2}{(1+r)^2}+\cdots+\frac{X_n}{(1+r)^n}$$

可以看到

$$X \geqslant Y+X_1+X_2+\cdots+X_n \geqslant Y+\frac{X_1}{1+r}+\frac{X_2}{(1+r)^2}+\cdots+\frac{X_n}{(1+r)^n}$$

∴ 股票式结算的买方资金成本远远高于使用期货式结算买方的资金成本。

(二) 两种结算方式对投资者现金流要求的差异

1. 买入时，股票式结算方式是在交易完成时，买方一次性将权利金全

---

① X_1 为买方第一天缴纳的初始保证金，X_n 为当天结算后买方的变动保证金部分。

额支付给卖方。资金从投资者的资金账户中划走，发生一笔现金流支出，会计上作为投资成本核算；期货式结算方式在交易达成时，投资者仅支持保证金作为未来履约的担保，保证金作为抵押品仍存放在投资者的资金账户中，仍属于投资者资产，会计上作为一项应收回资产来核算。保证金可以以现金支付，也可以以仓单、国债等有价证券或其他资产支付。如果这项资产在作为保证金的存出期间产生利息（如交存国债期间产生的利息），还可能为投资者带来额外收益。

2. 持有期间。期权属于金融性交易资产，企业投资期权在会计核算上适用《企业会计准则第22号——金融工具确认与计量》规定，在期权持有期间的会计报表日，均会按照公允价值确认投资损益，增减利润。两种结算方式的差异是，股票式结算方式记账的利润只是账面利润，是尚未真正实现的收益，并不产生现金流；而期货式结算方式记账的利润是已经实现的损益，真实发生了现金的流入或流出，因为期货式结算方式采取的是每日无负债结算制度，每天都以市场最新价结算损益，并将盈亏记入投资者的资金账户。

3. 卖出时，无论股票式还是期货式结算方式，其平仓时的投资收益都是一样的，但股票式结算方式只有在平仓时才能实现真正损益，收到现金；而期货式结算方式是每日收到现金，由于现金具有时间价值，实际上两种结算方式收到的现金价值已经不同。

（三）使用两种不同期权结算方式的影响

1. 资金效率和杠杆作用不同

假设两种结算方式的保证金算法类似，均是基于组合的保证金。对于期货式期权交易者，只需要支出组合头寸保证金。然而，对于股票式的期权而言，期权买方在一开始支付能覆盖其期权多头头寸最大损失的初始权利金，同时交纳组合头寸的保证金，有两部分的资金支出。即便股票式中的权利金可能用作信用净值，但高出保证金部分无法支取，因此从整体来看，资金占用更大一些。股票式期权卖方，收入的权利金一般都将涵盖在保证金支出中，整体保证金支出与其他方式相当。因此，期货式期权的占用资金更少，资金利用率更高，杠杆作用更大。

2. 买方违约风险不同

从抵抗风险的角度而言，股票式的结算方式更为稳健安全。股票式的期权交易，多头头寸的最大损失已经提前支付，不存在违约风险；空头头寸则采用基于整体风险度量的保证金担保方式，收入的权利金也将作为保证金一部分或借记净值，由清算机构存管，几乎无违约风险和价格波动风险。但对于期货式的期权交易，无论空头头寸还是多头头寸，均采用保证金的担保方式。鉴于保证金一般低于权利金，因而引入了股票式期权所不具有的期权买方违约风险。在成熟市场，此类风险可以通过清算会员或经纪公司的风险管理进行化解。例如，经纪公司可以对投资者资金状况、信用等级、交易经验等方面进行考察，进行投资者准入的限制，尽量去避免买方违约的发生。同时，经纪公司的准备资金也完全有能力解决买方违约后的风险暴露值。因此在成熟市场上，期货式的期权买方违约风险可以得到控制[①]。

3. 对投资者交易成本和结算资金风险的影响不同

在股票式结算方式下，由于多头期权收益不能用于追加空头期权或期货头寸的保证金，资金风险由此产生。此外，市场参与者很难获得基于期权资产的融资，因为银行不愿意提供此类融资。而期货式保证金结算方式具有随价格变动而偿付或收取的特征（每日无负债结算），所以它能减少市场参与者借入资金维持其多头期权资产的需要。这样，期货经纪公司可以不再暴露由此而引发的超出控制的信用风险。

4. 期权市场的流动性不同

采取股票式结算方式时，期权获利仅仅是账面获利，即使期权头寸的获利足以抵消期货头寸的损失，也不能立即作以补偿。因此股票式结算方式容易产生资金周转和流动性问题。而期货式保证金结算方式下的市场流动性大大增强，主要是因为：一是投资者参与期权市场的能力更少地取决于他们的融资能力；二是减少其提前行权的动力。在股票式结算方式下，期权买方只有通过平仓或执行期权来实现期权价值的增加。这样会导致一些多头期权持有者将选择提前行权获得利润。由于其发生的不确定性，这种提前执行的可能性将抑制卖出期权行为，期货式结算方式的每日无负债

---

① 吴国珊，陈安平. 期权权利金结算方式的对比分析[J]. 研究文稿，2014（16）.

结算制度能够减少提前行权的动力。

5. 对期权定价的影响不同

股票式结算方式的现金流一开始就从买方流向卖方，买卖双方的交易即时进行，不存在延时成本。期货式结算方式的权利金现金流是在头寸了结后才进行流转，买方无需在初始阶段借入资金以支付权利金，减少了利息成本，这种更低的买方资金效率将使期权更为值钱，期权费更高。换言之，期权卖方可能会报出更高的价格以此弥补所损失的全额权利金的利息收入，而买方亦愿意支付更高的价格来获取这部分利息收入。因此，在其他因素相同情况下，股票式结算方式的期权价格将低于期货式结算方式的期权价格。

二、期权结算方式运行现状——来自国际市场的经验和借鉴

（一）美国和欧洲期权结算方式的具体实践

1. 美国期权结算方式的演变过程

早在1973年芝加哥期权交易所成立之时，期权交易采取了与期货交易一样收取保证金的方式，但后来却发生了变化。1981年，美国商品期货交易委员会（CFTC）进行了非农产品期货期权交易的试点，同时CFTC在委员会条例（Commission Regulation）33.4（a）（2）中规定：期权交易全额支付权利金。在通过非农产品期货期权交易试点项目时，CFTC认为，期权交易欺诈公众的历史是与商品期权的营销联系在一起的。因此，CFTC对期权交易采取了十分审慎的态度。其中很重要的一点就是禁止期权结算以保证金形式缴存。CFTC认为"全额支付期权权利金是保护期权买方所必须的，否则，买方有理由认为，支付的期权合约初始保证金就是他们购买期权的全部责任"。随后的非农项目试点也一直采取全额支付权利金的结算方式。

受伦敦国际金融期货期权交易所采用期货式保证金结算方式的影响，1982年6月，美国的咖啡、糖和可可交易所（CSCE）请求CFTC废除法案中关于期权交易必须全额缴纳保证金的规定，但是CFTC否定了这一请求，与此同时，决定进行期货式保证金的试点项目，以期取得期权交易经验后再考虑期权保证金和权利金的问题。在此后一段时间内，CFTC征求了部分关

于"批准交易厅交易商按保证金支付权利金利弊"的意见，在整理相关反馈意见后，CFTC提出了允许交易所对会员收取部分预付资金作为期权权利金的建议。然而，鉴于纽约商品交易所黄金期货期权保证金违约造成的不良影响，CFTC对期货式保证金结算方式产生了一定的担忧。

1988年7月，芝加哥期货交易所和芝加哥商业交易所分别向CFTC提交了关于废除期权交易支付全额保证金规定的申请。申请指出作为1987年股灾研究的结果，总统金融市场工作小组建议市场参与者和监管者认真研究通过使用期货保证金结算改进市场流动性的可能性。1989年，申请报告公开并征求投资者意见。CFTC收到了关于这一提案的不同声音，期货交易所和期货结算机构赞成，证券交易所和结算机构反对，因此，CFTC并未采取进一步行动。

1988年后许多品种都取得了期权交易的经验，业界人士也纷纷向CFTC进言表示实施期货式保证金结算方式的诸多好处。CFTC也注意到伦敦国际金融期货期权交易所已经采用期货式保证金结算方式运行了十多年，而且在芝加哥期货交易所交易的伦敦国际金融期货期权交易所的合约也早在1997年5月就采用期货式保证金结算方式，一直都没有产生不良影响。于是1998年6月11日，CFTC批准了可以采用期货式保证金结算方式的规定，但并不强制交易所必须采用期货式保证金结算制度，交易所可以继续使用现有的保证金结算制度，且如果交易所想要采取期货式保证金结算制度，仍须按照《商品交易法案》和委员会条例的相关规定提交申请。

非常有意思的是，尽管CFTC批准使用期货式保证金结算制度进行交易，但在实际运行中却没有交易所响应，这也是为什么有部分人认为美国目前仍然采取的股票式保证金结算方式，但事实并非如此。美国早在1988年采用的SPAN模式已经隐含了期货式保证金的理念，因为SPAN模式利用组合的方式去估计整个投资组合的风险，保证金收取是基于成本和风险的综合评估的结果，其特点是要计算多头和空头期权部位的整体风险。如果期权权利金价值大于其风险，那么其超过部分可以用于风险组合中的其他风险部位，从而使整体保证金减少了。而且从产生的先后顺序看，期货式保证金结算方式是在1998年才得以被CFTC正式批准的，这就说明差额支付权利金的思想雏形形成于SPAN模式的具体实践而非期货式保证金的实施。因此，我们完全有理由相信期货保证金结算方式在美国期权市场已经被广泛应用。

2. 欧洲和其他地区的期权结算方式

欧洲期货交易所（Eurex）对股票及指数期权采用的是股票式结算方式，对商品期货期权采用的是期货式结算方式；伦敦金属交易所（LME）均采用的是股票式结算方式；而伦敦国际金融期货交易所（LIFFE）则与欧洲期货交易所一样，对股票及指数期权采用的是股票式结算方式，对商品期货期权采用的是期货式结算方式。与此同时，洲际交易所（ICE）对欧洲的交易产品采用期货式结算方式，对美国的交易产品采用股票式结算方式。

此外，亚洲地区的韩国交易所（KRX）、中国的台湾期货交易所（TAIFEX）均采用股票式结算方式，而香港交易所针对股票及指数期权采用股票式结算方式，对商品期货期权采用期货式结算方式。总的来讲，世界上大部分交易所采用的是股票式期权结算方式（表1）。

表1　全球部分交易所的期权结算方式

交易所	股票式结算方式	期货式结算方式
CME	√	×
CBOE	√	×
ICE	√（WTI美式期权等能源期货期权）	√（布伦特原油美式期权等3种能源期货期权）
LME	√	×
Eurex	√（股票及指数期权）	√（期货期权）
LIFFE	√（股票及指数期权）	√（期货期权）
KRX	√	
TAIFEX	√	
HKEx	√（股票及指数期权）	√（期货期权）

（二）不同结算方式下市场流动性比较分析

1. 同一种结算方式下不同期权标的物的市场流动性对比分析——以S&P500期权和Euro Stoxx 50期权为例

S&P 500期权和Euro Stoxx 50期权分别为芝加哥期权交易所（CBOE）和欧洲期货交易所的两个最为活跃的股指期权品种，它们的市场运行情况具有一定的代表性。单就市场换手率[①]来看，S&P 500期权的市场流动性要优于Euro Stoxx 50期权，S&P 500期权的换手率均在1.2以上，其中最高换手率为1.89，平均换手率为1.53；而Euro Stoxx 50期权的换手率基本保持在1以下，其中最高换手率为1.12，最低换手率仅为0.20，平均换手率也只有0.81，因此，S&P 500期权的换手率要远远高于Euro Stoxx 50期权的换手率。

从以上数据可以看出，尽管均采用同一种结算方式，但两个品种的市场流动性存在较大的差异，这说明，尽管期权结算方式的选择差异会导致市场流动性的差异，但最终决定市场流动性好坏的根本却不在于期权结算方式上，韩国KOSPI200股指期货与期权的运行情况更能佐证这一点，它采用的是股票式结算方式，其初始保证金均为15%，维持保证金为10%，这一保证金水平约相当于国际平均水平的2.5倍，远高于指数的历史波动率，但它却迅速成长为全球最活跃的衍生品合约，单个产品年成交量曾超过全球衍生品成交总量的四分之一。究其原因，是该品种的交易门槛低、交易费用低廉、制度创新不断、技术系统完善等各种配套措施综合作用的结果。因此，期权结算方式差异是流动性问题，但解决问题的出路却不在两种方式的选择上。

2. 不同结算方式下同一品种的市场流动性对比分析——以ICE的WTI期货期权和Brent期货期权为例

虽然为ICE的原油期货期权品种，但两个品种的保证金结算方式完全不同，WTI期货期权采用的是股票式保证金结算方式，而Brent期货期权采用的是期货式保证金结算方式，同样用换手率[②]这一指标来看两个品种的流动性差异。WTI期货期权的平均换手率为1.37，而Brent期货期权的平均换手率为2.18，从这点上讲，Brent期货期权的市场流动性要优于WTI期货期权，这也在某种程度上验证了期货式结算方式下品种的市场表现并不逊于采用股票式结算方式下品种的市场表现。

当然，ICE的Brent期货期权市场表现较WTI期货期权活跃的原因并不仅是保证金结算方式差异导致的，而是其标的物的现货基础差异、合约设

---

① 换手率 = 成交量/持仓量，这里采用的是2015年1月—2016年11月的月度数据计算得出。
② 由于数据来源限制，此处选取了2011—2012年的月度数据计算换手率，计算方法与前文相同。

计的区别等原因综合作用的结果。换言之，在其他条件不变的前提下，相比股票式结算方式，采用期货式结算方式的品种的市场流动性更好。

三、国内期权市场的具体实践——上证50ETF期权运行概况

2015年2月9日，我国首个场内期权产品——上证50ETF期权正式上市。其采用的是股票式保证金结算方式（即一次性全额支付权利金）。2015年上证50ETF期权累计成交面值5910亿元，累计权利金成交金额为237亿元，累计总成交量2327万张。日均权利金成交金额1.08亿元，日均成交张数为10.63万张，日均持仓量为27.17万张[①]。

（一）市场运行具体指标分析

1. 成交量实证分析

从月成交量数据可以看出，市场成交量呈现明显上升的趋势，由上市初期的23.25万张增加到2016年11月的1281.46万张，月成交量增加了54.1倍，交易规模扩大说明市场流动性有了很大的提高。从成交量增量来看，月度平均增长率为257.7%，说明市场流动性的提升速度非常明显。日成交量的变化趋势同样印证了这一点，2015年2月9日，上证50ETF期权上市第一天的成交量仅为1.88万张，截至目前，单日最高成交量达到104.77万张，相比首日成交量增加了54.6倍。因此，从成交量来看，无论是绝对值规模还是增量变化都急剧增加，说明上证50ETF期权市场的流动性经历了一个由低到高的明显的增长过程。

2. 持仓量实证分析

从月持仓量数据可以看出，持仓整体呈现上升的趋势，期间表现出一定的波动性，但波动幅度不大。2015年2月，月持仓量仅为28.31万张，2015年12月持仓量就飙升到1237.6万张，增长近42.7%。2016年全年仅2月的持仓量未超过1000万张，其他月份持仓量均远远超过1000万张，2016年平均月持仓量达到1730.8万张。从日持仓量来看，呈现非常显著的上升趋

---

① 数据来源：上海证券交易所。

势,且出现上升—小幅回调—继续上升的态势,这说明在相对高的持仓水平上,众多投资者进出市场参与交易,交易比较活跃。总体来讲,自愿持仓的增加,说明参与者进出市场的成本降低并能在更短的时间内达成交易,市场的流动性水平明显增加。

3. 价格波动率实证分析

本文选取上证50ETF期权成交量较大的两个合约为例,第一个是50ETF购12月1.908A,该合约的日均价格波幅[①]最高为36%,最低为2%,平均波幅为6.8%,方差为0.0024;第二个50ETF购12月2.348A,该合约的日均价格波幅最高为242%,最低为4%,平均波幅为30.3%,方差为0.099。从以上数据来看,50ETF购12月1.908A的日均价格波幅要小于50ETF购12月2.348A的波幅,但同时可以看到,尽管50ETF购12月2.348A的日均价格波幅较大,但其方差很小,说明这种波动幅度是相对稳定的,从某种程度上也反映了该市场的流动性较好,短时成交的能力较强。

(二)市场运行质量

上海证券交易所相关数据显示,反映市场运行质量的市场流动性、定价效率、投机三项关键指标均有大幅改善。

一是流动性指标。从相对买卖价差指标看,该指标整体呈平稳下降趋势,由上市首月的2.16%降至2015年12月的1.50%,降幅为30.56%;从价格冲击成本看,由上市首月的2.91%降至2015年12月的1.47%,降幅为49.48%。相对买卖价差和价格冲击成本两项指标的下降,反映了市场流动性的提高。

二是定价效率指标。由于期权是基于标的证券的衍生品,期权合约价格与现货价格、不同期权合约价格之间均存在较强关联,因此,期权的实际成交价格与其理论价格的偏差越大、套利空间就越大、定价效率也就越差。平价关系套利、垂直价差套利和水平价差套利是期权市场最主要的套利模式。从上市以来情况看,市场几乎不存在垂直价差及水平价差套利机会,平价套利持有到期收益平均为1.55%,显示出50ETF期权市场定价效率良好[②]。

---

① 日均价格波幅 = (当日最高价 – 当日最低价) / 当日最低价。
② 资料来源:《上海证券交易所股票期权市场发展报告(2015)》。

三是投机指标。投机交易行为占比、成交持仓比和期现成交比是衡量期权市场投机程度最重要的三个指标。上市以来，50ETF期权投机交易行为占比平均为24%，最大为38.41%；成交持仓比平均为0.42，最大为2.18（主要是在期权上市初期）；期现成交比为0.03，最大为0.14。在境外股票期权市场，投机交易行为占比通常为30%—40%，期现成交比通常略大于1。上证50ETF期权的各项投机指标均远低于境外市场水平，不存在过度投机现象。

（三）小结

虽然我国首个期权采取的是股票式保证金结算方式，对买方的资金占用要求较高，但市场实际运行效果并不算差，究其根源，是因为目前我国期权市场体量相对小、需求相对大，起步虽然晚、体系相对全。具体到我国期权市场体系建设实践方面主要有以下几点：一是风险控制机制设计与完善，其中包括制定严格的投资者适当性管理制度、初期设置了较为严格的限额管理等；二是明确了市场准入和交易行为监管等相关制度，并严格对其做市行为进行监管；三是对程序化交易的严格监管。

因此，尽管期权结算方式差异问题的本质是市场流动性的问题，但解决这一问题的方法并不是简单在期权结算方式上做文章，而是需要综合考虑外部环境和机制做出相机抉择。

四、两种结算方式所需的外部条件和机制

如前所述，不同结算方式的本质是市场流动性的问题，相比之下，采用期货式结算方式比股票式结算方式需要更加合理的产品和规则设计、更加完善的做市商制度、更加广泛的投资者参与程度、更加灵活可变的交易习惯。

（一）更加合理的产品和规则设计

1. 期货式结算方式要在运行稳定的商品期货合约基础上实施。期权市场是以期货合约为基础产品而设立的，期货合约交易的稳定性对期权稳定运行起着至关重要的作用。这里说的市场稳定性和价格波动性并不是相悖

的，市场稳定性是指市场不易产生剧烈的单边市，市场不易连续撞击停板，价格不易连续暴涨暴跌。而价格波动性是正常发生的，波动性越大期权交易就越活跃，利用期权功能的环境就越成熟，尽管此时期权交易的风险大大增加。

2. 期货式结算方式要求不断健全保证金体系。要根据市场情况调整保证金比例，比如我们已经实施的不同交易月份收取不同比例保证金的规定，下一步还可以考虑因持仓头寸的差异，按照净持仓收取保证金，提高投资者资金的使用效率。

（二）更加完善的做市商制度

期货式结算方式要求建立更加完善、活跃的做市商制度，为此我们在学习借鉴国外经验的基础上，要充分考虑我国期货期权市场运行的实际，尤其是要注意防范透明度缺乏和诱发新的市场操纵等问题，具体来讲对做市商的要求有：

一是做市商主体资格准入或认定的严谨性。做市商通过提供做市服务来促进交易及时达成，这种特殊的责任要求我们在认定做市商的主体资格时应充分考虑其做市所需的资金实力、信誉等级等方面的要求，尽量在提高市场流动性的同时，防范做市商由于专业水平、操作手法和财务原因等可能产生的新风险。可以通过对做市商进行培训、专业测试等方式考核其业务水平并给予鉴定。

二是合理确定做市商的权利义务。注意做市商的权利和义务相对等，防范权利过大可能产生的新问题，同时避免义务过重导致做市商不愿意积极做市。同时，还要防范市场发生不利变动或者价格发生剧烈波动时，做市商逃避做市责任或者通过自己的交易加剧市场波动的行为制定明确的责任和优惠措施，如果履行了做市义务，那么享受应有的手续费减免、融资的便利、税收降低等特权，没有履行做市义务时规定严格的惩罚措施。需要提出的是，做市责任的确定应当是具有科学依据的，通过计算该市场维持一定的流动性所需的交易量、持仓量的规定后详细制定出来的。

三是公正的绩效评估和进入退出措施。做市商的有效运作需要配套的绩效评估措施和进入退出规则，及时剔除其中的不合格成员，保证做市义务能够合理履行，提高做市商整体的信誉水平，吸引投资者进入。

四是实行动态有效的监管措施。在给予做市商适当特权的同时，注意完善监管手段，加大执法力度，避免做市商成为合法的操纵者。通过对做市商的事前监管、事中监管和事后监管，有利于抑制做市商的违规做市行为，保证市场的透明度和市场秩序的稳定。

(三) 更加广泛的投资者参与程度

期货式结算方式需要在市场流动性高的土壤中生长，而决定流动性程度高低的重要因素之一就是市场参与主体是否足够广泛，完善投资者结构主要从以下几点着手：一是大力培育机构投资者，机构投资者具有分散投资和专业管理的天然优势，机构交易规模的扩大能够有效地降低交易成本，促进金融创新，提高市场运行效率、促进市场稳定。二是加大对个人投资者的教育培训，可以通过由政府提供公共服务等方式来增加个人投资者的专业知识积累，减少其非理性投资行为的发生，这也是一个以个人投资者为主的新兴市场下被迫的现实改进。

(四) 更加灵活可变的交易习惯

无论期货式结算方式还是股票式结算方式，都要考虑已有市场交易主体的既定习惯和文化。从美国的经验来看，尽管CTFC从法律上明确了期货式结算方式的合法性，但在实际运行中却非常困难，因为投资者交易习惯使然和转换成本着实高昂。具体来讲主要有以下几点：一是期货经纪商不得不调整其风险管理系统以适应更高程度的杠杆作用和现金流变化；二是两种结算方式转换期间并存的运行成本非常高；三是对期权定价的影响可能引发新的市场风险。中国的现实情况和美国实践存在很大的相似之处，目前已经上市的50ETF期权和即将上市的豆粕、白糖等期权均采用的是股票式结算方式，投资者从理论上讲已经接受或者说默许了这一种结算方式，再想要人为改变这种交易习惯并不是件容易的事情。

五、结论和建议

目前证监会已经批准了大商所豆粕期权、郑商所白糖期权上市交易，拟采用的是股票式保证金结算方式，由于相关制度和环境尚不成熟、结算体制转换困难、交易习惯受限等因素影响，这是我国期货市场运行现状的被迫选择。但我们可以学习借鉴美国经验，先稳起步后求发展，待我国期权市场在合约和规则设计更加完善、做市商制度更加成熟、投资者结构更加合理、交易习惯更加开放后，开发或引入类似SPAN投资组合风险控制系统后，将期货式保证金结算方式嵌入其中。但在这一过程中，期货交易所应该认真研究确定我国期权结算方式的具体实施路径，为将来实施投资组合风险控制系统做好充分准备。

附件

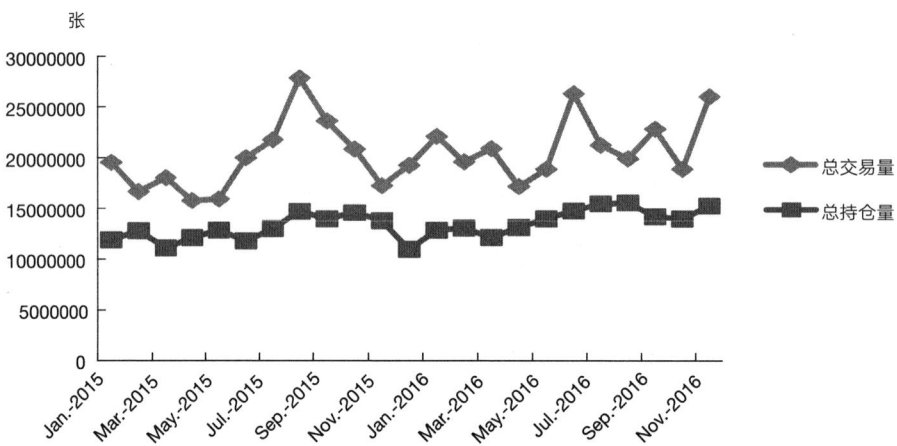

数据来源：http://www.optionsclearing.com/webapps/monthly-volume-reports.

附图1 2015年1月—2016年11月S&P500月交易量和持仓量

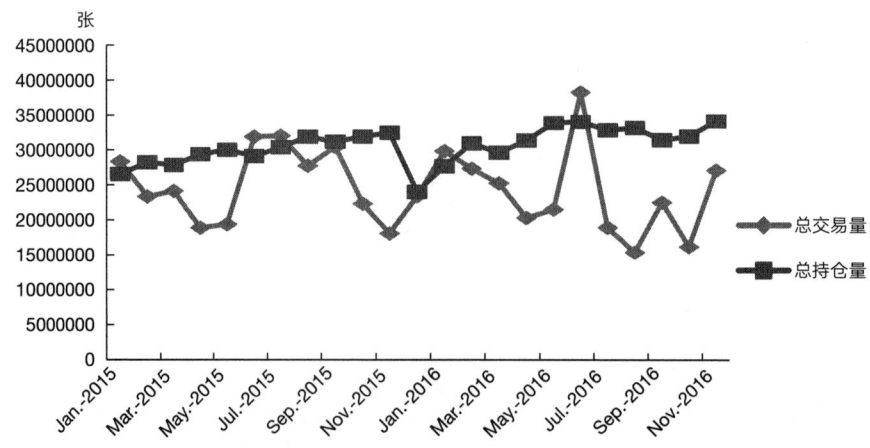

数据来源：http://www.eurexchange.com/exchange-en/market-data/statistics.

附图2 2015年1月—2016年11月Euro Stoxx 50期权月交易量和持仓量

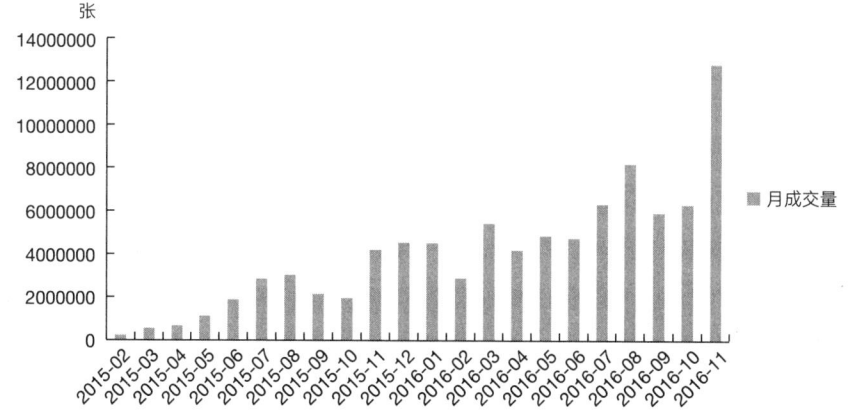

数据来源：Wind 资讯。

附图3　2015年2月—2016年11月上证50ETF期权月成交量

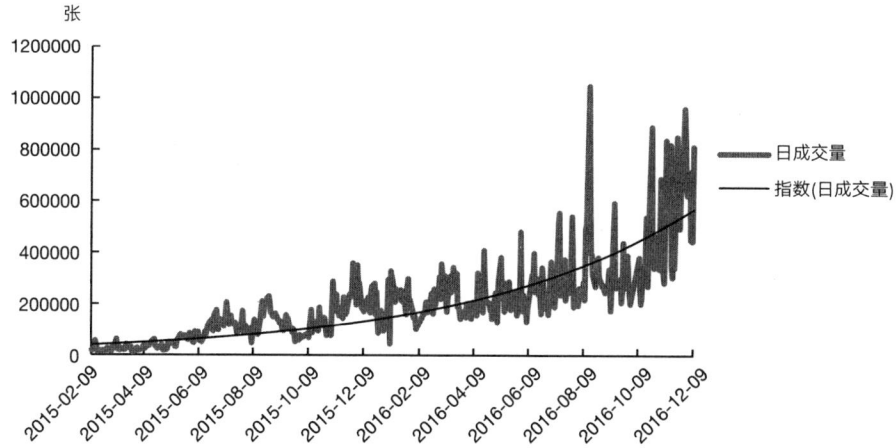

数据来源：Wind 资讯。

附图4　2015年2月9日——2016年12月9日上证50ETF期权日成交量

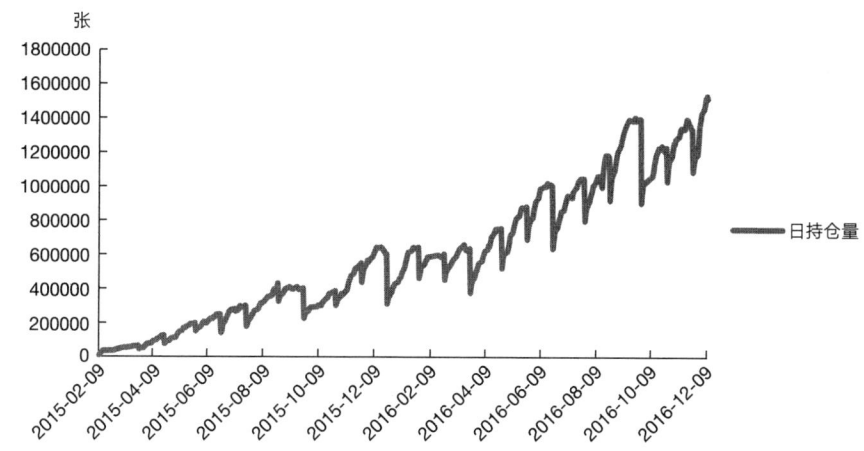

数据来源：Wind 资讯。

附图5　2015年2月9日—2016年12月9日上证50ETF期权日持仓量

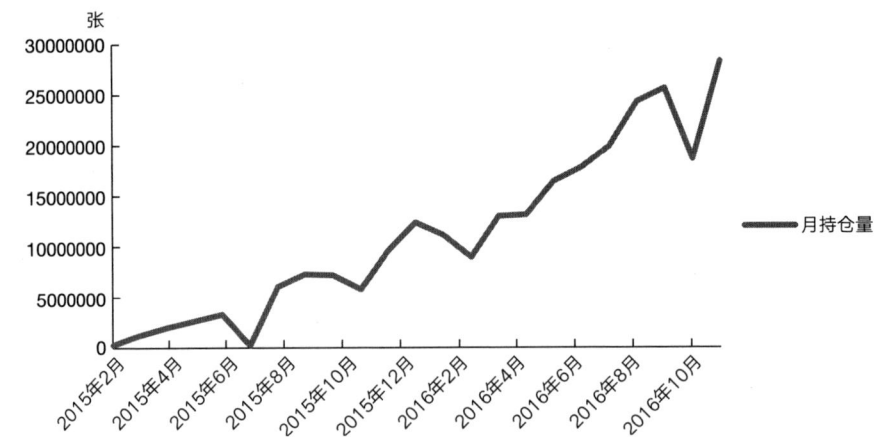

数据来源：Wind 资讯。

附图6　2015年2月—2016年11月上证50ETF期权月持仓量

美国期货市场限仓制度的发展

贺楠

摘　要：持仓限额（限仓）制度近百年来一直是美国期货市场中最为重要的抑制过度投机的手段。自诞生至今，美国监管机构先后数十次修改限仓规则，监管职能也在不同部门中频繁切换。随着限仓规则的不断完善，限仓豁免、持仓责任报告等制度也先后问世，多项制度并行，增加了监管弹性。在2017年12月美国商品期货交易委员会（CFTC）出台的最新草案中，在联邦层面直接设置持仓限额的"核心品种"由28个调整为25个，并对其采用以可供交割量为标准进行动态调整的限仓规则，除此之外的商品品种则授权交易所在联邦规则允许的范围内自行设置。本文是《国际期货市场限仓制度研究》系列中的一篇，考察了美国限仓制度发展变迁的历史，希望通过介绍、学习国际先进经验，最终完善我国现有的限仓制度，解决目前期货市场中存在的问题，充分发挥期货市场服务实体经济的功能。

关键词：期货市场　过度投机　持仓限额

自从1936年美国的《商品交易法》（Commodity Exchange Act）颁布以来，抑制过度投机就是相关法律法规中的重中之重。《商品交易法》中Section 4a部分建立的持仓限额制度历经70多年仍然屹立不倒。随着期货交易所交易品种的增加，CFTC等监管机构也在推陈出新，例如，针对核心品种①直接设立限仓额度、允许交易所对一般品种自行设立限仓额度以及引入持仓责任报告水平制度等。不过,这一切都历经了十分漫长的发展——直到美国期货市场诞生半个多世纪后,人们才展开对限仓制度可行性的研究,真正意义上的限仓制度开始实施则是美国期货市场诞生近一个世纪后。通过梳理美国期货市场限仓制度的历史,以及研究其监管机构对限仓理念的把握,有助于我们取长补短,建立健全限仓制度。

一、最初的法案:限仓制度的前身

(一)《食品价格控制法案》

1917年,在第一次世界大战期间,美国国会为了稳定国内的谷物市场,紧急通过《食品价格控制法案》(Food Control Act)。这是联邦政府首次行使限制商品期货市场交易行为的权力。在《食品价格控制法案》中,食品管理局暂停了小麦期货的交易,并为玉米期货设定了50万蒲式耳的持仓限额。战时美国食品管理局主任赫伯特·胡佛(Herbert Hoover)强调对玉米期货的交易限制"在此期间没有操纵市场,没有实质性地对市场中的对冲行为造成干扰②"。

(二)《期货交易法案》

由于战后粮食价格持续低迷,美国国会试图通过新的法案来规范粮食市场,并就是否限制投机性交易的问题进行了激烈的辩论。许多农民认为是投机者尤其是卖空者导致了价格的低迷,而一些谷物贸易商和交易所则认为包括限仓在内的监管政策不仅没有必要而且会对市场造成损害。胡佛总统是限仓制度的支持者,他认为"小规模的投机交易会互相中和抵消,但是过大的持仓仓位就可以用来操纵市场③",并提议授予农业部下属的

---

① Core Referenced Futures Contracts 于 2013 年正式提出,最初包含 19 种农产品、4 种能源产品和 5 种金属产品。后来于 2016 年新的草案中去掉了 3 种农产品品种,目前包含 25 个期货品种。

② Testimony of Herbert Hoover, Hearing Before the House Committee on Agriculture, Future Trading, 66th Cong., 3d Sess (Jan.20,1921), at p. 895.

③ Testimony of Herbert Hoover, at pp. 900, 902.

监管机构权力，限制个人投机交易者的持仓规模。时任农业部长也表达了对谷物贸易的监管以及投机交易的限制的支持。

1921年5月，美国众议院通过了一项法案，要求商品交易所对投机性交易采取限仓措施。但参议院否决了这项提议，最高法院也认为该法案对国会税收权力的运用违反了宪法[1]，因此1921年8月正式出台的《期货交易法案》(Future Trading Act)中没有对限仓的规定。不过这个法案很快就受到了CBOT会员的质疑。

（三）《谷物期货法案》

1922年的《谷物期货法案》(Grain Futures Act)与之前的《期货交易法案》几乎完全相同，都建立了一套交易所资格认证系统，要求交易必须在联邦政府指定的合约市场中进行。但在最高法院的提示下，它更加侧重于商业条款而不是征税权。《谷物期货法案》第三部分提到了国会发现投机、操纵或是控制等行为使得谷物期货交易价格"突然或不合理的波动"，并且是"州际贸易的阻碍和负担"，因此"在国家公共利益方面，监管势在必行[2]"。然而，《谷物期货法案》却和它违宪了的前身一样，并没有为联邦政府提供任何限制贸易的权力。尽管关于废除或限制期货交易的议案不断被提出，但是直到十几年后《商品交易法》出台之前，这些关于限制期货市场过度投机的限仓制度都没有被写入联邦法案中。

二、商品交易法：限仓制度的诞生

（一）漫长的立法之路

关于限仓的辩论从20世纪20年代一直持续到20世纪30年代，这十几年间限仓的支持者经过坚持不懈的努力，终于推动了立法的发展。

参议员卡珀(Capper)是限仓制度的坚定支持者，也是《期货交易法案》的发起人之一。卡珀在1925—1931年的每一届国会中都提出议案，主张修改《谷物期货法案》，对每一名交易者持有的头寸都施加限制。

---

[1] 《商品期货交易及其监管历史》，中国财政经济出版社。

[2] Grain Futures Act of 1922, § 3.

1926年，联邦贸易委员会（FTC）通过其对谷物市场的多年研究得出结论：大交易商的存在本身就可能会引起市场上的剧烈波动，如果他有（操纵市场）必要的资源，那么一旦他怀有自己拥有巨大能力的想法，就必然会导致价格的异常波动。无论这些大交易商正直与否、成功与否，甚至也无关他是否受到操纵市场的欲望的影响，只要他足够大，他就会在市场上引起混乱，损害市场的正常运作，有害于生产者和消费者。联邦贸易委员会建议对任何一名交易者①设置一定数量的持仓限额。

美国农业部也一再敦促国会授予粮食期货管理局（GFA，由《谷物期货法案》创立）实行限仓的权力。在对1925年上半年小麦价格波动的研究中，GFA发现，五家大型贸易商对小麦期货市场的"广泛而不稳定的价格波动"负有责任，这五家交易商的谷物交易量全部超过200万蒲式耳。GFA认为价格波动主要是"由一部分专业投机者大规模地交易直接或间接人为引起的"。②

GFA1926年的报告是推进限仓立法的关键。它不仅揭示了操纵和过度投机之间的区别，更重要的是在报告中GFA成功向国会提出了一系列建议，要求修改法律，限制投机交易。由于这份研究报告指出小麦价格的波动是由（五家交易商）超过200万蒲式耳的交易引发的，因此"200万蒲式耳"成为之后1936年《商品交易法》中限仓标准设置的依据。此外，FTC1926年的报告也指出，即使没有操纵意图，过大的投机头寸也会导致"动荡"和"疯狂而不稳定的"价格波动。两份报告都建议，无论交易者的意图如何，都要对过大的投机头寸进行限制。

这些建议无一例外地遭到了传统派的反对，他们认为限仓制度会对贸易商以及产业中其他参与者对冲风险造成影响，而且即使需要通过限仓制度来限制投机，是否应由联邦政府而不是交易所来实行具体的措施也值得商榷。不过在步入20世纪30年代后，风向发生了转变，粮食价格的持续低迷以及股市的崩塌摧毁了这些反对者的心理防线，交易所和联邦政府面对一些巨型交易者的无计可施使得建立限制投机交易的制度迫在眉睫。

---

① 除了进行套期保值的产业客户，因为"他们需要为之进行风险对冲的现货数量有限，他们所持有的仓位本身就受到了约束"。

② Fluctuations in Wheat Futures, 69th Cong., 1st Sess., Senate Document No.135 (June 28, 1926).

（二）商品交易法

1929年美国经历了大萧条，金融市场几近崩溃。1934年，新当选的总统罗斯福（Franklin Roosevelt）建议国会加强对证券和商品市场的监管，以避免"具有毁灭性的投机[①]"伤害市场。在1933年的《证券法》（*Securities Act*）和1934年的《证券交易法》（*Securities Exchange Act*）后，1936年美国国会颁布了《商品交易法》（*Commodity Exchange Act*），其中的4a部分允许监管机构[②]对交易进行持仓限制，以"减少、消除或是阻止"过度投机带来的严重后果；同时也针对"真实/善意的套期保值交易[③]"进行了审慎的豁免。这标志着美国期货市场限仓制度的正式诞生。

1938年，在举行了数次听证会后，CEC对于谷物（包括小麦、玉米、燕麦、大麦、亚麻籽、高粱、黑麦）设置的持仓限额（position limit）以及每日交易限额（daily trading limit）正式实施，对于所有谷物品种，这两个数字统统是200万蒲式耳[④]。此后，CEC在1940年8月和1951年8月分别对棉花、大豆设置了联邦层面的限仓。后来还在1953年4月增加了豆油，不过于1968年取消。最后CEC加入了对猪油、洋葱、鸡蛋、土豆的投机限制。

值得一提的是，CEC并非是在发现了州际交易中出现了严重问题后才增加了对于这些商品的限仓，而是凭借"其合理的判断"，认为有必要"减少、消除乃至阻止"过度投机可能带来的严重后果[⑤]。

不过对于部分农产品商品，CEC并没有通过其判断加以限仓，例如，黄油、羊毛、牲畜和牲畜产品等。芝加哥商业交易所（CME）1961年开始交易猪肉期货，1964年上市活牛期货，1966年上市生猪期货，在这些产品合约于1968年列入《商品交易法》中之前，CME就自行对其进行了投机交易的限制。这种由交易所自发设立的限仓制度部分解释了为什么CEC及此后的CFTC没有对于牲畜产品期货采取联邦层面的限仓措施，并且逐渐引发了此

---

① U.S. Congress, House, "Commodity Exchange Act". 74th Cong., 1st Sess., 1935, H.R.Rept.421, p.2.
② 包括CFTC的前身商品交易委员会（Commodity Exchange Commission，CEC）。
③ CEC将其定义为"可以抵消交易者在现货市场上买卖的期货合约的买卖"，即必须用来对冲相应现货市场中头寸的风险。
④ 这个持仓限额适用于交割月、一般月以及所有月份。
⑤ Testimony of General Counsel Dan M.Berkovitz, Commodity Futures Trading Commission, at p.5.

后于20世纪80年代兴起的由交易所自行设置持仓限额的风潮[1]。

三、推陈出新：限仓制度的改进

（一）1968年修正案

《商品交易法》实施后的几十年陆续爆发了第二次世界大战、朝鲜战争、越南战争等，因此仍然有投机者不时涌入期货市场。1963年臭名昭著的金融丑闻"色拉油崩盘"爆发，也暴露了商品交易监管局（CEA，美国农业部下属的监管机构）在限仓规则实施上的模棱两可。1936年的《商品交易法》主要规范了交易，而没有涉及更多关于持仓头寸的内容。于是1968年美国国会出台了《商品交易法》修正案，修订了4a（1）部分的第二、第三句话，增加了CEA在限仓制度（而不只是每日交易限额）上的监管权威。

（二）1974年修正案

1974年，美国国会对CEA进行改革，取消了美国农业部对于期货市场的监管职责，成立了作为独立监管机构的美国商品期货交易委员会（CFTC），赋予其对期货市场的专属管辖权，并将监管范围扩大到不再仅限于部分农产品品种。自此美国农业部不再负责期货市场的监管，并且《商品交易法》中"真实/善意的套期保值"的定义权也交由CFTC负责。国会扩大了赋予CFTC的监管权力，并重申了《商品交易法》的目的是阻止欺诈和操纵以及控制投机——"保证公平交易，诚实交易，并提供控制各种会危害生产者、消费者以及交易所的投机行为的方法[2]"。

CFTC还需要考虑如何对新被纳入其管辖范围的商品设定合理的投机限仓水平。最初CFTC保留了之前CEC对农产品商品设立的限仓标准。1975年8月，CFTC发起了一个咨询委员会项目，内容是关于应该如何就《商品交易法》新的修正案履行其监管职责。这个咨询委员会致力于研究合约市

---

[1] 在CFTC于1975年开始正式履行其职能时，许多合约市场都自发设置持仓限额，包括17个品种在内。

[2] S. Rep. No. 93-1131, 93rd Cong., 2nd Sess (1974).

场在国家经济发展中的角色。他们发现对投机交易的持仓限额的设定并不是很完善，建议将其改成对即将到期的（交割月）期货合约进行限仓从而获得"有序而稳定的流动性[①]"。1977年，CFTC的首席经济学家办公室（OCE）对这个问题得出了不同结论。OCE的研究表明"其他条件相同的情况下，过大的持仓和交易会成为具有欺骗性的市场因素"。于是OCE建议在"其商品特征、市场系统以及合约特性会使其容易受到过大投机头寸带来的巨大影响"的市场中设定持仓限额，而这些限制的目的在于"削减那些没有被相应的现货头寸抵消掉的过大的投机持仓"。[②]

（三）由交易所设置的持仓限额

1979年，CFTC废除了所有的每日交易限额制度。但一年后，在亨特家族操纵市场导致的白银危机的余震之中，CFTC拒绝了咨询委员会关于以更灵活的监控及监管手段取代限仓制度的建议。相反，CFTC再次进行了规则改革，要求所有的交易所对所有期货合约的持仓进行限制。这是因为CFTC通过对白银市场价格波动的研究发现，对投机交易进行限仓可以降低仓位影响整体价格的可能，并且通过对单个交易者或一群交易者进行限仓，可以在大量仓位需要在短时间内迅速平仓时降低市场中价格波动的可能性[③]。

在颁布最终规则时，CFTC遭到了诸多质疑，如"投机限仓制度是否是必要的市场保护机制""价格波动是否能随着投机限仓的实行而被阻止"以及"限仓规则是否在有着极其充裕可供交割量的商品市场中依然适用"。[④]CFTC对此回应，任何一个合约市场的容量都是有限的，而这个市场吸收一个过大的投机头寸建仓和平仓带来的影响的能力与这个投机仓位的相对大小直接相关。

CFTC认为他们的观察与国会在《商品交易法》中第3部分与第4a部分

[①] Report of the Commodity Futures Trading Commission Advisory Committee on the Economic Role of Contract Markets, at 7(July 17, 1976).

[②] Speculative Limits, staff paper prepared by the CFTC Office of Chief Economist, cited at 45 Fed. Reg. 79831, at 79832 (Dec.2, 1980).

[③] 45 Fed. Reg. 79831, at 79833(Dec.2, 1980).

[④] 46 Fed. Reg. 50938 (Oct.16, 1981).

中的发现以及联邦政府多年的合约市场监管经验有所不同,因此CFTC设立了规则1.61(现在是150.5),要求交易所对CFTC没有设置持仓限额的品种自行进行限仓。1982年,美国国会批准了CFTC的监管政策,制定了4a(e)部分的规则,强调了《商品交易法》中"没有任何地方禁止交易所自行设置限仓标准,只要这个标准不逾越CFTC设定的界限[①]"。

(四)持仓责任报告制度

1992年,CFTC批准了CME关于豁免对所有商品设置限仓的请求,并允许CME对一些特定的金融类衍生品建立"持仓责任报告"(Position Accountability)制度。这个制度允许交易所用一定的责任标准来代替限仓制度,最初主要应用于3个月的欧洲美元期货及其他外汇期货与期权。CFTC认为外汇及其他金融类衍生品(包括期货与期权)在产品深度与流动性上的发展已经达到相当(发达)的程度,这使得市场对于限仓制度是否适用于这些衍生品产生了一些质疑——限仓制度可能更适合于传统结构的商品期货市场。[②]

最初CFTC允许的持仓责任报告制度只能应用于三类金融工具:1. 外汇期货与期权合约;2. "特定的在期货及现货市场中都有着最高程度流动性的金融工具"的期货与期权合约;3. "在期货或现货市场中有着较高的流动性,但不是最高的"那类金融工具的期货与期权合约。CFTC认为其中第二类衍生品的套利机会很大,因此要求任何删除了绝对限仓规定的豁免必须加入一个阈值,一旦某个交易者的仓位触发了这个阈值,就必须在相关交易所的要求下提交特定的报告,内容包括其持仓头寸、交易策略以及套保交易等信息。对于第三类,CFTC允许交易所对大量投机仓位进行绝对的固定限仓标准的豁免,但是要求交易所除了要求特定的报告,还要加入一条对该交易者提供"自动许可"的规则,即在超过阈值之后不能再进一步增加仓位。随后,CFTC批准对纽约棉花交易所旗下的纽约金融交易所(FinEx Division)的美元指数衍生品合约以及CBOT的一些金融类衍生品合约实行类似的持仓责任报告制度。

---

① 7 U.S.C. §6a(e).

② 56 Fed. Reg. 51687(Oct.15, 1991)(Notice of proposed exchange rule changes; request for comments).

6个月后，CFTC决定授予更多的限仓制度的豁免权，这次是在能源商品衍生品中实行持仓责任报告制度[①]。1992年6月，CFTC规定在特定的金属及能源衍生品市场中，允许交易所对这些衍生品在一般月/非交割月（non-spot month）时实行持仓责任报告制度。这是因为CFTC经过研究，发现这些市场中的衍生品有着与金融类衍生品同等程度甚至更高的流动性，因此不再要求进行严格的限仓。同样，一旦某个交易者的仓位触发了持仓责任报告制度规定的阈值，就必须在相关交易所的要求下进行特殊要求的报告，并且不能再进行加仓。CFTC还要求对于实物商品，这种豁免只能在"递延交易月"中使用，而在交割月仍然要采用限仓制度。

1999年，CFTC正式颁布了一条允许交易所在特定条件下设置持仓责任报告水平的规则，而不再是通过限仓制度豁免这样一个繁琐的程序。这条规则允许交易所对"上市交易超过12个月，达到一定持仓量和成交量水平[②]"的合约采取持仓责任报告制度。CFTC还规定这个制度不能在交割月中使用，在交割月中，交易所依然需要对其产品进行一定数量的持仓限额，而这个数字不能超过交割月预计可供交割量的25%。

（五）商品期货现代化法案

1992年，CFTC首次授权CME对欧洲美元期货及其他外汇期货采取持仓责任报告制度。在2000年的《商品期货现代化法案》（Commodity Futures Modernization Act）中，美国国会明确了持仓责任报告作为持仓限额制度的一种替代。

CFTC监管规则的第38部分采用了《商品期货现代化法案》的核心准则。核心准则5——持仓限额与持仓责任报告制度中强调"为了减少市场操纵与市场阻塞的潜在威胁，尤其是在交割月时，交易所应该在适当的情况下使用持仓限额制度或是持仓责任报告制度来约束投机者[③]"。

在相应的附录B中，CFTC对交易所提供了指导。其中提到，对于那些

[①] Speculative Position Limits – Exemptions from Commission Rule 1.61, 57 Fed. Reg. 29064(June 30, 1992).

[②] 17 C.F.R. 150.5(e)(2009).

[③] 7 U.S.C. §7(d)(3)(2009).

可供交割量相对受限或是需要降低其市场对于操纵与价格扭曲的敏感型的商品来说，应当沿用交割月的持仓限额制度。而对于"金融类、无形的以及一些特定的有形商品"则可以使用持仓责任报告制度，因为这些商品有着"较大的持仓、较高的每日交易量以及流动性较高的现货市场"[①]。此外，CFTC的规定还说明合约市场可以选择不进行所有月份的总限仓以及非交割月/一般月份的限仓。此外，在第38部分的150.5规则中，之前通过的由交易所设置的持仓限额仍然适用。

《商品期货现代化法案》还修订了《商品交易法》的第3部分，删除了有关由操纵、过度投机以及控制带来的州际交易的问题的语句，这一部分最初是在1922年为了给该法案的商业条款提供宪法基础而增加的。不过《商品期货现代化法案》并没有改变CFTC曾修订的关于限仓制度的第4a部分。因此，尽管《商品期货现代化法案》没有在核心准则中强制要求交易所采用持仓限额或持仓责任报告制度以抑制过度投机，但它还是保留了CFTC关于建立这些限制制度的职责的明确说明。

CFTC在2008年重新修订的法案加入了两条关于限制投机行为的内容。一是修订了《商品交易法》第4a（e）部分，授予CFTC凌驾于交易所制定的规则之上强制执行其监管职能的权威。二是加入了一条核心准则，有关衍生品交易执行设施的持仓限额与持仓责任报告制度[②]。

四、最新的草案：现行的限仓制度

进入21世纪以来，CFTC一直对限仓制度进行着微调。在2017年12月最新的草案中，CFTC修订了持仓限额的计算方法与调整方式，具体要求如下。

（一）对25个核心品种直接设置持仓限额

在2013年的草案中，CFTC将19个农产品品种、4个能源品种以及5个金属品种设为核心品种，但由于ISDA和SIFMA的起诉，CFTC于2016年的草案中去掉了CME的饲牛、三级牛奶和瘦肉猪三种农产品。CFTC对剩余25

---

① 17 C.F.R. Part 38, Appendix B(2009).

② 7 U.S.C. § 2(h)(7)(2009).

个核心品种设置了交割月和一般月份的初始持仓限额（设定原则与后续调整的原则类似），并规定至少每两年需要调整一次。

对于交割月的持仓限额，CFTC规定以交割月的预计可供交割量（estimated deliverable supply）的25%为基准进行调整。可供交割量的设定参考了合约市场的意见，合约市场根据CFTC要求，及时上报估计结果并附上具体的计算方法。CFTC有权不进行调整或是根据合约市场提供的可供交割量设置不超过其25%的持仓限额水平。如×年×月，合约市场估计的COMEX铜合约的可供交割量为6474手，而CFTC制定的持仓限额为1200手，约为可供交割量的18.54%，其他核心品种持仓限额占可供交割量的比例大多在10%以下。

对于一般月份的持仓限额，CFTC设定了"10,2.5%"的规则，即一般月份持仓限额为过去两个日历年中年平均持仓中较大的一个的10%，若这个数值超过了25000手，则超过的部分以2.5%而不是10%进行计算。同时，CFTC规定对于能源产品及其他无形商品，一般月份持仓限额不超过5000手，对于除能源产品以外的有形商品，一般月份持仓限额不超过1000手。最终结果以前两个数值以及对应交割月持仓限额三者中较大的一个为准，调整周期同样不超过两年。

（二）对其他品种赋予交易场所制定持仓限额的权力

除了直接由CFTC直接管理的25个核心品种，其余各交易所上市的品种可以由各家交易所自行设置限仓标准，但这个标准应当在CFTC限仓规定的范围内制定。同时，CFTC还允许交易所采用持仓责任报告制度，从而加强监管弹性，持仓责任报告制度主要适用于流通性较高且相应现货市场规模较大不易操纵的衍生品。

五、总结

美国期货市场限仓制度经过了近百年的发展，如今已经建立了较为完善的法律法规体系。纵观其发展历史，可以看到限仓制度经历了不断的摸索与改革，甚至在制度出现纰漏时也要遭受严重的打击。我国期货市场起步不过二十余年，可以通过美国或成功或失败的制度学习经验与教训。不过一切与限仓相关制度的核心都是防范市场操纵、抑制过度投机并保护投资者，从而充分发挥期货市场的功能，这是我国开展限仓制度实践必须把握的理念。正如对美国期货市场限仓制度的发展具有划时代意义的富兰克林·罗斯福所说的："我坚信，证券和商品交易所在我国的经济生活和农业发展中非常必要，并且具有重要的价值，对于我们的商业和农业发展大有裨益。但是，我们的政策必须对这些交易所中纯粹投机行为进行限制。因此我建议，为了保护投资者的利益，为了捍卫我们的监管理念和价值观，国会应该通过政府对证券和商品交易所进行监管的立法，在尽可能长的时间里，消除不必要的、不理性的、具有毁灭性的投机交易。"[①]

---

① U.S. Congress, House, "Commodity Exchange Act". 74th Cong., 1st Sess., 1935, H.R.Rept.421, p.2.

完善我国商品期货市场境外投资者适当性制度

尹钰

摘　要：投资者适当性制度是保护投资者权益的重要机制，是我国资本市场对外开放重要的制度环节。随着我国期货市场对外开放进程不断加快，构建合理有效的商品期货市场境外投资者制度日益重要。本文通过对投资者适当性制度内涵、我国商品期货市场投资者适当性制度演变以及三家期货交易所目前特定品种境外投资者适当性制度准入标准进行梳理，提出我国目前商品期货市场境外投资者适当性制度的存在降低了境内原有投资者热情、导致境外投资者水土不服等问题，通过对美国、欧盟、新加坡等成熟期货市场境外投资者适当性制度特点介绍和比较，提出应进一步提高我国商品期货市场境外投资者适当性制度立法效力层级、适当放宽对测试和保证金及成交笔数等的规定要求以及实施境外投资者分类管理制度等对策建议。

关键词：商品期货　境外投资者　投资者适当性制度

一、投资者适当性制度内涵、作用及特点

（一）投资者适当性制度的内涵及作用

学术上一般按照巴塞尔银行监管委员会、国际证券事务检查委员会组织及国际保险监管者协会的定义，投资者适当性制度指"金融机构向客户推荐金融产品时，必须判断投资者是否适当的管理规定"，其中"适当性"被定义为"金融中介机构所提供的金融产品或服务与客户的财务状况、投资目标、风险承受水平、财务需求、知识和经验之间的契合程度"。[①]在实践中，就我国而言，投资者适当性制度的内涵主要是：为实现资源的高效合理配置，在制度约束下，金融机构为其金融产品寻找适当的投资者的制度。

投资者适当性制度的作用主要有两点。一是达到风险控制的目的。分别约束机构投资者及个人投资者行为，当市场中出现非理性的机构及个人投资者及投机行为时，确立一个"什么样的机构（个人）能投资什么样的产品"的规则，避免诱发系统性风险。二是培育合理的投资者结构。规范形成机构及个人投资者相辅相成的成熟市场体系，提高资本市场运行效率。

（二）我国金融市场投资者适当性制度演变及特点

我国的金融市场投资者适当性制度开始于2008年4月国务院发布《证券公司监督管理条例》[②]，首先由证券经纪业务和基金销售业务开始对投资者进行投资能力和风险承受能力测评，属于初步尝试。2009年在推出的创业板和2010年推出的股指期货业务上进行了进一步的实践。[③]但长期以来我国投资者适当性制度都比较零散或相对独立，一般夹杂在产品的发行规则体系中，直到2016年12月，中国证监会发布《证券期货投资者适当性管理办法》，标志着我国证券、期货市场有了关于适当性管理的基础性法律

---

① 2008年4月，国际清算银行、国际证监会组织、国际保险监管协会发布《金融产品和服务零售领域的客户适当性》第23节。

② 要求"证券公司从事证券资产管理业务、融资融券业务，销售证券类金融产品，应当按照规定程序，了解客户的身份、财产与收入状况、证券投资经验和风险偏好，并以书面和电子方式予以记载、保存。证券公司应当根据所了解的客户情况推荐适当的产品或者服务"。

③ 中国证券监督管理委员会：《投资者适当性制度的前世今生》。

规范，投资者适当性管理制度体系基本确立。

金融市场中的投资者适当性制度普遍具有两个特点：一是由证监会制定原则性规章、由相关交易所制定具体实施和操作办法、由自律性行业协会制定执行规范的有中国特色的制度体系；二是明确了投资者的经济实力、产品认知水平和风险承受能力等方面的投资者适当性要求。

二、我国商品期货市场境内投资者适当性制度

（一）我国商品期货市场投资者适当性制度的发展演变

我国商品期货市场投资者适当性制度概念的首次出现在时任证监会主席助理姜洋于2010年5月在第七届上海衍生品市场论坛的讲话中，他指出"证监会将按照国家'稳步发展期货市场'的指导思想，研究建立商品期货市场投资者适当性制度的可行性"。在2011年全国证券期货监管工作会议上，当时证监会主席尚福林对证券期货监管重点工作部署时明确提出要研究建立商品期货投资者适当性制度。我国商品期货市场投资者适当性制度的探索演变见表1。2017年11月中期协发布《期货经营机构投资者适当性管理实施指引（试行）》，标志着我国商品期货投资者适当性制度的框架逐渐清晰，期货市场中不同的经营机构，包括交易所、期货公司、中介等投资者进入标准均有合理恰当的指引。

表1 我国商品期货市场投资者适当性管理条款实施节点

时间	个人/机构	会议/法条	具体内容
2010年5月	证监会	第七届上海衍生品市场论坛	提出研究建立商品期货市场投资者适当性制度的可行性
2011年	证监会	全国证券期货工作会议	提出研究建立商品期货投资者适当性制度
2013年12月	国务院办公厅	《关于进一步加强资本市场中小投资者合法权益保护工作的意见》	健全投资者适当性制度，并对期货经营机构、中介的投资者适当性管理工作提出科学风险等级划分
2014年10月	中国证监会	《期货公司监督管理办法》	首次提出期货公司应当规定施行投资者适当性管理制度
2016年12月	中国证监会	《证券期货投资者适当性管理办法》	
2017年11月	中国期货业协会	《期货经营机构投资者适当性管理实施指引（试行）》	

（二）我国商品期货市场投资者适当性制度的主要规定

1. 规定经营机构对投资者充分了解。对投资者充分了解包括收集投资者信息和对投资者进行评估。投资者信息包括经济实力、专业知识、投资经济和风险偏好等。在确定投资者提供真实、完整、有效的信息资料后，经营机构依据制定的投资者分类标准对投资者的风险承受力进行适当性审慎评估，据此确定投资者类别。

2. 规定经营机构执行产品与风险适当性匹配。在经营机构向投资者或潜在投资者提供期货产品或服务时，需将客户的风险承受能力和产品或服务的风险程度相匹配，确保特定投资者的财务状况、投资目标、知识经验等具有等价的承受能力，不会因高风险导致利益受损。

3. 规定经营机构进行风险揭示和信息披露。期货经营机构向投资者全面客观地介绍投资产品或服务的相关法律法规、业务规则及特征，需要充分揭示产品和服务的风险，若对投资者决策有重大影响，应特别注明并简明扼要。另外，机构需按照合同或协议约定，不得欺骗欺诈客户，如实提供与其交易相关的材料。

三、我国商品期货市场境外投资者适当性制度

随着金融市场全球化进程加快，资本、技术和信息等要素的国际化流动，促进了全球资源配置和风险管理的范围不断扩大，期货市场管理现代化和发展全球化成为必然趋势。2014年12月证监会发布《境外交易者和境外经纪机构从事境内特定品种期货交易管理暂行办法》；2017年3月国务院发布《期货交易管理条例》规定："符合规定条件的境外机构，可以在期货交易所从事特定品种的期货交易。具体办法由国务院期货监督管理机构规定。"这类政策的出台为境外投资者进入我国商品期货市场交易提供了政策支持。

（一）国内三家商品期货交易所境外交易者适当性标准

2018年，我国三家商品期货交易所（大商所、上期所、郑商所）先后在期货市场对外开放的发展路径上进行大胆探索，积极开发适合全球投资

者的产品：2018年3月26日，上期所国际能源中心原油期货正式挂牌上市交易；2018年5月4日，大商所铁矿石期货正式引进境外交易者、铁矿石人民币定价；2018年11月30日，郑商所PTA期货引入境外交易者。三种国际化期货品种上市后，吸引了众多境外投资者广泛参与，品种独特的特征要求交易者必须具备一定条件才能入市，从品种平稳运行和保护投资者利益角度出发，三家交易所先后对于境外交易者的特定品种期货交易者适当性交易管理作了说明。

1. 特定品种境外投资者适当性要求的适用范围

因为铁矿石、PTA是大商所及郑商所的既有品种，故以特定品种交易者适当性制度实施为节点进行"新老划断"，相关制度规定，在办法实施前已开户的客户可直接参与特定品种期货交易，不需要重新进行适当性审核；对于办法实施后新开户的客户，不论境内及境外投资者均进行统一的适当性审核。原油期货是新品种，则适当性制度实施后开户的客户，不论境内及境外投资者均进行统一的适当性审核。

2. 特定品种境外投资者适当性要求的主要内容

总体来看，三家交易所对于境外交易者设置的准入标准可以分为五类（表2）：一是知识测试；二是初始资金要求；三是境外交易者交易经历要求；四是通过相关制度审查；五是其他。

表2 大商所、上期所及郑商所特定品种境外投资者适当性要求

	大商所	上期所	郑商所
知识测试	具备期货基础知识，了解交易所特定品种相关业务规则，通过相关测试（中期协考试平台测试），分数不低于80分）；考试分为英文及中文两种语言便于选择。 注：单位客户需指令下单人通过测试	通过能源中心发布的原油知识测试，至少答对24题。 注：单位客户需指令下单人通过测试	具备期货基础知识，了解交易所特定品种相关业务规则，通过相关测试（中期协考试平台测试，分数不低于80分）；考试分为英文及中文两种语言便于选择。 注：单位客户需指令下单人通过测试。
初始资金要求	申请交易编码或开通交易权限5个交易日保证金账户可用资金余额均不低于人民币10万元或者等值外币	申请交易编码前5个工作日保证金余额： 机构客户不低于人民币100万元或等值外币；个人客户不低于50万元	申请交易编码或开通交易权限5个交易日保证金账户可用资金余额均不低于人民币10万元或者等值外币

续表

	大商所	上期所	郑商所
境外交易者交易经历	境外期货交易者需提供由与中国证监会签署合作备忘录国家（地区）期货监管机构监管的境外期货交易场所的期货交易记录明细等凭证来证明曾进行过真实交易	近三年内具有境内或境外期货或期权交易成交记录不少于10笔	近三年内具有境内或境外期货交易成交记录。注：一笔委托分次成交视为一笔成交记录
相关制度	单位客户须具有参与期货交易的内部控制、风险管理等相关制度及健全的信息通报制度	单位客户须具有参与期货交易的内部控制、风险管理等相关制度及健全的信息通报制度	单位客户须具有参与期货交易的内部控制、风险管理等相关制度及健全的信息通报制度
其他	不存在严重不良诚信记录或被有关监管机关宣布为期货禁入者的情形；不存在法律、行政法规、规章和交易所业务规则禁止或者限制从事期货交易的情形	境外交易者不得存在严重不良诚信记录或被有关监管机关宣布为期货禁入者的情形。创新"市场不欢迎机制"	不存在严重不良诚信记录或被有关监管机关宣布为期货禁入者的情形；不存在法律、行政法规、规章和交易所业务规则禁止或者限制从事期货交易的情形

（二）当前我国境外投资者适当性制度运行存在的问题

1.降低了境内原有投资者热情。在投资者适当性制度执行后，由于国内可选择的投资品较多，很多客户如果没有明显参与特定品种交易的意愿不会选择为此额外参加考试，或者等待5个交易日通过资金审核并达到保证金要求。

2.境外投资者水土不服。一是考试专业性较强、难度偏大，通过所要求的分数较高；二是考试只有中英文两种语言，许多非两种语言国家的人受到限制；三是境外投资者对我国明确的保证金要求感到不习惯，国际一般采用信用保证制。

四、美国、欧盟、新加坡商品期货市场境外投资者适当性制度特点

与我国资本市场国际化历程发展较短相比，欧美等国较早实现了资本市场的国际化，可以为我国商品期货市场境外投资者适当性制度完善提供借鉴。以美国、欧盟及新加坡为例，其在商品期货境外投资者适当性制度

上与我国现有的制度相比具有以下特点。

特点（一）：发达国家对商品期货市场投资者适当性的法律规范制度层级较高且监管要求较为统一。

从三个国家对商品期货市场投资者适当性的法律要求发出机构来看，其制度层级较高、法案较统一（表3）。

表3 美国、欧盟、新加坡适当性要求发出机构及法案

国家	适当性要求发出机构
美国	商品期货交易委员会（Commodity Futures Trading Commission, CFTC）制定的风险披露规则1.55为准
欧盟	《金融工具市场指令》（MIFID）中的： 1.《欧洲议会与欧盟理事会关于金融工具市场的第2004/39/EC号指令》 2.《欧盟委员会第2006/73/EC号指令》 3.《欧盟委员会第1287/2006号规章》
新加坡	《证券与期货法》和《财务顾问法》

特点（二）：发达国家对商品期货市场投资者适当性的专业知识水平的判断均不使用严格的知识测试方法。

我国设立考试制度的目的是保护投资者进入市场是有理性、有经验的，控制投资者参与交易的风险。不论是美国、欧盟及新加坡针对交易者适当性制度中，均没有严格的考试制度来评判投资者的投资水平。为了达到这个目的，它们采用对投资者进行严格的细分，再进行背景评定来确定不同层级的投资水平的方法。

特点（三）：发达国家对商品期货市场投资者适当性的分类十分细致，通过投资者种类的划分区别风险承受能力。

美国、欧盟及新加坡对于投资者的层级和风险承受水平区分得十分细致，以此来达到保护投资者规避交易风险的目的。它们对于境外投资者并没有独特的分类标准，均与境内投资者享有同样的投资者分类。总结来看，三国对投资者分类的标准主要来源于一是对投资者资产的多少来判定，二是根据投资经验将自然人和机构分开（表4）。

表4 美国、欧盟、新加坡投资者分类标准

国家	投资者分类	相关解释
美国	认可投资者 合规投资者 机构投资者	基本以投资者类型及资产收入作为核心标准：（1）可以根据现有的总资产数额评定；（2）可以根据一定期限内合理预期将获得符合标准的收入来源。投资者资产的多少是美国适当性规则评判投资者身份的依据。
欧盟	专业客户 零售客户 合格对手方客户 注：（1）专业客户又包括"被视为专业的客户"及"根据请求可被视为专业的客户"；（2）合格对手方又包括"真正合格对手方"及"可选择合格对手方"。	（1）专业客户是拥有经验、知识、专长，并能进行自主投资决策，恰当评估风险的。零售没有定义，不是专业不是合格排除掉的就是零售。 （2）从零售到专业到合格对手方，客户受保护程度依次减弱。
新加坡	合格投资者 专家投资者 机构投资者 其他投资者 注：规定有权开展受监督业务的机构和个人称为持牌人。	针对各个投资者所应具备的条件，包括资产、经验、风险契合度等由持牌人履行不同的监管义务。

特点（四）：发达国家对商品期货市场投资者没有明确的资金要求和已成交笔数要求。

对于资金要求，美国、欧盟及新加坡均采用信用保证制度。美国CFTC 1.55准则明确规定"投资者在决定进行期货交易时，必须意识到有可能承担初始缴纳和后来追加的全部保证金损失风险。当行情走势与本人的预测方向不一致，投资者会被通知追保；当投资者未按时按量缴纳需追加保证金，可能会被执行账户强行清算"。另外，三个国家均没有明确的历史交易笔数确认要求。

五、结论与对策建议

我国期货市场引进境外交易者的时间较短，市场还不成熟。因此，针对境外投资者在我国投资的适当性标准有很多亟待完善和健全。通过上文对于我国目前出现的制度问题及国外成熟资本市场相关制度有关经验的借鉴，为完善我国的境外投资者适当性制度，特对强化我国的商品期货境外投资者适当性管理提出几点建议。

一是提高我国境外投资者适当性制度立法效力层级。我国目前对于境外投资者参与期货市场交易的制度特点是由证监会、期货业协会等牵头出台一个框架文件，各交易所以各自品种为基准发布特殊品种办法，对于境外投资者的适当性制度比较零散。投资者适当性制度应该是一个成熟的投资者权益保护制度，我国应借鉴国外成熟的管理经验，在较高层级的文件中统一对境外投资者进行原则性规定，利用层级较高的法律对投资者适当性进行统一的立法确认，强化制度法律效力。

二是适当放宽对测试、保证金及成交笔数等的规定要求。就外投资者的习惯及风格而言，他们更倾向于自律自发的行为能力，我国适当性标准中的测试过程需要被严格监管。明确保证金要求和历史交易笔数规定等对于国外的投资者来说过于强硬，可以采取将年收入、投资能力、经验和专业知识自主测试等作为综合分析来确定投资者能力的措施，或者对于一些专业投资者可以豁免其资金、测试、交易经历等要求，进而通过采用贴近市场的指标标准规定达到监管和保护投资者的目的要求。

三是实施境外投资者分类管理制度。对于我国而言，没有明确的投资者分类的相关制度，不易于建立成熟的投资者分类保护机制。借鉴美国、欧盟、新加坡等成熟的市场体系中对于投资者的详细分类办法，改变我国对境外投资者的单一分类标准。要积极建立以是否具备专业性为核心，根据其经历、学历、收入等条件更加细分投资者等级，进而提供差异化的适当性要求，便利境外投资者参与我国商品期货交易。

后 记

2018年是研究中心成立八周年。过去八年中，研究中心在衍生品市场宏观战略、产业经济与政策、衍生工具创新和发展等方面持续开展了一系列研究工作，取得了一定的成果。在此基础上，我们于2017年启动了期货市场研究成果汇编系列图书的编纂，并于今年推出了该系列的第二部作品——《期货市场研究成果汇编（2017—2018）》。

在本书即将出版之际，我们衷心感谢大连商品交易所党委一直以来对研究中心图书出版工作的关心支持。我们感谢研究中心董事长许强同志的亲切指导，感谢研究中心原总经理孙大鹏同志、副总经理（主持工作）何欣同志的大力支持，在他们的积极推动下本书的编辑出版才得以顺利完成。我们感谢交易所各部门的通力配合，为本书的研究报告提供了有力的数据和信息支持。我们感谢中国证监会研究员黄运成和北京工商大学教授胡俞越，两位专家不辞辛苦、精益求精，为本书的报告遴选给予了专业评审意见。

期货市场研究成果汇编系列丛书自出版以来一直都是研究中心与外界进行学术沟通、意见交流的重要平台和纽带。以本书出版为契机，研究中心将继续秉承服务我国衍生品市场发展及交易所战略发展需要的宗旨，脚踏实地、大胆探索，不断深化在宏观战略、产业经济及金融市场方面的研究，发挥好期货市场决策支持中心、理论学术基地和核心智库的作用。

最后，特别感谢大连商品交易所丛书编委会的各位领导一直以来的高度重视和悉心指导！